金融英語の
基礎と応用

すぐに役立つ表現・文例

1300

Guide to Translating
Economic and
Financial English

［著］
鈴木立哉
Tatsuya Suzuki

講談社

はじめに

　本書は金融関連のレポートで見かける典型的な表現や用語を，言い回しや重要用語ごとにまとめた例文集です。一つの例文は英語と日本語の対訳になっています。想定している読者層は，金融翻訳の初級～中級者で，主にファンドの運用報告書や投資レポート，財務諸表，決算書類，経済論文，市場分析等の英和翻訳を手掛けている皆さんです。

　収録されている用語や例文は，大きく分けて，①英文を見て辞書で訳語を調べ，いざ訳文を書くときに知っておくと便利な言い回し，②仕事ではよく見かけるにもかかわらず経済，金融，会計の基本書では意外と触れられていない用語，③実務翻訳の観点から説明しておいた方が良いと思われる表現，の3種類です。

　大見出し（青い大きな字）は訳語である日本語を出発点としています。大見出しの中に，【　】で囲った小見出しをつけ，おおむね類似した訳語や概念に相当する英文と例文を並べました。同じ訳語でも使われ方が違う英語もありますし，逆に同じ英語に対して異なる訳語が当てられるものもあります。大見出しの例文と翻訳メモを読んでいただくと，その語についての基本概念がある程度つかめるものもあります。例えば，「上がる」「インフレ」という訳語を出発点に表現や使い方，概念を比較する，あるいは翻訳メモを順に読み進めるのも参考になると思います。

　語句は，私の実務翻訳者としての過去13年の経験に基づいて選びました。本書の企画が立ち上がってからほぼ3年間，「この言い回し（訳語）はよく使いそうだ」「この用語は背景知識への理解をついおろそかにしてしまう」という表現を一つ一つ取捨選択し，それを含む例文を仕事の山の中から探し出しては捨て，探し出しては捨てをくり返してきました。例文もあまりに短文では単なる英語基本表現集になってしまうので，短いながらも一つのメッセージになるか，取り上げている用語の理解の一助になりそうなものを選択するよう心がけてきたつもりです。

　私はマクロ経済レポートや財務諸表の英和の実務翻訳者ですので，大半

の英語は英語のネイティブ・スピーカーによって書かれ，私が翻訳の委託を受けた英語です。ただし，お客様（発注者）に対する守秘義務により，よほど一般的な表現でない限り英文をそのまま使うわけにはいかないため，必要に応じて文章を短くし，固有名詞や数字，表現等を修正した上で，プロの和英翻訳者として25年の経験を持つナロン マイケル（Michael Narron）さんにすべての英文をチェックしていただきました。一方，大半の日本語は私自身が訳したもの（一部原書と訳書の訳語が含まれています）を，金融実務翻訳者として18年の経験を持つ飯村育子さんに校正をしていただきました（もちろん，最終的な文章責任は私にあります）。その例文集に実務翻訳の観点から重要だと思われる考え方や背景知識を「翻訳メモ」としてつけました。

　以上のように，本書は金融翻訳に関する典型的な表現や背景知識，言い換えれば金融翻訳者の皆さんが翻訳業務の中でよく出会いそうな，そしてよく使いそうな「つなぎの知識」を身につけることができる「辞書の後，専門書の手前の書」であると捉えていただければと思います。原文はネイティブの英語といって差し支えなく，日本語は私の訳した日本語です。本書は英和翻訳を念頭に置いて編集していますが，英語にはアメリカ人の校正も入っていますので，和英翻訳のための例文集としての機能も果たせると思います。また，索引を充実させることも心がけました。

　なお，例文の一部には以下の文章が収録されています。これらは様々なレポートで頻繁に引用されており，金融翻訳者であればぜひとも原典に触れておいてほしいと判断したものです。日本語訳はすべて私が行いました。

①グリーンスパン米連邦準備理事会（FRB）元議長の「根拠なき熱狂」演説（1996年12月5日抜粋）
②グリーンスパンFRB元議長による議会証言における「グリーンスパンの謎」発言（2005年2月16日抜粋）

③ドラギ欧州中央銀行（ECB）の「ユーロ防衛にあらゆる措置を講じる」演説（2012年7月26日発言部分）
④バーナンキ FRB 前議長の議会証言後に，いわゆる「テーパー癇癪」といわれるようになった質疑応答の一節（2013年5月22日）
⑤量的緩和第3弾の終了を決定した時の米連邦公開市場委員会（FOMC）声明（2014年10月29日）
⑥⑤の半年後，市場で利上げ観測を巡る思惑が高まっていたときのFOMC声明（2015年6月18日）

なお，上記の英語原文と和訳のうち③は p.108 に，それ以外は以下のWebページに，短文（例文）ではなく一続きの文章として掲載しております。

http://www.kspub.co.jp/book/detail/1556263.html

　本書の執筆は多くの人々の協力がなければなし得ませんでした。まず，これまで実務翻訳者としての私を支えていただいた多くのお客様。例文は，私がこれまで翻訳を請け負った英文が下敷きとなっています。そして企画の立ち上がりからコンセプトが固まるまでの2年半にわたり実に根気よくお待ちいただき，その後8ヶ月をかけて筆者初めての著書をここまでの体裁と中身にまで高めていただいた講談社サイエンティフィクの三浦洋一郎さん，10年近く和英翻訳で私とタッグを組み，今回もすべての英文に目を通し不自然な英語の抽出と修正に尽力いただいたナロンさん，私の訳文の不備を丁寧に添削していただいた飯村さん，そもそも本書出版のきっかけを与えていただいた特許翻訳者の時國滋夫さん，そして締切に追われる忙しい日々の生活を支え続けてくれた妻 暁子に心からお礼を申し上げます。

2015年10月

鈴木立哉

目次

はじめに ……………………… iii

[あ行]

上がる ……………… 1	1週間で ……………… 13	上向く ……………… 28
商い ………………… 6	逸脱する …………… 13	影響を受ける ……… 29
悪循環 ……………… 6	一致 ………………… 14	エクスポージャー … 30
アクティブ運用／パッシブ運用 ……… 7	一服する …………… 14	追い風 ……………… 32
悪化する …………… 9	イベント …………… 15	押し上げる ………… 33
勢いづく …………… 10	イールドカーブ …… 15	押し目 ……………… 34
勢いを失う ………… 10	インフレ …………… 17	落ち着く …………… 34
行き過ぎ …………… 11	〜を受けて ………… 24	重石 ………………… 35
著しく ……………… 11	裏付け ……………… 25	織り込む …………… 36
一貫した …………… 12	うろつく …………… 27	オルタナティブ投資 … 39
	上回る ……………… 27	

[か行]

会計方針 …………… 41	機会 ………………… 61	牽引する …………… 73
外国為替 …………… 45	基準 ………………… 62	減少する …………… 75
介入する …………… 49	帰する ……………… 62	減速する …………… 77
乖離 ………………… 50	期待 ………………… 64	貢献する …………… 78
確認する …………… 50	軌道に乗る ………… 66	構成する …………… 79
確約する …………… 51	キャッシュ ………… 67	考慮すると ………… 79
加速する …………… 52	強化する …………… 67	誤解を招きやすい … 79
勝ち組／負け組 …… 52	金融市場の分断化 … 67	国有企業 …………… 79
活況 ………………… 52	苦戦する …………… 68	誇張する …………… 80
活用する …………… 54	グローバルリバランシング ……… 68	雇用 ………………… 81
株 …………………… 54	景気指標 …………… 70	根底にある ………… 83
下方修正 …………… 56	景気循環 …………… 71	混乱 ………………… 85
関係 ………………… 57	決算発表 …………… 73	
緩和／拡張 ………… 58		

[さ行]

材料 …… 86	実施する …… 108	据え置く …… 123
さえない …… 87	示す …… 109	成長 …… 123
下がる …… 88	従来 …… 111	責任 …… 125
支える …… 95	終了する …… 112	セルサイド／バイサイド
殺到する …… 97	需要と供給 …… 113	…… 126
さまざまな …… 97	償還 …… 115	先進国 …… 126
時価評価 …… 98	証券化 …… 115	全体 …… 128
自己資本 …… 99	上方修正 …… 117	センチメント …… 128
市場経済 …… 100	情報発信 …… 117	前年比 …… 129
市場参加者 …… 102	将来の …… 117	増加する …… 130
システム上重要な …… 103	上流／下流 …… 119	相殺する …… 132
持続可能な …… 103	助長する …… 119	損なう …… 133
次第に …… 106	事例 …… 119	ソフトデータ …… 134
したがって …… 107	慎重な …… 120	
下回る …… 107	信頼 …… 122	

[た行]

～台前半／後半 …… 138	長期的 …… 145	動向 …… 154
高い …… 138	徴候 …… 145	投資する …… 155
タカ派／ハト派 …… 140	調達する …… 146	逃避 …… 156
確かに …… 140	つける …… 146	トップダウン／ボトムアップ
ただちに …… 141	強い …… 147	…… 157
だぶつき …… 141	提供する …… 151	トップライン／ボトムライン
短期的 …… 142	低迷 …… 151	…… 157
中期的 …… 143	出遅れる …… 151	トレンド …… 159
注目 …… 144	手仕舞う …… 152	
注文 …… 144	同業他社 …… 154	

[な行]

何よりも …… 160	値動き …… 161	年度 …… 162
入手可能な …… 161	値固め …… 162	乗り換える …… 163

[は行]

背景 … 165	反対に … 181	不思議ではない … 194
波及 … 166	判断する … 182	節目 … 194
拍車 … 167	反転する … 182	払拭する … 196
パーセンテージポイント … 169	〜を控えて … 184	物色する … 196
破綻処理 … 169	引き上げる … 184	分散 … 197
ハードデータ … 172	引き金 … 187	ベンチマーク … 197
歯止め … 177	引き下げる … 188	補完財／代替財 … 198
ハードランディング … 177	低い … 190	保証 … 198
バブル … 178	逼迫 … 190	保有比率 … 200
バリュエーション … 179	不安定 … 191	ボラティリティ … 200
	含む … 192	本格的 … 201

[ま行]

まずまずの … 204	見極める … 207	もたつく … 210
まちまち … 205	水を差す … 208	持ちこたえる … 211
マネーサプライ … 206	無頓着な … 208	基づいて … 212
見送り … 206	目立つ … 209	

[や行]

安い … 214	緩やかな … 216	横ばい … 218
有利な … 215	要因分析 … 216	予想する … 219
歪み … 216	様子見 … 217	弱い … 221

[ら・わ行]

利益確定 … 223	利回り … 232	連続 … 236
履行する … 224	理由 … 233	割り込む … 236
リスク … 224	流動性 … 233	割高な … 237
リターン … 231	レバレッジ … 234	割安な … 238

参考・引用文献 … 240　索引 … 242

［あ行］

上がる

grind higher / creep up / more strength / firm trend / trade on the firm side / strong note / positive / add / appreciate / climb / gain ground / go up / higher / increase / push ～ higher / rise / runup / settle ～ up / strengthen / up / jump / leap / soar / spike / advance strongly / surge / double / finish stronger / upside potential / cap ～ upside

1【じりじりと上昇する】 The stock market continued to grind higher in the third quarter, shrugging off multiple excuses for a big correction.

▶第3四半期（7－9月期）の株式市場は，大幅な調整を予感させるいくつもの材料をものともせず，じりじりと上昇を続けました。

翻訳メモ この英文の"grind higher"と次の英文の"creep up"は意味が近く，似たような局面で使えることの多い語群です（ニュアンスは文脈等で変わってくることもあるので注意してください）。また，決算期の表記には注意しましょう。p.117 の「上方修正」，p.162 の「年度」を参照。

2【徐々に上昇する】 Natural gas prices have been creeping up over the past several months thanks to a combination of a colder winter and higher demand for heating fuel.

▶厳冬と暖房用燃料の需要拡大が相まって，天然ガス価格はここ数ヶ月徐々に上昇してきた。

翻訳メモ 「金価格」なら「上昇」，「金」なら「値上がり」が理屈ですが，日本語の文章ではあいまいに使われています。

3【強含み】 Our technical team expects more strength ahead for the MYR against the USD.

▶当社のテクニカルチームは，マレーシアリンギットが今後対米ドルでさらに強含むと予想している。

翻訳メモ この英文の"more strength"から 6 の英文の"strong note"までは意味

1

が近く，似たような局面で使えることの多い語群です（あくまでも目安であり，ニュアンスは文脈等で変わってきますので注意してください）。

4 【強含み】 The London Stock market closed on a firm trend Monday.
▶ 月曜日のロンドン株式市場は強含みで終了した。

5 【強含み】 With Fund outflows to continue as the Fed is likely to reduce its QE purchases inflation not being a topic and the USD to trade on the firm side, we can expect a lower gold price.
▶ FRB が量的緩和の規模を縮小する可能性が高いために投資信託からの資金流出が続き，インフレが問題にされず，米ドルは強含みとなるなか，金価格は下落が予想される。

🔍 **翻訳メモ** QE ＝量的緩和。米連邦準備（制度）理事会の略語は英語では Fed が一般的ですが，日本では Federal Reserve Bank の略語（FRB）を使うのが一般的なので注意しましょう。p.60 の「量的緩和策」も参照。

6 【強含み】 Even Japanese equities were able to move out of the doldrums and finish the year on a strong note as the Nikkei surged 6.7% and the broader Topix advanced 5.8%.
▶ 日本市場もついに不振から脱し，日経平均が 6.7％の上昇，日経平均よりも広い範囲をカバーする TOPIX も 5.8％の上昇と，強含みで 1 年を終えました。

7 【強含み】 The rating agency has upgraded the Country's BB+ rating outlook to positive.
▶ その格付け機関は同国の「BB+」の格付け見通しを「強含み」に引き上げた。

🔍 **翻訳メモ** 「格付け見通し」，または「格付けアウトルック」とは，格付機関が発行体の格付けの中期的な見通しを示したものです。フィッチ・レーティングスのホームページでは次のように説明されています。「格付けアウトルックは，今後 1，2 年のうちに格付けが遷移する方向性を示している。財務等の動向に，現状では格付けアクションを起こすほどではないものの，今後も継続した場合にそうなる可能性がある場合，それらの動向がアウトルックに反映される」。格付け見通しでは，強含みの他に弱含み（negative），安定的（stable）という判断が示されます。

📖 **出典** https://www.fitchratings.co.jp/web/ja/pages/ratings_definitions/rating_watches_and_rating_outlooks.jspx

8 【上昇する】 The Dow rose 0.42 percent and the S&P 500 added 0.61 percent, while the Nasdaq was up 0.41 percent.
▶ ダウ平均が 0.42％，S&P500 種指数は 0.61％上昇し，ナスダック総合指数は 0.41％高となりました。

🔍**翻訳メモ** この英文の"add"から21の英文の"up"までは意味が近く，似たような局面で使えることの多い語群です（あくまでも目安であり，ニュアンスは文脈等で変わってくるので注意してください）。

9【上昇する】 US dollar started to appreciate against the Euro until August 2011, followed by a period of depreciation.
▶ 米ドルは対ユーロで上がり始め，2011年8月まで上昇した後，下落しました。

10【上昇する】 Spain's consumer prices climbed 6.4% y/y, 6.3% m/m.
▶ スペインの消費者物価は前年同月比で6.4％，前月比で6.3％上昇した。

11【上昇する】 The euro gained ground on the US dollar, but overall performance was mixed.
▶ ユーロは対米ドルで上昇したが，全体としてパフォーマンスはまちまちだった。

12【値上がりする】 The price of oil tumbled 14% while gold went up over 3%, reflecting its status as a safe haven asset.
▶ 原油価格が14％急落する一方で，金は安全資産である点が評価され，3％以上値上がりした。

13【上昇する】 The US currency was higher against a number of its major currencies Tuesday morning.
▶ 米ドルは火曜日午前の取引で複数の主要通貨に対して上昇した。

14【上昇する】 The company stated that it plans on reducing operating expenses, which caused shares to increase.
▶ 同社は営業費用の削減計画を明らかにし，株価の上昇をもたらしました。

15【上昇する】 The company's move into China and a positive review from Consumer Reports helped push shares higher this week.
▶ 中国への進出と『コンシューマー・レポート』誌の好意的な評価を受けて，株価は今週上昇した。

16【上昇する】 The Nikkei 225 rose 0.5% for a weekly rise of 4.2%.
▶ 日経平均は0.5％上昇し，1週間の上昇率は4.2％となった。

17【上昇する】 Maintaining a stable nominal EGP/USD exchange rate, akin to a peg, has complicated the conduct of monetary policy and has carried rising sterilization costs.
▶ エジプト・ポンド／米ドルの名目為替レートの安定を維持するペッグ制に似た制度を維持したために，金融政策運営は複雑になり，不胎化コストが上昇した。
🔍**翻訳メモ** 「不胎化」とは為替介入による通貨供給量の変化を相殺するために公開市

場操作をして通貨量を調整することで，公開市場操作のための有価証券の発行や購入にかかる費用のことを不胎化コストといいます。

18 【上昇する】 Despite the recent runup in the Nikkei 225 — it is up 25 percent since March and 30 percent this year alone — the manager believes it has a lot more to go.

▶日経平均はこのところ（3月から25％，今年だけでも30％）上昇していますが，上昇余地はなお大きいとマネージャーはみています。

19 【上昇する】 The German DAX settled 0.63 percent up at 7,112.8 points.

▶ドイツDAX指数は0.63％上昇し，7,112.8ポイントでこの日の取引を終えた。

20 【上昇する】 BBB Foods shares have strengthened in the past six months, reaching a record high after the company announced an 18 percent profit rise on July 31.

▶BBB食品株は過去6ヶ月間上昇し，7月31日に18％の増益が発表されると史上最高値をつけた。

21 【…高（上昇する）】 On Tuesday, the US dollar was up 0.3 percent against the yen at 103.34, a six-year high, while the euro was 0.2% weaker at $1.2237.

▶米ドルは火曜日に対円で0.3％高の103.34円と6年ぶりの高値をつける一方，対ユーロでは0.2％安の1.2237ドルとなった。

22 【急騰する】 Shares jumped as much as 11% on news that the company's second quarter profit nearly doubled year-over-year.

▶第2四半期（4－6月期）の利益が前年同期比で2倍近くになったとのニュースを受けて，同社の株価は11％も急騰しました。

翻訳メモ ①この英文の"jump"から27の英文の"surge"までは意味が近く，似たような局面で使えることの多い語群です（あくまでも目安であり，ニュアンスは文脈等で変わってくるので注意してください）。
②会社によって決算月は異なるので注意しましょう。p.162の「年度」を参照。

23 【急伸する】 The Dow Jones Industrial Average index soared 116.82 points to close at 11,975.12 while the S&P 500 leapt 11.90 points to close at 1,422.54.

▶NYダウ平均は116.82ポイント大幅に上昇して11,975.12で取引を終了し，S&P500種指数は11.90ポイント急伸して1,422.54で引けた。

24【急騰する】 Its share price soared to more than $300 on the announcement.
　◐同社株価はその発表を受けて急騰し、300 ドルを突破しました。

25【跳ね上がる】 Volatility in bond and equity markets spiked as a result of the European crisis.
　◐欧州危機を受けて、債券市場と株式市場のボラティリティは跳ね上がった。

26【力強く上昇する】 Although equity markets advanced strongly over the month, Greece's debt problems can be seen as a reminder of the world economy's fragility.
　◐当月の株式市場は力強く上昇したものの、ギリシャの債務問題は世界経済がまだ脆弱であることを示しているといえるでしょう。

27【急騰する】 In the US, the S&P 500 surged almost 15% for the month and erased much of the year's loss as risk appetite rebounded sharply.
　◐米国では、リスク選好度が急速に反発してS&P500指数が当月1ヶ月で15％近く急騰したため、年初来の損失の大半が解消されました。
　▶翻訳メモ　「ヶ月」「か月」「箇月」等の表記は顧客によって決まっていることが多いので（顧客が意識していないこともあります）、確認が必要です。

28【2倍になる】 Trailing 12-month S&P 500 earnings per share (EPS) are over 15% higher today at USD 104 when compared to USD 90 in 2006, and nearly double the USD 53 earned in 1999.
　◐S&P500 種指数構成銘柄の過去 12 ヶ月実績ベースの1株当たり利益（EPS）は現在 104 米ドルと、2006 年の 90 米ドルよりも 15％以上高く、1999 年の 53 米ドルの倍近くになっている。
　▶翻訳メモ　Trailing 12-month とは「過去 12 ヶ月」または「直近 12 ヶ月」と訳しますが、直近月からではなく、直近の四半期末から4つの四半期分（12 ヶ月分）という意味なので注意してください。

29【～高で取引を終える】 The Nikkei 225 in Tokyo finished 1.9 percent stronger.
　◐日経平均は前日比 1.9％高で取引を終えた。

30【上昇余地】 The Manager believes that the stock has a great deal of upside potential.
　◐マネージャーは同社の株価上昇余地は大きいとみています。

31【上昇余地が限られる】 The overall view is bullish, but the overvaluation

should cap the longer term upside.
> 総合的には強気の判断。ただし，割高感から長期の上昇余地は限られる。

商い　heavy trading / thin

1【大商い】 The Tokyo stock market closed higher last week in heavy trading.
> 先週の東京株式市場は大商いの中，前週比プラスで引けた。

2【薄商い】 Topix turnover was relatively thin this month.
> 当月，東京証券取引所は比較的薄商いとなった。

悪循環　vicious circle / vicious cycle / spiral / negative cycle

1 This selling has the potential to create a vicious circle, setting off waves of selling across many asset classes.
> この売却がきっかけとなって，多くの資産クラスにわたって売却に次ぐ売却の波が引き起こされる可能性があるのです。

　🔍翻訳メモ　英語の意味は「悪循環」ですが，ここでは訳すと冗長になるので訳していません。「売却の波が～」で十分悪循環が含意されています。

2 The vicious cycle for the past few years remains in place.
> ここ数年間の悪循環は今も続いている。

3 The spiraling pattern of de-leveraging, risk aversion and forced selling persists, putting pressure on relative value managers.
> レバレッジ解消，リスク回避，そして投げ売りという悪循環が続いており，レラティブバリュー戦略のマネージャーは厳しい状況に置かれている。

　🔍翻訳メモ　レラティブバリュー戦略はヘッジファンドの運用戦略の一つで，相対的に割安な銘柄をロング（買い持ち）し，割高な銘柄をショート（売り持ち）する組み合わせで運用する戦略です。

4 The increased volatility forced models to sell positions as risk increased, leading to negative cycle.
> ボラティリティが上昇してリスクが増大すると，各モデルはポジションの手仕舞いを迫られ，売りが売りを呼ぶ悪循環に陥った。

　🔍翻訳メモ　ボラティリティとは個別銘柄または市場の変動性のことです。数値とし

ては標準偏差が用いられることが多いのですが，市場全体の動きを大雑把に表す表現として「ボラティリティが上昇」（increased volatility）といわれることもあります。また volatility の一語で「ボラティリティが高い」ことを意味することがあるので注意しましょう。翻訳に当たっては，想定読者にもよりますが，初出は「ボラティリティ（変動性または変動率）」と説明を加えた方が親切かもしれません。読者を視野において顧客とよく相談した方がよい言葉の一つです。p.201 を参照。

アクティブ運用／パッシブ運用

active management / active manager / passive investing / alpha / beta / index fund / Sharpe ratio / information ratio

1 【アクティブ運用】 Active management is a "zero sum game."

❶アクティブ運用は「ゼロサムゲーム」である。

翻訳メモ アクティブ運用とは，積極的にリスクを取ることによってベンチマーク（株式指標など）を上回るリターン（超過リターン）を目指す運用スタイルのことです。

2 【アクティブ運用マネージャー】 When active managers select stocks, they must evaluate investment opportunities according to their estimated alpha potential.

❶アクティブ運用のマネージャーが銘柄を選択する際には，どれくらいのアルファを生み出せるかを推定し，それに基づいて投資対象を評価するというプロセスをたどる。

3 【パッシブ運用】 For example, some 76% of the trading volume in the American stock markets relied on passive investing from 2000 to 2004.

❶例えば，2000 年から 2004 年の米国の株式市場の出来高の約 76％がパッシブ運用によるものだった。

翻訳メモ アクティブ運用に対し，インデックス並みのリターンを目指す運用スタイルがパッシブ運用です。なお，この例文では "passive investing" となっていますが，"management" "investment" でも同じ意味。同じことは active management にもいえます。訳語としては「アクティブ投資」「パッシブ投資」も可。

4 【アルファ】 The portfolio managed to generate alpha by making a positive return against markets which modestly declined.

❶このポートフォリオは市場が小幅下落するなかでプラスのリターンをあげ，アルファを何とか生み出すことができました。

翻訳メモ 「アルファ」を厳密にいうと，ある証券（銘柄）に投資を行う場合に，ベ

ンチマークを上回る収益率（超過リターン）を得るための源泉のうち，その銘柄固有の特性に基づく部分を言うのですが，通常の運用レポートでは，ベンチマークを上回った部分をアルファと呼んでいます（つまり超過リターン＝アルファ）。この例文も超過リターンのことを指しています。

5 【ベータ】 Long/short managers have an inherent characteristic: beta is generated in a bull market and alpha in a bear market.

▶ ロング／ショート戦略には，そもそも上げ相場でベータを，下げ相場でアルファを獲得できるという特性がある。

翻訳メモ ベータ（値）とは，例えば株式市場が1％動いたときに，その銘柄の株価が何％動くかを示した計数のことです。しかしこの文章は，その本来の意味ではなく「上昇相場の時にはベータ値による効果でリターンを獲得できる」という意味で使っていることに注意してください。bull market：上げ相場，bear market：下げ相場

6 【インデックスファンド】 A desire to reduce costs has caused some investors to shift away from actively managed funds to index funds and exchange traded funds (ETFs).

▶ コスト削減を目指す一部の投資家は，アクティブ運用型ファンドからインデックスファンドや上場投資信託（ETF）に乗り換えている。

7 【シャープレシオ】 The manager achieved a Sharpe ratio (i.e., excess return per unit of risk) of 0.88 compared to 0.63 for the S&P 500 over the same period.

▶ マネージャーのシャープレシオ（1単位リスクあたりの超過リターン）は0.88となり，同期間のS&P500種の0.63を大幅に上回った。

翻訳メモ シャープレシオは，リターンのうち無リスク資産に対する超過リターンをリスク（標準偏差）で割って求めます。無リスク資産のリターンを差し引くことで，リスクを取ったことの意味合いを計ろうというわけです。

8 【インフォメーションレシオ】 The information ratio, much like its widely-used cousin the Sharpe ratio, gives us a sense of an investment's risk-adjusted alpha, or alpha per unit of extra risk.

▶ インフォメーションレシオは，広く使われている同様の指標であるシャープレシオとほぼ同じように，投資対象のリスク調整後アルファ，あるいは超過リスク1単位当たりのアルファがどの程度かを教えてくれる。

翻訳メモ インフォメーションレシオ（情報レシオ）は，ベンチマークに対する超過リターン（アクティブリターン）の平均をその標準偏差で割ったものです。ベンチマークからの超過リターンを得るために，どのくらいリスクがとられたかを計測して，アクティブ運用の効率性を見る指標です。

悪化する
worse / deteriorate / hurt / weaken / dent / be exacerbated / detract from / detractor

1【悪化する】 The environment worsened as liquidity dried up and investors retrenched.
　○流動性が枯渇して投資家が資金を引き揚げ，投資環境は悪化した。
　🔖翻訳メモ　「流動性」とはいつでも換金できる程度／度合いのことです。市場の状況を説明する場合には「流動性」という表現が，ファンドの資金化のしやすさを明確にしたい場合には「換金性」という表現が用いられることも少なくありません。

2【悪化する】 The economic outlook has deteriorated substantially even from six months ago.
　○景気見通しはわずか6ヶ月前と比べてもかなり悪化した。

3【悪化する】 The ECB's bond purchases and the subsequent Euro rally hurt the performance of a number of global macro managers.
　○欧州中央銀行（ECB）による債券購入とそれに続いたユーロ高により，グローバルマクロ・マネージャーのパフォーマンスが悪化した。
　🔖翻訳メモ　グローバルマクロ戦略はヘッジファンドの運用戦略の一つで，世界中のありとあらゆる資産を，ありとあらゆる手法で運用する戦略です。

4【悪化する】 Despite the labour market continuing to weaken, the economy has so far remained relatively resilient.
　○労働市場は悪化し続けているが，今のところ経済活動は比較的堅調さを保っている。

5【悪化する】 Lower house prices lowered household wealth and severely dented consumer confidence.
　○住宅価格の下落で家計の資産が目減りし，消費者の景況感は著しく悪化した。
　🔖翻訳メモ　dentとは「へこみ」とか「くぼみ」を意味します。一定の望ましい程度や水準が想定されていて，それが低下することが筆者にとって良くない場合に「悪化」が使えることが多いです。

6【拍車がかかる】 The correction seen in emerging markets was exacerbated by waning global liquidity.
　○世界的な流動性の減少を受けて新興国市場の悪化に拍車がかかった。
　🔖翻訳メモ　「調整が悪化した」→「悪化に拍車がかかった」と訳しています。

7【悪化させる】 Positions that significantly detracted from performance included longs in AAA, BBB, and CCC.

○パフォーマンスを大幅に悪化させたのは AAA 社，BBB 社，CCC 社のロングポジションなどでした。

8 【マイナス要因】 The largest detractors from performance were the fund's long/short stock selection in Asia.

○パフォーマンスの最大のマイナス要因となったのは，アジアにおけるロング／ショートポジションの銘柄選択でした。

勢いづく　gather pace / power / gain momentum / regain momentum

1 【勢いづく】 The uptrend has been gathering pace over the last few months.

○こうした上昇傾向は最近数ヶ月で勢いづいてきた。

2 【勢いづく】 The rise in equity prices would power consumer spending.

○株価の上昇で消費支出は勢いづくはずだ。

3 【勢いを増す】 This trend is big, has legs, and is likely to gain momentum in coming years.

○このトレンドは大規模で持続性があり，ここから数年で勢いを増していく可能性が高い。

　翻訳メモ　have legs＝持続性がある

4 【勢いを取り戻す】 Loan growth is expected to regain momentum on the back of improved asset quality and a stabilizing property market.

○資産の質の改善と不動産市場の安定化を背景に，融資の伸びは勢いを取り戻すだろう。

勢いを失う　lose momentum / slow / fade / falter

1 【勢いを失う】 As the US economy loses momentum, we expect the Fed to interrupt its tightening cycle.

○米国経済が勢いを失うなか，FRB は引き締めサイクルを中断することになるだろう。

2 【失速する】 If the US consumer slows, the European and Japanese consumers are unlikely to provide a relay for growth.

○米国の消費が失速しても，欧州や日本の消費が経済成長の牽引役を引き次ぐことは考えにくい。

翻訳メモ　consumer なので文字どおりに訳せば「消費者」ですが，消費支出を指してこうした言い方をすることもよくあります。

3 【失速する】 US demand will likely fade later this year as stimulus spending ends.

○財政刺激策の終了に伴い，米国の内需は年内に失速するだろう。

翻訳メモ　later this year は「この原稿が書かれた後の年内」という意味なので，文章の発行タイミングや文脈をよく考えて訳すようにします。

4 【つまずく】 A few years ago, it might not have mattered much to the West if China's growth had faltered; but today, it would be a very different story.

○数年前であれば，中国の成長がつまずいたところで西側にとって大した問題ではなかったかもしれないが，今日は事情がまったく異なる。

出典　"Coming out," *Economist*, March 25, 2006

行き過ぎ　overshoot / overdone / stretched

1 The largest perceived risk is that the Fed will overshoot by raising the short-term rate beyond neutral and cause a hard landing.

○現在認識されている最大のリスクは，FRB の利上げが行きすぎて短期金利が中立水準を超えてしまい，景気のハードランディングを引き起こすことです。

2 It appears that the sell-off in financial assets is overdone.

○金融資産の急落は行き過ぎに見える。

3 While dollar strength this year is reasonable, it is starting to look a little stretched.

○今年のドル高は理に適っているとはいえ，やや行き過ぎの感も出てきた。

著しく　significant / substantially / visibly / meaningfully / impressive

1 【著しく】 Business has been quite difficult due to the significant downturn in domestic demand this past fiscal year.

○今期は国内需要の低迷が著しく，きわめて厳しい事業環境が続いています。

2 【大幅に】 Equity volatility increased substantially with the sharp reversal as did emerging market credit spreads.
　▶市場の急反落に合わせて株式のボラティリティが著しく高まり，新興市場の信用スプレッドも大幅に拡大しました。

3 【目に見えて】 In contrast to the US, market concerns regarding the debts of peripheral European governments remain high, even though several of them have implemented drastic consolidation measures and the Eurozone's aggregate public sector deficit is declining visibly.
　▶米国とは対照的に，いくつかの国が思い切った財政再建案を実施し，ユーロ圏全体の公的部門の赤字が目に見えて減っているにもかかわらず，欧州周辺国の政府債務に対する市場の深刻な懸念を払拭できていない。
　　📝翻訳メモ　concern ～ remain high：深刻な懸念を払拭できていない

4 【目に見えて】 Some of the auto parts companies have been so poorly run that consolidation and restructuring should improve operating results meaningfully.
　▶一部の自動車部品メーカーは経営があまりに稚拙だったため，統合やリストラをすれば業績が目に見えて改善するはずです。

5 【目覚ましい】 The US recovery is impressive, but it may be stalling.
　▶米国の景気回復は目覚ましいが，足元では失速しているかもしれない。

一貫した　consistent / persistent

1 【一貫した】 Robust and consistent analyses of the economic and market situations drive our decision-making process.
　▶経済情勢と市場環境に対する確実で一貫した分析が，当社の意思決定プロセスの推進力となっています。

2 【矛盾のない】 Still, the research results are consistent with our assessment that credit markets will not enter a crippling phase.
　▶とはいえ，調査結果は，信用市場が機能不全状態に陥ることはないだろうという我々の判断と矛盾しない。
　　📝翻訳メモ　crippling：機能不全の，壊滅的な

3 【一貫した】 US housing activity is on the road to recovery, with house

prices showing persistent signs of improvements.
○米国の住宅景気は回復途上にあり，住宅価格は一貫して改善の兆しを見せている。

1週間で　on the week / for a weekly advance / over the five day period / over the week

1【前週末比では】The Nikkei 225 in Tokyo fell 0.5 percent but was 2.5 percent higher on the week.
○東京市場では日経平均は0.5％下げたが，前週末比では2.5％の上昇となった。

2【1週間の上昇率】In New York, the S&P 500 rose 0.3 percent for a weekly advance of 1.5%.
○ニューヨーク市場ではS&P500種指数が0.3％上昇し，1週間の上昇率は1.5％となった。

3【1週間では】The 10-year yield 5 bps on Friday at 3.54 percent, but down 7 bp over the five-day period.
○金曜日の10年国債利回りは3.54％と1日では5 bp上昇したが，1週間では7 bpの低下となった。

　翻訳メモ　1週間は5取引日のため，この表現が使われることもあります。

4【前週比では】The US dollar was up 0.2 percent versus the Japanese yen and back above Y105, but was only a shade higher over the week.
○米ドルは対円で0.2％上昇し105円台に戻したが，前週比ではわずかな上昇にとどまった。

逸脱する　be out of line with / deviate

1 The awesome size of Japan's accumulation results from persistent intervention to suppress what Japanese authorities have judged is a dollar-yen exchange rate that is out of line with fundamentals.
○日本政府の外貨準備高はすさまじい規模となっている。これは日本の通貨当局がドル/円レートはファンダメンタルズから逸脱していると判断し，円高を抑制するために介入をくり返してきた結果である。

　翻訳メモ　2004年3月2日に行われたグリーンスパンFRB議長（当時）の講演内容から。2004年初めから日銀が行っていた円売り／ドル買いの大量の市場介入に対し

て他国（＝アメリカ）の金融当局の責任者が公然と警告を発した異例の演説として有名です。
出典　http://www.federalreserve.gov/BOARDDOCS/Speeches/2004/20040302/default.htm

2 Sometimes markets deviate from the normal efficient processes of valuation.
▶市場は，正常な効率的評価プロセスから逸脱することがある。

一致　coincide with / coincident

1【足並みをそろえる】 Currently, high inflation coincides with strong broad money growth; but inflation has also been impacted by other factors such as the weakening Euro and VAT increases.
▶足元の高インフレはマネーサプライの力強い伸びと足並みをそろえる形で起きているが，インフレはユーロ安や付加価値税（VAT）引き上げなど他の要因の影響も受けている。

2【一致】 Coincident indicators include the unemployment rate, personal income levels and industrial production.
▶景気一致指数には失業率，所得水準，鉱工業生産などが含まれる。

一服する　take a breather / pause / take a break / take a rest

1【一服する】 Markets took a breather after a rebound in the previous month.
▶市場は前月の反発後に一服しました。

2【（一旦）停止】 EM Central Banks remain dovish, but the pace of rate cuts is decelerating and many countries have begun to pause.
▶新興国の中央銀行はハト派的姿勢を崩していないが，利下げのペースは鈍化しており，金利の引き下げを停止しはじめた国も多い。
翻訳メモ　ここは「一旦停止」の意味の「停止」です。

3【休止する】 The central banks of Canada, Norway and Australia have taken a break in tightening over the past months.
▶カナダ，ノルウェー，オーストラリアの中央銀行は過去数ヶ月にわたって引

き締めサイクルを休止している。
4【一服する】 Defensive sectors took a rest.
▶ディフェンシブセクターの上昇は一服となった。

イベント　event / event-driven strategy

1【イベント】 The crisis is far from solved, and many key events are ahead this winter.
▶危機の解決にはほど遠い状況で，この冬は多くの主要イベントが控えている。

2【イベントドリブン戦略】 We believe these positive tailwinds should bode well for the event-driven strategy next year.
▶来年はこうした追い風がイベントドリブン戦略に有利な状況をもたらすと考えられる。

　　翻訳メモ　イベントドリブン戦略とはヘッジファンドの戦略の一つで，企業の合併，買収，倒産，リストラなど，企業の重要な出来事（イベント）を投資機会と捉えて収益を狙います。

イールドカーブ

steepening / bear flattening / bull flattening / front end / cash rate / back end / belly / term structure / maturity structure / positive carry / carry trade

1【スティープ化】 This negative shock has been counterbalanced by significant supportive Fed action and a consequent steepening in the yield curve.
▶米連邦準備理事会（FRB）の大規模な市場支援策とそれを受けたイールドカーブのスティープ化により，こうしたネガティブな要因のショックがかなり和らいでいることは間違いない。

2【ベアフラットニング，ブルフラットニング】 A "Bear Flattening" of the yield curve is when short rates rise faster than long rates, while a "Bull Flattening" occurs when long rates drop faster than short rates.
▶イールドカーブの「ベアフラットニング」は短期金利が長期金利よりも速く上昇するときに起こり，「ブルフラットニング」は長期金利が短期金利よりも速く低下するときに起きるのです。

15

翻訳メモ イールドカーブの形状変化は，①ベアフラットニング（短期金利が長期金利よりも大きく上昇する），②ブルフラットニング（長期金利の方が短期金利よりも大きく低下する），③ブルスティープニング（短期金利の方が長期金利よりも大きく低下する），④ベアスティープニング（長期金利の方が短期金利よりも大きく上昇する）の4種類です。

3 【短期】 If the current state of affairs persists, the new bond bull market will likely begin in earnest as expectations for a rate cut drive a fresh wave of buying, especially along the front end of the curve.

▶ 現在の状況が続けば，債券市場では利下げ期待から短期ゾーンを中心に新たな買いが広がり，本格的な強気相場に入る可能性が高い。

4 【短期金利】 The RBA decided to keep the cash rate target unchanged at 4.5%.

▶ オーストラリア準備銀行（RBA）は，政策金利であるキャッシュレートの誘導目標を4.5％に据え置いた。

5 【長期】 The US yield curve became more inverted with the front end 6 month T-Bill rising 17 bps to yield 5.33% while the back end dropped to 5.15%.

▶ 米国のイールドカーブは，6ヶ月物短期国債の利回りが5.33％まで17 bp上昇する一方，長期国債利回りは5.15％まで低下し，逆イールド化がいっそう進みました。

翻訳メモ bp はベーシスポイントの略で0.01％のことです。債券の利回りや金利の変動に用いられる単位です。「逆イールド」とはイールドカーブが右肩下がりになることです。短期金利より長期金利の方が低くなります。金利が低くなってから長期の借入をしようという人が増える，つまり，将来，金利が下がると予想される場合に起きやすい現象です。p.169 を参照。

6 【中期ゾーン】 In response to Fed's announcement, the belly of the yield curve underperformed longer dated Treasuries.

▶ FRBの発表に反応し，イールドカーブの中期ゾーンは長期国債のパフォーマンスを下回った。

翻訳メモ イールドカーブにおいては0〜2年物を短期，2〜5年物を中期，5〜10年物を長期，10年超を超長期と呼ぶのが一般です。

7 【（金利の）期間構造】 The roll down is the expected price appreciation due to the bond nearing maturity (assuming that the term structure stays the same).

▷ ロールダウンとは，金利の期間構造が一定と想定した場合，満期が近づくことで価格の上昇が期待される現象である。

翻訳メモ 金利の期間構造とは，イールドカーブで表現される，債券の利回りと満期までの残存期間との間にみられる関係のことです。

出典 *Efficiently Inefficient: How Smart Money Invests and Market Prices are Determined,* Lasse Heje Pedersen, Princeton University Press, 2015

8【満期構造】 Nothing about the maturity structure of these (domestic)* debts or the interest rates paid on them lends justification to the common practice of ignoring them in calculations of the sustainability of external debt or the stability of inflation.

▷ 対外債務の持続可能性や物価の安定性を見積もる際に国内債務が無視されることが多いが，国内債務の満期構造や支払い金利を考え合わせると，そうしたやり方は到底妥当とはいえない。

出典 *This Time is different,* p.111（＊は筆者補足）／『国家は破綻する』, p.183

9【ポジティブキャリー】 Price declines outweighed the positive carry, and total returns were negative for the month.

▷ 価格の下落がポジティブキャリーを上回り，当月のトータルリターンはマイナスとなった。

翻訳メモ ポジティブキャリーとは，あるポジションの運用収益が調達コストを上回っている状態のことです。「キャリー収入」「キャリー利益」ともいいます。数年前に，低金利の日本円で調達して高金利の豪ドルで運用することでポジティブキャリーを得るキャリー取引がもてはやされました。

10【キャリー取引】 The spread between Japanese short-term rates and the US and European counterparts have continued to widen over recent months, making the infamous yen carry trade all the more attractive.

▷ 日本と米欧の短期金利間のスプレッドがここ数ヶ月拡大し，悪名高い円キャリー取引の魅力がいっそう増している。

翻訳メモ 10年程前，まだ日本の金利が欧米よりもかなり低かった頃の文章です。

インフレ

monetary phenomenon / price stability / inflation compensation / headline inflation / core inflation / inflation expectations / break-even inflation / PCE deflator / GDP deflator / deflate / wage-price spiral / sticky inflation / runaway inflation / hyperinflation / inflation-linked bond / linkers / indexed bond /TIPS / favorable inflation / Goldilocks economy / disinflationary recovery / reflation / disinflation / deflation / deflationary force / deflationary slump / deflationary spiral / stagflation / secular stagnation / reflationary policy / competitive devaluation

1 【貨幣的現象】 We have learned from economist Milton Friedman that inflation is "always and everywhere a monetary phenomenon".

▶ 経済学者のミルトン・フリードマンは，インフレは「いついかなる場合も貨幣的現象である」と言っている。

翻訳メモ いわゆる「黒田バズーカ（異次元緩和）」と呼ばれている質的量的緩和策は，この学説（マネタリズム）に基づく政策といわれています。

2 【物価の安定】 Consistent with its statutory mandate, the Committee seeks to foster maximum employment and price stability.

▶ 当委員会は，法律で定められた責務に従って，雇用最大化と物価安定の促進を目指す。

出典 米連邦公開市場委員会（FOMC）声明（2014年10月29日）。法律とは，制定法，つまり立法機関によって一定の手続きで制定される法のことです。

3 【インフレ指標】 Market-based measures of inflation compensation have declined somewhat; survey-based measures of longer-term inflation expectations have remained stable.

▶ 市場に基づくインフレ指標はやや低下したが，調査に基づく長期インフレ期待の指標は引き続き安定している。

翻訳メモ ここで inflation compensation とはどういう意味でしょうか？ "Inflation compensation is defined as the compensation that you can get from the market by buying 10 year treasury bonds and selling 10 year Treasury Inflation Protection Securities."（インフレ率の補償とは，市場で米10年国債を購入し，米10年物価連動国債を売却したときに得られる補償と定義される。出典：http://seekingalpha.com/article/2944686-fomc-deflation-interpretation-drives-gld-down）。すなわちブレークイーブン・インフレ率のことです。ここでは仮に「インフレ率の補償」と訳しましたが，「市場に基づくインフレ指標」または「ブレークイーブン・インフレ率」と訳すのが無難だと思われます。

出典 米連邦公開市場委員会（FOMC）声明（2014年10月29日）

4 【総合インフレ率】 In Q2.2013, headline inflation substantially overshot the Bank of England's target range; but core inflation remained at an extremely low ebb, which attests to the lack of domestic inflationary pressure.

◉2013年第2四半期（4－6月期）の総合インフレ率はイングランド銀行の目標レンジを大幅に上回ったが，コアインフレ率はきわめて低く，国内にインフレ圧力がないことを証明している。

翻訳メモ headline inflation とは消費者物価総合指数（CPI）の上昇率のことを意味します。コアインフレ率とは食料とエネルギー価格を除いた総合指数と定義されています。日本（総務省）との定義の違いは次の英文の翻訳メモを参照してください。

5【コアインフレ率】 The international consensus is that the BoJ is acting pre-emptively and perhaps even prematurely in having ended zero-rate (and monetary base expansion) policy whilst core inflation (excluding energy and food prices) is still at zero or below.

◉コアインフレ率（食料及びエネルギーを除いた指数）がまだプラスに転じていない段階で日銀がゼロ金利（およびマネタリーベースの拡大）政策を解除したのは，予防的でおそらく時期尚早ですらあったというのが国際的な共通認識だ。

翻訳メモ ①日本では生鮮食品を除いた「コア CPI」と食料（酒類を除く）およびエネルギーを除いた「コアコア CPI」を用いています。つまり，この例文での「コアインフレ率」は日本では「コアコアインフレ率」に当たるので注意してください（「コアコアインフレ率」とは訳さないようです）。なお，日本の「コア CPI」で除かれる「生鮮食品」とは生鮮魚介，生鮮野菜，生鮮果物のこと（野村證券ホームページより），また「コアコア CPI」で除かれる「食料」とは「米類，生鮮食品，鶏卵に加え，菓子類など酒類以外の他の食料すべて」（総務省ホームページより）です。つまり「コアコア CPI」は「コア CPI」からエネルギーを除いた指数ではない点に注意してください。
② pre-emptive は先買権という意味があり，pre-emptive right（新株引受権）という形でも使われますが，金融英語では予防的／防衛的の意味で使われることが多いです。

6【インフレ期待】 In precious metals, gold is likely to remain under moderate pressure near term, given declining inflation expectations.

◉貴金属では，インフレ期待の低下を背景に，金が短期的には緩やかな下方圧力を受け続ける可能性がある。

翻訳メモ インフレ期待とは，企業や家計などの経済主体が，将来インフレが起きるだろうと予想する心理のことです。これに対し，将来どのくらい上昇すると市場が予想しているかを示したものが期待インフレ率です。その指標の1つが，次の英文のブレークイーブン・インフレ率です。

7【ブレークイーブン・インフレ率】 The break-even inflation rate is a market-based measure of expected inflation. It is the difference between the yield of a nominal bond and an inflation-linked bond of the same maturity.

▶ ブレークイーブン・インフレ率とは，市場に基づく期待インフレ率の指標です。名目債の利回りと，それと同じ償還年限のインフレ連動債との利回りの差で求められます。

🔍翻訳メモ　ブレークイーブン・インフレ率は英語表記を略して BEI とも呼ばれます。また，ブレークイーブン・スプレッドとも呼ばれます。

8【個人消費支出（PCE）デフレーター】 The core PCE deflator, closely watched by the Fed, rose and was above estimates.

▶ 米連邦準備理事会（FRB）がきわめて重要視しているコア PCE デフレーターは上昇し，予想を上回りました。

🔍翻訳メモ　PCE デフレーターとは，アメリカの GDP の 7 割を占める個人消費支出の物価上昇率を示す指標です。PCE デフレーターから変動の激しい食品・エネルギー価格を除いたコア PCE デフレーターは，FRB の物価判断基準において最も重要視される指標です。米商務省が発表しています。

9【GDP デフレーター】 The GDP deflator; the broadest measure of Japanese deflation, recorded falling prices at a 2.5 percent year-on-year rate during the second quarter and a 2.0 percent year-on-year rate during the third quarter.

▶ 日本のデフレ状況を最も幅広く示す物価指標である GDP デフレーターを見ると，日本の物価は 4 － 6 月期は前年同期比 2.5%，7 － 9 月期は同 2.0% の下落を記録している。

🔍翻訳メモ　GDP デフレーターは，日本では内閣府，米国では商務省が発表しています。GDP デフレーターも PCE デフレーターも物価指数には変わりないのですが，捕捉する対象や計算方式が異なります。

10【実質化】 Real retail sales (deflated by CPI) growth averaged 15% (y/y) throughout the crisis period, as consumption remained largely unaffected by negative sentiment in the markets.

▶ 実質小売売上高（CPI で実質化）は今回の危機の間も前年比で平均 15% 伸びており，個人消費は市場の悲観的なセンチメントの影響をほとんど受けなかった。

🔍翻訳メモ　実質化とは「物価上昇分を取り除く」という意味です。

11【賃金物価スパイラル】 One of the key mistakes made in Brazil was indexing public wages to inflation, which can trigger a wage-price spiral.

◯ブラジルが犯した大きな過ちの一つは，公務員の給与を指数化してインフレに連動させたことである。こうした仕組みは賃金物価スパイラルを引き起こしかねない。

12【根強い高インフレ】 MAS to maintain SGD appreciation path to counter sticky inflation.

◯シンガポール通貨監督庁（MAS）は根強い高インフレを阻止するためシンガポールドル（SGD）高を維持

翻訳メモ 記事のタイトルです。"sticky inflation"とは高インフレがなかなか下がらないことで，「粘着的なインフレ」「下方硬直的なインフレ」といった言い方もします。

13【悪性インフレ】 For the last thirty years Chinese consumer spending has increased at an average annual rate of almost 9 percent, which is about as fast as it can grow without triggering runaway inflation.

◯過去30年，中国の消費支出は年平均9％近い伸びを示してきたが，これは悪性インフレを引き起こすことなく成長できる精一杯の伸び率だ。

翻訳メモ 悪性インフレとは，物価の上昇があまりに急激で社会全体を混乱に陥れるほどのインフレのこと。ハイパーインフレーションと同義です。

14【ハイパーインフレーション】 The hyperinflation started in the early 1980s and peaked in 1994, at the vertiginous annual rate of 2,100 percent.

◯ハイパーインフレは1980年代初めにはじまって1994年にピークを迎え，（インフレ率は）年率2100％という目が回るほどの水準に達した。

15【インフレ連動債】 Pulling these points together, we maintain a preference for inflation-linked bonds over ordinary bonds at the global level.

◯以上から，グローバルレベルでは，通常の債券よりもインフレ連動債を選好する方針を維持する。

16【インフレ連動債】 Linkers trade on a real-yield basis, while nominal bonds trade on a nominal-yield basis.

◯インフレ連動債は実質利回りで取り引きされ，名目債券は名目利回りベースで取り引きされる。

17【…連動債】 Instruments include (fixed and zero coupon) nominal bonds and (inflation, exchange rate or interest rate) indexed bonds.

◯商品としては（固定およびゼロクーポンの）名目債券と（インフレ，為替レートまたは金利）連動債券などがある。

🔖翻訳メモ　さまざまな指標に連動している「〜連動債」とよばれる仕組み債もたくさんあります。

18【インフレ連動国債】 To date, the market has been more optimistic than the Fed in this regard as highlighted by the narrowing of the spread between 10-year UST and TIPS yields by approximately 50bps since the last rate hike in July.

▶この点に関しては，これまで市場の方がFRBよりも楽観的な見方をしており，10年物米国債とインフレ連動国債（TIPS）とのスプレッドが，7月の利上げ以降，およそ50ベーシスポイント縮小していることがそれを浮き彫りにしている。

🔖翻訳メモ　TIPSとは treasury inflation-protected securities の略です。直訳すれば（米）財務省インフレ防衛証券となりますが，「米国物価連動国債」または「米国インフレ連動国債」等と訳されています。

19【インフレ環境の低位安定】 Global soft patch, falling commodity prices and a favorable inflation environment have allowed Asian central banks to shift to a more accommodative monetary stance.

▶世界の経済成長が一時的に鈍化し，コモディティ価格が下落し，インフレ率が低位安定したため，アジア各国の中央銀行はより緩和的なスタンスを取りやすくなった。

20【ゴルディロックス経済】 This was the same high-growth and low-inflation "Goldilocks economy" that America enjoyed in the 1990s.

▶これは1990年代にアメリカが謳歌した「ゴルディロックス経済」（インフレを伴わない，適度な経済成長）の再来にほかならない。

🔖翻訳メモ　ゴルディロックスは「3匹のクマ」というイギリスの童話に登場する女の子の名前。彼女がクマの家で見つけたきれいに平らげたスープの温度が熱すぎず，冷たすぎず「ちょうど良かった」ところからこの言葉が生まれたそうです。

📖出典▶　Breakout nations, p.4／『ブレイクアウト・ネーションズ』, p.24

21【ディスインフレ】 Stocks usually do best in a disinflationary recovery, whereas commodities are a better bet when inflation is rising and the world economy is overheating.

▶株式は通常，ディスインフレ的な景気回復局面で最も優れたパフォーマンスをあげるが，商品はインフレ率が上昇し，世界景気が過熱する局面に向いている。

🔖翻訳メモ　ディスインフレーションはインフレ率が低下している状態です。ディスインフレの逆がリフレーション。人為的に物価を押し上げる政策が「リフレ政策」です。

22【リフレーション】 Reflation is defined as a moderate inflation between deflation and inflation, and targets mild increase in prices of goods and services.

▶ リフレーションはデフレとインフレの間の緩やかなインフレ状態を意味するとともに，財およびサービスの緩やかな価格上昇を目指す政策とも定義される。

翻訳メモ この文章はリフレーションという経済状況とリフレ政策を一遍に説明しています。ただし，多くの場合はどちらかを意味することが多いので，文脈をよく読みとって判断してください。

23【ディスインフレとデフレ】 Disinflation is very different from deflation in the sense that deflation refers to a situation when the inflation rate is negative, while disinflation refers to a situation when the inflation rate falls, but remains positive.

▶ ディスインフレとデフレは非常に異なる概念である。インフレ率が低下しながらもプラスを維持しているのがディスインフレで，インフレ率がマイナスの状況を指すのがデフレである。

翻訳メモ 原文は disinflation is となっているのに例示が deflation refers to となっており，そのまま訳すと読者によっては混乱するかもしれません。そこで，原文と訳文で主語を入れ替えました。実務翻訳の場合，デフレとディスインフレの意味を読者に混乱なく理解してもらうという観点からは，顧客の同意を得られれば許容できる範囲だと思います。

出典 Wiley 11th Hour Guide for 2015 Level I CFA, Wiley

24【デフレ圧力】 The increased demand for yen will cause the yen to appreciate, thereby applying a deflationary force to the economy.

▶ 円に対する需要の拡大は円高をもたらし，ひいては経済にデフレ圧力を加える。

翻訳メモ "deflationary pressure" ともいいます。

25【デフレ不況】 World edges closer to deflationary slump as money contracts in China.

▶ 中国のマネー収縮で世界はデフレ不況にじわじわと近づいている。

26【デフレスパイラル】 A "deflationary spiral" means falling prices lead to less production, lower wages and further drops in price, thus creating a vicious circle.

▶「デフレスパイラル」とは物価の下落が生産の減少，賃金の低下，さらなる物価の下落という悪循環を生み出す現象である。

出典　Karen McCreadie, *Adam Smith's The Wealth of Nations: A modern-day interpretation of an economic classic*, p.94

27【スタグフレーション】　We now have the worst of both worlds - not just inflation on the one side or stagnation on the other. We have a sort of "stagflation" situation.

▶現在我々が置かれているのは，インフレかスタグネーションかという単純なものではありません。スタグフレーション，すなわち両方の世界で最悪の状況にあるのです。

翻訳メモ　英国下院議員イアン・マクロード議員の議会演説（1965年）から。スタグフレーション（不況下の物価高）の語源といわれています。

28【長期停滞】　For more than a year, Mr. Summers has advanced the theory that "secular stagnation" is to blame: a chronic shortfall in demand.

▶もう1年以上，サマーズ氏は長期停滞，すなわち慢性的な需要不足こそが原因だという説を唱えてきた。

出典　*Wall Street Journal*, April 7, 2015

29【リフレ政策】　We recommend investors BUY Japanese exporters that benefit from the recovery in the US economy and interest rate-sensitive companies that benefit from the Japanese government's reflationary policy.

▶米国経済の回復から恩恵を受ける日本の輸出企業と，日本政府のリフレ政策の恩恵を受ける金利敏感銘柄の買いを推奨する。

翻訳メモ　リフレ政策とは，過度な物価上昇を避けながら世の中に出回るお金の量を増やし，緩やかなインフレを実現しながら景気を回復させようとする金融政策のこと。いわゆる「黒田バズーカ（黒田東彦日銀総裁の指揮の下で実施された強力な金融緩和政策）」はこうした考えに基づいている，といわれています。

30【通貨切り下げ競争】　Competitive devaluations should be good for gold prices.

▶通貨切り下げ競争は金価格を押し上げるはずです。

〜を受けて

due to / drive 〜 up / positively react / on the back of / after / following / react negatively to

1【受けて】　Shares of the company declined in August due to market

volatility.
- 8月には市場全体が荒っぽい動きとなったことを受けて株価は下落しました。

翻訳メモ　「〜を受けて」「〜を好感して」「〜を嫌気して」と文脈に応じて訳します。

2【好感して】 The news drove the stock up 8.1%.
- このニュースを好感して、株価は8.1％上昇しました。

3【好感して】 Malaysian stock market positively reacted additional interest rate cut in China.
- マレーシア株は、中国の追加利下げを好感して上昇しました。

4【好感されて】 Shares appreciated 10.7% during the month on the back of a better than expected earnings report.
- 予想を上回る決算が好感され、当月の株価は10.7％上昇しました。

5【好感されて】 Shares spiked after the company boosted its dividend by 60% and announced its intention to increase it by another 10-15% a year from now.
- 配当を60％増加し、来年からはさらに10〜15％の増配する意向を明らかにしたことが好感され、株価は大きく上昇しました。

6【嫌気されて】 The stock retreated significantly after the announcement of major changes to management.
- 経営陣の大幅な入れ替えの発表が嫌気され、同社の株価は急落しました。

7【嫌気されて】 Shares declined 10.2% last month following the company's earnings results.
- 決算発表が嫌気され同社の株価は先月10.2％下落しました。

翻訳メモ　following そのものは「続いて」なので「〜を好感し」「〜を嫌気し」「〜受けて」等は文章の内容と文脈から判断します。

8【嫌気されて】 Shares fell over 21% in the second quarter, reacting negatively to a significant reduction in the target price by an analyst, due to the perceived effects of changes made to their accounting practices.
- アナリストが会計処理の変更による影響を理由に目標株価を大幅に引き下げたことが嫌気され、株価は4−6月期に21％超下落しました。

裏付け
back / witness / confirm / reflect / endorse / support / backing / evidence / underscore

1【裏付ける】　This view is further backed by statements from BoJ officials.
▶ こうした見方は日銀幹部の発言にも裏付けられている。
🔍翻訳メモ　further：〜にも

2【裏付ける】　Overall economic outlook remains bright in Asia Ex-Japan, as witnessed by steady fall in unemployment rate and pick up in retail sales and property prices.
▶ 日本を除くアジア地域の全体的な経済見通しは引き続き明るく，失業率の着実な低下や，小売売上高および不動産価格の上昇がそれを裏付けています。

3【裏付ける】　The survey seems to confirm fears that fragmentation remains in the Eurozone financial markets, as does over-reliance on the ECB.
▶ 今回の調査結果は，ユーロ圏の金融市場では，欧州中央銀行（ECB）への過度の依存とともに，分断化が続いているとの懸念を裏付けているように思われる。
🔍翻訳メモ　「分断化」については p.67 の「金融市場の分断化」を参照。

4【裏付ける】　The recent uptick in Chinese CPI reflects our concern that inflation might surface again in Asia.
▶ 最近の中国の CPI の上昇は，アジアでインフレが再燃するかもしれないという当社の懸念を裏付けている。

5【裏付ける】　Recent economic indicators endorse the view that the domestic economy peaked out in the early summer.
▶ 最近の景気指標は，国内経済が夏の初めにピークアウトしたという見方を裏付けている。

6【裏付ける】　Indicators show improvement in manufacturing, which supports our view of a broadening expansion.
▶ 景気指標は製造業部門の改善を示しており，景気拡大の動きが広がっているとの当社の見方を裏付けている。

7【裏付け】　The companies that have rallied strongly without any fundamental backing declined significantly at month end.
▶ ファンダメンタルズの裏付けもなく急反発した銘柄は，月末には大きく値を下げた。

8 【裏付け】 The construction sector has shown visible improvement and this adds to the evidence of a broadening of the economic expansion.
　◯建設部門も目に見えて改善し，景気拡大の裾野が広がってきていることも裏付けています。
　翻訳メモ adds to は「ことも」で表現しています。

9 【裏付ける】 The crisis during Q209-Q110 underscored the country's vulnerability to external shocks and its ineffective policy response to economic-overheating.
　◯2009年第2四半期〜2010年第1四半期の危機は，この国が外的ショックに弱く，景気過熱への政策対応に効果がなかったことを裏付けた。

うろつく　hover around

1 【うろつく】 Its share price soared to more than $400 in January 2001 before falling to a low of 66 cents in 2003 and hovering around $5 in mid-2004.
　◯同社の株価は，2001年1月に400ドル以上にまで急騰した後，2003年には66セントまで下落し，2004年半ばの段階では5ドル近辺をうろついている。

2 【周辺を推移する】 Fed Chair Janet Yellen wants core inflation to hover around 2%, with a near phobia of a sustained fall below 0%.
　◯イエレン議長は，コアインフレ率には2%周辺を推移してほしい，0%未満の定着などとんでもないと考えている。

上回る　beat / better-than-expected / above / higher / north of / outperform / surprise 〜 upside

1 Of the 350 companies in the S&P 500 that have reported first-quarter results, 197 have beaten analysts' estimates, 55 have missed, and 98 have matched forecasts.
　◯S&P500種採用企業ですでに1−3月期決算を発表した350社のうち，アナリスト予想を上回ったのは197社，下回ったのは55社，予想通りだったのは98社でした。

2 On May 25, the company reported better-than-expected fourth quar-

ter profit and raised its first quarter earnings guidance.
▶ 同社は 5 月 25 日に予想を上回る 2011 年第 4 四半期（1 − 3 月期）決算を発表するとともに，2012 年 3 月期第 1 四半期（4 − 6 月期）の業績予想を上方修正しました。

翻訳メモ ① earnings guidance は会社側の業績予想。Consensus estimate や analyst estimates, market expectations は会社以外の，いわば外野の予想です。
② 期間には注意しましょう。

3 September industrial output came up 10.7% y/y, above the market consensus of 8.8% y/y.
▶ 9 月の鉱工業生産は前年同月比で 10.7％の上昇と，市場コンセンサスの同 8.8％を上回った。

4 Revenue and EPS were higher than the consensus estimate.
▶ 売上高と 1 株当たり利益（EPS）は市場予想を上回りました。

5 We estimate that the company could grow its EPS north of 20%.
▶ 同社の EPS 成長率は 20％を上回る可能性があると予想しています。

6 Defensive stocks outperformed cyclicals, but overall few sectors finished in positive territory.
▶ ディフェンシブ株のパフォーマンスが景気敏感株を上回りましたが，全体としてプラス圏で取引を終えたセクターはほとんどありませんでした。

翻訳メモ "outperform = to achieve better results" という意味のことを言えばよいわけですが，「アウトパフォーム」（逆の場合はアンダーパフォーム）を好む顧客（金融機関）もいるので，こういったカタカナ語はよく顧客の意向を確認しましょう。ここでは比較対象が世界市場だったことがわかっている翻訳です。

7 China first quarter GDP surprised on upside again, registering 9.7% growth.
▶ 中国の第 1 四半期の GDP は再び市場予想を上回り，9.7％成長を達成した。

上向く
pick up / show improved performance / slight rally / improve / recover

1 【上向く】 The pace of job gains picked up while the unemployment rate remained steady.
▶ 就業者数の増加ペースが上向く一方で，失業率は引き続き安定していた。
出典 米連邦公開市場委員会（FOMC）声明（2014 年 10 月 29 日）

2【持ち直す】 In Asia, profit margins have started to pick up.
▶アジアでは，企業の利益率が持ち直し始めた。
🔖翻訳メモ 「持ち直す」という訳語は「再び以前のような（良い状態に）戻る」という意味で，この原文の場合は，この前の時期が悪かったという前提があったので「持ち直す」と訳しています。

3【持ち直す】 The Asian countries are struggling to emerge from recession or stagnation, but are expected to show improved performance from 1Q13.
▶アジア諸国は景気の後退あるいは低迷から抜け出すのに苦戦しているところだが，2013年第1四半期からは持ち直すだろう。

4【持ち直し】 In the Asian markets, March's performance was similar to the last month, with declines experienced during the beginning half of the month and a slight rally at month-end.
▶3月のアジアの株式市場は前月と似た動きを見せ前半に下落した後，月末にやや持ち直す展開となりました。

5【改善する】 Labor market conditions improved somewhat further, with solid job gains and a lower unemployment rate.
▶労働市場は，雇用の着実な増加と失業率の低下を伴いながら，やや改善が進んだ。
📖出典 米連邦公開市場委員会（FOMC）声明（2015年10月29日）

6【回復する】 The Egyptian stock market dropped sharply as a consequence of turmoil in Libya, but has since recovered.
▶エジプトの株式市場はリビアの混乱を受けて急落したが，その後回復している。
🔖翻訳メモ recoverは「上向く」「持ち直す（いったん下げた後に上がる）」「改善する」「上昇する」で使われることが多い動詞です。

影響を受ける
hit by / heavily influenced by / determined by / sensitive to / subject to / vulnerable / not immune to

1【打撃を受ける】 Of the major currencies, the Canadian Dollars performed worst, hit by falling commodity prices.
▶主要通貨の中では，コモディティ価格の下落の打撃を受けたカナダ・ドルが最も振るわなかった。

2【左右される】 There would be additional cold winds from slower East

Asian demand (itself heavily influenced by US economic conditions) for exports from China.
○ 東アジアの需要減退（やはり米国の経済状況に左右される）が中国の輸出にとっていっそうの逆風となるだろう。

3 【左右される】 We think the fate of the USD in H2'08 will still be determined by US investors.
○ 弊社は，2008年下半期の米ドル相場の行方も，米国内の投資家の動きに左右されるだろうと考えている。

> 翻訳メモ　H1 は「上半期」，H2 は「下半期」の意味です。

4 【受けやすい】 Staffing companies are sensitive to this kind of macro news.
○ 人材派遣業はこうしたマクロ経済動向に影響を受けやすい業種です。

5 【〜にさらされる】 In some cases, production is located in regions that are subject to either political or climatic risks.
○ 政治的リスクや気候リスクにさらされている地域の生産拠点も少なくない。

6 【弱い】 We expect export-oriented markets like Japan, Taiwan and South Korea would be more vulnerable to US recession risks while domestic driven markets like China, Hong Kong and India are expected to stay relatively resilient to the global headwinds.
○ 日本，台湾，韓国といった輸出主導型の国は米国の景気後退リスクに弱いが，中国，香港，インドのような内需主導型の国は世界の景気後退に対する耐性が比較的強いのではないかと思われる。

7 【影響を免れない】 The company is not immune to rising defaults and falling home prices.
○ 同社は債務不履行の増加と住宅価格の下落の影響を免れません。

エクスポージャー

exposure / be exposed to / face / long exposure / buy-and-hold / short exposure / net exposure

1 【保有比率】 Maintain a negligible exposure to local currency debt until foreign exchange volatility has declined.
○ 外国為替市場のボラティリティが低下するまでは，現地通貨建て債への保有

比率は最低限に留める。

> 🔍翻訳メモ　エクスポージャーとは「将来何らかのリスクを背負うような（損失を被るかもしれない）状態に自分をさらしておくこと」です。ファンドであれば「保有比率」「ポジションを取ること」，企業のビジネスであれば「（ビジネス上の）関わり」「事業展開」などが考えられるでしょう。文脈に応じてよく考えて訳したいものです。

2【～にさらされている】 As a result, the Company is exposed to changes in foreign currency exchange rates.

▶ その結果，同社は為替変動リスクにさらされている。

3【～にさらされる】 EUR/CHF faces near-term downside pressure as rate spreads narrow.

▶ ユーロ（EUR）／スイスフラン（CHF）は金利差の縮小とともに当面下方圧力にさらされよう。

4【～の影響を受けている】 Australia should also prepare for structural change, with actual outcomes dependent on whether productivity can improve (particularly for sectors highly exposed to the high AUD).

▶ オーストラリアは構造改革にも備える必要があり，実際の成果は（特に豪ドル高の影響を受けやすいセクターにおける）生産性向上の可否にかかっている。

5【事業展開】 The firm is exposed to a rapidly growing market.

▶ 同社は急成長する市場で事業を展開している。

6【（事業）割合】 European companies' average exposure in the US represents less than 20% of their sales.

▶ 欧州企業の売上高に占める米国の割合は平均20％未満です。

7【ロングポジション】 Our long exposure in financials was rewarding.

▶ 金融セクターのロングポジションがパフォーマンスに貢献した。

> 🔍翻訳メモ　運用レポートでよく見かける表現です。ロングポジションとは買い持ちのポジションということです。

8【バイ・アンド・ホールド】 Buy-and-hold investors should therefore ensure very broad name diversification.

▶ したがって，バイ・アンド・ホールドの投資家は，幅広い銘柄への分散投資を怠るべきではない。

> 🔍翻訳メモ　バイ・アンド・ホールドとは買い持ちのポジションを維持して長期的なリターンを狙う投資戦略です。ensureはまず「確実に～する」と考え，「怠らない」「確保する」など文脈に合わせて適訳を考えます。

9 【ショートポジション】 The Manager has kept this short because he believes that the excess supply in the coal industry is causing prices to weaken.

　▶マネージャーは，石炭業界の供給過剰が価格の下落を引き起こしているとして，このショートポジションを現在も保有しています。

10 【ショートポジション】 Caution among market participants is also visible in rising short exposure, and liquidity tends to dry up towards year-end.

　▶市場参加者間に警戒感が広がり始めていることがショートポジションの拡大に現れ，年末にかけて流動性も逼迫しつつある。

　📝翻訳メモ　「エクスポージャー」というカタカナ語をつい使ってしまいがちですし，実際に採用しているレポートもありますが，意味をよく考え，状況に応じた日本語を使いたいものです。

11 【ネットエクスポージャー】 We focus on corporate fundamentals and are trying to maintain a consistent net exposure in order to be in position to capture the upside.

　▶企業のファンダメンタルズに注目し，上昇の機会を捉えるべくネットエクスポージャーの維持を図っています。

　📝翻訳メモ　ネットエクスポージャーとは，差し引きで価格変動にさらされている資産の割合のことで，ロングポジションからショートポジションを差し引いて表現します。これに対してグロスエクスポージャーとは，ロングポジションとショートポジションの資産に対する割合を合計したものです。例えばロングエクスポージャーが30％，ショートエクスポージャーが20％なら，グロスエクスポージャーは50％，ネットエクスポージャーは10％ということになります。

追い風　tailwind / headwind / benefit from / supportive backdrop / buoyed by / supportive / helped

1 【追い風】 With the strong economy providing a tailwind, the Prime Minister could potentially call a snap election as early as 2011.

　▶力強い経済を追い風に，首相は早ければ2011年にも解散総選挙に打って出る可能性がある。

　📝翻訳メモ　「～を追い風に」「～に支えられて」とほぼ同じ文脈で使えます。プラスマイナスどちらの意味でも使える中立的な表現としては「～を背景に」など。snap electionは任期満了ではなく解散に伴う総選挙のことです。

2【逆風】 The persistently high JPY also remains a headwind.
　▶持続的な円高も引き続き逆風となっている。

3【追い風となる】 The yen will benefit from the prospect of an exit from deflation; counterbalancing this Fed tightening, profit repatriation and firm growth will continue to be dollar supportive.
　▶円はデフレ脱却を追い風に上昇するだろう。一方，FRBの金融引き締め，海外からの利益送金，安定成長は引き続きドルを下支えしよう。

　　　翻訳メモ　金融翻訳では極力「個別具体的に訳す」ことが大事です。その意味でbenefit from は翻訳が難しい言葉だと思います。「恩恵を受ける」とただ訳すよりも，原文が含意する背景を調べた上でその内容を書いた方がよいケースが少なくありません。「恩恵を受ける」という辞書的な表現に逃げないようにすることが重要です。

4【追い風】 A recovering housing market provides a supportive backdrop to the US market.
　▶住宅市場の回復が米国市場の追い風となっている。

5【追い風】 Buoyed by high commodity prices (especially oil and gas), Russia began to reassert itself as a major world power.
　▶商品価格（特に原油と天然ガス）の上昇を追い風に，ロシアは世界の大国として再び台頭し始めた。

6【追い風】 As fundamentals are generally supportive, precious metals should perform well.
　▶ファンダメンタルズ要因が総じて追い風となっているため，貴金属は好調に推移するはずである。

7【追い風】 Strong economic growth in the US has helped support corporate earnings.
　▶米国の力強い経済成長は，企業収益の追い風になってきた。

押し上げる　bolster / push / propel

1 Elsewhere, further profits came from the event-driven style as manager returns were bolstered by rising equities and credit spreads.
　▶それ以外では，イベントドリブン・スタイルで，株式相場の上昇，クレジットスプレッドの縮小によりマネージャーのリターンが押し上げられプラスのリターンを獲得しました。

2 In turn, this should push JGB yields higher.
   ◉その結果，日本国債の利回りは押し上げられることになろう。
   ◆翻訳メモ　JGB とは日本国債（Japanese government bond）のことです。

3 Around the world, market participants continue to propel equity prices upward, seemingly believing that rising energy prices and interest rates are a result of the growing world economy and not indicators of increased costs and challenges for the consumer.
   ◉市場参加者は引き続き世界中で株価を押し上げています。エネルギー価格と金利の上昇は世界経済の成長の結果であって，コスト高と消費者への圧迫要因の兆しではないと信じているかのようです。

押し目　pullback / weakness / buy ～ on dips

1 【押し目】 Japanese equities are poised for a short-term tactical pullback after the sharp rally.
   ◉日本株は急反発後の短期的な押し目が近づいている。
   ◆翻訳メモ　「押し目」とは上昇基調の中で短期的に相場が下げること。下がりっぱなしは押し目とはいいません。

2 【押し目】 None of us can predict the movements of stock markets, but, we can approach them in a contrarian way, selling into rebounds or using excess cash to buy into weakness.
   ◉株式市場の動きを予想できる人などいませんが，しかし，反発時に売却したり，余裕資金を使って押し目を拾う逆張りで対処することはできます。

3 【押し目を買う】 We recommend buying undervalued domestic cyclicals and high-yielding stocks on dips.
   ◉当社は，割安な国内景気敏感株と高配当利回り銘柄の押し目買いを推奨する。

落ち着く　be contained / come down / plateau / ease to / see some stability in

1 Lending activity recovers faster than anticipated and oil prices will be contained as the current Iraq situation resolves.
   ◉融資活動が予想よりも早く回復しており，原油価格も現在のイラン情勢が解決すれば落ち着くだろう。

2 🔖翻訳メモ 「原油価格が上昇していた」という文脈で「抑制される」→「落ち着く」

2 The Manager cited that he is waiting to invest until the markets become a little more rational and volatility comes down.
▶マネージャーは市場がもう少し合理的になり、ボラティリティが落ち着くまでは投資を見合わせると述べています。
🔖翻訳メモ 低下する→落ち着く

3 As liquidity returned to the financial system and investors gained confidence that default rates would plateau this year, spreads will continue to narrow.
▶金融システムに流動性が戻り、投資家はデフォルト率が今年落ち着くとの自信を強めていることから、スプレッドは引き続き縮小しよう。
🔖翻訳メモ 安定状態に達する→落ち着く

4【鈍化する】 The Japanese economy is set to enjoy robust growth of 2.8% in 2016, easing to 1.7% in 2017 (i.e. close to trend potential).
▶日本経済は2016年には2.8%という力強い成長を謳歌した後、2017年には1.7%（潜在成長率に近い水準）に鈍化する見通しである。

5【ある程度落ち着く】 Ideally, we should first see some stability in USD/CHF pair around the 1.00 level.
▶まずはUSD/CHFが1.00水準近辺である程度落ち着くのが理想である。

重石　weigh on / overshadow / drag

1【重い】 The euro plunged 4.7% on a trade-weighted basis as rising fears over Eurozone sovereign debt contagion weighed heavily on the European single currency.
▶ユーロは域内のソブリン債問題が他地域に波及するのではないかとの懸念が重くのしかかり、貿易加重ベースで4.7%も下落しました。
🔖翻訳メモ European single currency：欧州の単一通貨、つまりユーロのことです。「足かせとなる」という言い方もよく使います。

2【暗い影を落とす】 Macro concerns overshadowed company fundamentals in May.
▶5月にはマクロ経済上の懸念が企業のファンダメンタルズに暗い影を落としました。

3 【足かせ】 The potential slowdown of the global economic recovery, in combination with the European sovereign debt crisis and the strengthening of the yen, were major drags to Japanese companies.
　◐世界の景気回復が減速する可能性に，欧州のソブリン債危機や円高があいまって，日本企業の大きな足かせとなっていた。

4 【足をひっぱる】 The GBP faces the risk of lackluster UK economic growth which may continue to weigh on the currency moving forward.
　◐英ポンドは，国内経済成長が停滞するリスクに直面しており，今後もそれに足を引っ張られるかもしれない。
　　翻訳メモ　GBP：Great Britain Pound（英ポンド）

5 【重石になる】 The biggest drag on the current housing recovery is sluggish mortgage lending.
　◐足元の住宅市場回復の最大の重石は住宅ローンの伸び悩みである。

織り込む

price into / factor in / reflect / factor ～ into / come to terms with / incorporate ～ into / account for / take on board / reflect on / be known / digest / absorb / be funded / meet with / receive

1 【織り込む】 We believe that the country risk is more than adequately priced into the stock.
　◐我々は同社の株価にはカントリーリスクが十二分に織り込まれていると判断しています。

2 【織り込む】 The weaker yen's impact of higher import costs will likely affect domestically oriented companies more, and we believe this has yet to be factored in to consensus earnings forecasts.
　◐円安に伴う輸入コストの上昇は今後内需関連企業に大きく効いてくると思われるが，こうした影響はまだコンセンサスの利益予想に織り込まれていないと考えている。

3 【反映する】 Inflation continued to run below the Committee's longer-run objective, partly reflecting earlier declines in energy prices and decreasing prices of non-energy imports; energy prices appear to have stabilized.

> ○インフレ率は当委員会の長期目標を下回る水準が続いた。これは，これまでのエネルギー価格の下落とエネルギー以外の輸入価格の下落を一部反映しているが，エネルギー価格は安定したようにみえる。
>
> **出典** 米連邦公開市場委員会（FOMC）声明（2015年6月17日）

4 【反映する】 How do we factor that assessment into monetary policy?
> ○私たちはその評価をどのようにして金融政策に反映させればよいのでしょうか？
>
> **翻訳メモ** 1996年12月5日に行われたグリーンスパンFRB議長（当時）の「根拠なき熱狂」演説より。演題は"The Challenge of Central Banking in a Democratic Society（民主的社会における中央銀行の課題）"。金融関連の翻訳に携わっているとよく引用されている文章の一つです。原典を当たっておくことも重要だと思います。FRBのホームページで全文を閲覧することができます（http://www.federalreserve.gov/boarddocs/speeches/1996/19961205.htm）。

5 【織り込む】 Markets are gradually coming to terms with that likelihood that the low inflation rate will not change soon.
> ○現在の低インフレ率がすぐには終わらない可能性を市場は徐々に織り込んでいます。
>
> **翻訳メモ** 低インフレ率が変わる→低インフレ率が終わる

6 【織り込む】 Given the slowdown in housing prices, we have already incorporated the trend for increased household saving into our forecasts.
> ○住宅価格の上昇が鈍化していることから，当社はすでに家計貯蓄の増加傾向を予想に織り込んでいる。

7 【織り込む】 Our strategy is to select companies whose share prices have already accounted for most of the negative factors and whose earnings are expected to jump next year.
> ○ネガティブ要因が株価にほぼ織り込み済みで，来年の大幅増益が期待できる銘柄を選択するというのが我々の戦略である。

8 【織り込む】 Markets have taken on board the view that the US rates are not going up next year even if the Fed start tapering soon.
> ○FRBが量的緩和の段階的縮小をすぐに始めても，米国金利は来年上がらないことを市場は織り込み済みである。

9 【勘案する】 Investors have started to reflect on the underlying eco-

nomic challenges that motivated the easing decisions by key central banks.
▶投資家は主要中央銀行による金融緩和決定の誘因となった経済上の諸問題を勘案し始めた。

10【織り込み済み】 Most of the truly bad news was known and the stock price was down only modestly, so we continued to cover the remaining short position.
▶深刻な悪材料はほとんど織り込み済みで，株価の下落はわずかだったため，当ファンドは保有していた残りのショートポジションの買い戻しを続けました。

11【消化する】 The Japanese market digested recent moves.
▶日本の株式市場は最近の動きを消化した。

12【消化する】 Markets traded sideways as investors continued to digest the economic repercussions in the aftermath of the Great East Japan Earthquake.
▶東日本大震災の影響を消化する動きが続くなか，市場は一進一退となりました。

13【消化する】 Increasing HY new issuance figures were nicely absorbed by the market.
▶市場はハイイールド債の起債増加を順調に消化しました。
　翻訳メモ　HY：High Yield

14【消化する】 Currently, 95% of JGBs are funded domestically at low interest rates.
▶現在，日本国債は低金利でありながら国内で95％が消化されている。

15【消化する】 The Italian bond auctions last week were met with good demand.
▶先週実施されたイタリア国債の入札は順調に消化された。
　翻訳メモ　met with good demand で「順調に消化された」と訳していることに注意しましょう。

16【消化する】 These new issues were well received and the market rallied thereafter.
▶新発債は順調に消化され，市場はその後反騰しました。

オルタナティブ投資

alternative investment / hedge fund / private equity / commodity/ direct real estate investment

1【オルタナティブ投資】 We are dedicated to alternative investments (hedge funds, structured products, private equity and real estate management).

▶当社はオルタナティブ投資（ヘッジファンド，ストラクチャード商品，プライベートエクイティおよび不動産運用）を専門としています。

🔍翻訳メモ　alternative investment は以前は代替投資と訳されていましたが，ここ数年は「オルタナティブ投資」が定着してきたようです。ヘッジファンドや未公開株投資ファンド，デリバティブ，不動産など，伝統的資産の代替となる投資のことです。上場有価証券に比べると総じてリスクが高く，価格変動性も大きく，流動性（換金性）が低いのが特徴です。ゼロ金利時代が長く続いたため，最近は年金や基金なども投資リターンを高めるためにオルタナティブ投資の投資比率を増やすようになってきました。

2【オルタナティブ投資】 Alternative Investments programs may not be suitable for certain investors.

▶オルタナティブ投資プログラムは，一部の投資家には適していないかもしれません。

🔍翻訳メモ　オルタナティブ投資には前コメントのような特徴があるため，この英文のような文言をよく見かけます。

3【ヘッジファンド】 Foundations and endowments lead this trend of shifting toward alternative assets, and currently account for about half of all institutional capital in hedge funds.

▶こうしたオルタナティブ資産へのシフトを主導しているのは財団法人や基金であり，いまやヘッジファンドに投じられている機関投資家の資金全体のおよそ半分を占めるに至っている。

🔍翻訳メモ　ここで基金（endowment）とは大学などが設備や研究，学生支援などのために個人や法人から集める寄附金のことです。米国の大学の基金の規模は日本の大学をはるかに上回り，ハーバードやイエールなど，巨大機関投資家として世界中の機関投資家や年金基金から動向が注目されている大学もあります。

4【プライベートエクイティ】 Evidence points to private equity as historically offering the maximum rate of return compared with other alternative assets, such as hedge funds and real estate.

◉ プライベートエクイティの利益率がヘッジファンドや不動産といった他のオルタナティブ資産と比べると最も高いことが過去の実績からわかっている。

5 【コモディティ】 Commodities are fundamentally different from traditional asset classes since they do not generate cash flows.

◉ コモディティはキャッシュフローを生まないという点で伝統的な資産とは根本的に異なる。

6 【不動産直接投資】 Among alternative investments, direct real estate investment looks appealing.

◉ オルタナティブ投資では，不動産直接投資が魅力的に映る。

7 【代替となる】 Are hedge funds a genuine alternative to traditional assets?

◉ ヘッジファンドは本当に伝統的な資産の代替となる投資先といえるだろうか。

［か行］

会計方針

International Financial Reporting Standards (IFRS) / generally accepted accounting principles / historical cost convention / unitholder / unit / per unit / applicable / net asset value / available for sale / hold for trading / functional currency / presentation currency / discount / the effective interest method / put back to / balance sheet date / through profit or loss / be translated into / be accounted for / carried at / be classified / be measured / be recognized / derecognized / arm's length

1 【国際財務報告基準（IFRS）】 The Trust's financial statements have been prepared in accordance with the International Financial Reporting Standards (IFRS).

　◯当ファンドの財務諸表は国際財務報告基準（IFRS）に従って作成されている。

　翻訳メモ　この「会計方針」では、ファンド等の財務諸表に記載される重要な会計方針のうち、主に投資有価証券の計上方針で典型的に用いられる用語や表現をまとめました。

2 【一般に公正妥当と認められた会計原則】 The Financial Statements have been prepared in accordance with generally accepted accounting principles applied on a consistent basis throughout the periods indicated, except that the Financial Statements may not contain all footnotes required by generally accepted accounting principles.

　◯財務諸表は、その対象期間を通して一貫して適用されている一般に公正妥当と認められた会計原則に従って作成されているが、本財務諸表は一般に公正妥当と認められた会計原則で要求されている脚注のすべてを含んでいるとは限らない。

3 【取得原価主義】 The financial statements have been prepared under the historical cost convention.

◯（当ファンドの）財務諸表は取得原価主義に基づいて作成されている。

4【受益者】 Distributions to unitholders are recorded when declared by the Trustee.

◯受益者への分配金は受託会社によって宣言された日に計上される。

5【受益証券】 Subscription and redemption of units

◯受益証券の募集および買い戻し

6【一口当たり】 The Fund's net asset value per unit is calculated by dividing the total net asset value by the number of units in issue.

◯当ファンドの受益証券一口当たり純資産価額は，純資産総額を発行済受益証券の口数で除して計算される。

翻訳メモ per unit は「一口当たり」だけでよいと思いますが，ここでは誤解を避けるため「受益証券一口当たり」としています。

7【適用される】 Transactions in foreign currencies are translated into € based on exchange rates applicable at the date of the transaction.

◯外貨建て取引は，取引日に適用される為替レートでユーロに換算される。

出典 COMPANY PLC Consolidated Annual Report Year ended 31 December 2013（http://www.europeanconvergencedevelopment.com/docs/ecdc_annual_report_311213.pdf）

8【純資産価額】 The net asset value of the Fund is computed daily.

◯当ファンドの純資産価額は毎日計算される。

9【売却可能】 Available for sale financial assets and financial assets at fair value through profit or loss are subsequently carried at fair value.

◯売却可能金融資産および純損益を通じて公正価値で測定される金融資産は，当初認識後は公正価値で計上されている。

翻訳メモ subsequently とは，この「財務諸表の作成基準日以降」という意味です。

10【売買目的で】 The category of financial assets and liabilities is sub-divided into financial assets and liabilities held for trading and those designated at fair value through profit or loss on initial recognition.

◯金融資産及び金融負債は，売買目的で保有される金融資産及び金融負債，ならびに当初認識時に純損益を通じて公正価値で測定するものとして指定された金融資産及び金融負債とに分類される。

11【機能通貨】 Items included in the Fund's financial statements are measured using the currency of the primary economic environment in which it operates (the "functional currency").

▶当ファンドの財務諸表に含まれる項目は，運用を行う主たる経済環境の通貨（機能通貨）を使用して測定されている。

12【表示通貨】 The presentation currency is defined as the currency in which the financial statements are presented.

▶表示通貨は，財務諸表の表示に使用される通貨と定義されている。

出典 Accounting for Derivatives: Advanced Hedging under IFRS 9 (The Wiley Finance Series), p.124

13【割り引く】 The effective interest rate is the rate that exactly discounts estimated future cash payments or receipts through the expected life of the financial instrument or, when appropriate, a shorter period to the net carrying amount of the financial asset or financial liability.

▶実効金利とは，金融商品の予想残存期間（または状況に応じこれよりも短い期間）にわたり見積もられる将来の現金支払額または受領額を，金融資産または金融負債の帳簿価格（純額）へと厳密に割り引く利率である。

14【実効金利法】 Loans and receivables are subsequently carried at amortized cost using the effective interest method.

▶貸付金および債権は，当初認識後は実効金利法による償却原価で計上される。

15【買い戻させる】 The units can be put back to the Fund at any time for cash equal to a proportionate share of the Fund's net asset value.

▶受益証券は，当ファンドの純資産価額の比例持分に相当する現金を対価としていつでもファンドに買い戻させることができる。

16【貸借対照表日】 The fair value of financial instruments traded in active markets is based on quoted market prices at the balance sheet date.

▶活発な市場で取引される金融商品の公正価値は，貸借対照表日現在の市場相場価格に基づいている。

17【純損益を通じて】 All investments are classified as "financial assets at fair value through profit or loss."

▶すべての投資有価証券は「純損益を通じて公正価値で評価する金融資産」として分類されている。

18 【換算される】 Monetary assets and liabilities denominated in foreign currencies are translated into Euro at the exchange rate in effect at the balance sheet date.
> 外貨建ての貨幣性資産および負債は，貸借対照表日における実勢為替レートでユーロに換算される。

19 【計上される】 Purchases and sales of investments are accounted for on a trade date basis.
> 投資有価証券の購入および売却は取引日ベースで計上されている。

20 【計上される】 Financial assets carried at fair value through profit or loss are initially recognized at fair value, and transaction costs are expensed in the income statement.
> 純損益を通じて公正価値で計上される金融資産は，当初公正価値で認識され，取引コストは損益計算書で費用処理されている。

21 【分類される】 The Trust issues redeemable units which are redeemable at the unitholder's option and are classified as equity.
> 当ファンドは，受益者の選択により買戻し可能で持分に分類される買戻可能受益証券を発行する。

> 翻訳メモ　redeemable：買戻し可能な

> 出典　Kaplan Pooled Superannuation, Trust RSE registration number: R1001228 Annual report - 30 June 2013 （http://www.kaplanfunds.com.au/c/d/investment-reports/Signed%202013%20Kaplan%20PST%20Annual%20Report.pdf）

22 【測定される】 Subsequent to initial recognition, all financial assets and financial liabilities at fair value through profit or loss are measured at fair value.
> 当初認識の後，純損益を通じて公正価値で測定される金融資産および金融負債はすべて公正価値で測定される。

23 【認識される】 Investments are initially recognized at fair value.
> 投資有価証券は当初公正価値で認識されている。

> 翻訳メモ　例文の「公正価値」は，国際財務報告基準（IFRS）等で定義される会計上の定義です。これに対し，マクロ経済やファンドレポートなどで個別有価証券の投資価（バリュエーション）を評価するときには，特定銘柄の本来価値を市場が正当に評価していると「(当該銘柄は)フェアバリュー（公正価値）である」，という使われ方をします。つまり会計上の「公正価値」が「フェアバリュー」ではない場合があるので注意してください。

24【認識の中止】 Investments are derecognized when the rights to receive cash flows from the investments have expired or the Fund has transferred substantially all risks and rewards of ownership.

▶投資有価証券は，当該証券からのキャッシュフローを受領する権利が消滅した場合，または当ファンドが所有に関わるリスクおよび経済価値をほぼ全面的に移転した時点で認識が中止される。

> **出典** PineBridge Fund Series, Annual Report & Audited Financial Statements (https://www.aia.com.hk/en/resources/e7df5d804d89c904880098aaf44b317c/PineBridge_Fund_Series_Annual_Report_31Dec2012_biingual_20130801.pdf)

25【独立企業間基準】 All transactions with these companies are conducted on an arm's length basis.

▶当該会社との取引はすべて，独立企業間基準で行われている。

外国為替

exchange rate system / fixed exchange rate regime / floating exchange rate system / managed floating exchange rate system / balance of payments / gold standard / redeem / fiat currency / convertible / EMU / the single currency / EURUSD / real effective exchange rate / nominal trade-weighted basis / purchasing power parity (PPP) / market exchange rate (MER) / competitive currency devaluation / weakening of the yen

1【為替制度】 Despite reforming the exchange rate system in October, the Chinese authorities have continued to intervene in the market in an attempt to stem the appreciation of their currency against the dollar.

▶中国当局は，10月に為替制度を改革したものの，人民元の対ドル上昇を阻止するため為替市場への介入を続けてきた。

2【固定（為替）相場制度】 Prior to the AFC, Asian economies such as Indonesia and South Korea adopted fixed exchange rate regimes (i.e., exchange rates were fixed against the USD).

▶アジア通貨危機前には，インドネシア，韓国などのアジア諸国は固定相場制度を採用していた（つまり対米ドルでの為替レートは一定だった）。

> **翻訳メモ** ①AFC は The Asia Financial Crisis の訳です。そのまま訳すと「アジア金融危機」ですが，1997年7月のタイ・バーツの変動相場制移行を契機に起こったアジア

各国の通貨危機のことなので，日本語では「アジア通貨危機」と訳すことが多いです。②例文は，対米ドルでの固定相場制度，つまり「ドル・ペッグ制」のことをいっており，これらの国の通貨がすべての通貨に対して固定相場制度をとっていたわけではないことに注意。

3【変動（為替）相場制度】 Unlike an emerging market economy whose domestic currency bond defaulted recently, Japan has a strong external balance and, under the floating exchange rate system, far more flexibility in its domestic monetary policy.

▶︎近年自国通貨建て国債がデフォルトした新興市場国とは異なり，日本は変動相場制の下で，強固な対外バランスもあって国内金融政策の自由度ははるかに大きい。

　翻訳メモ　日本国債の格付けは 1980 年代以降すべての格付機関で最上級を維持していましたが，90 年代末から格下げの動きが始まりました。

　出典　財務省のホームページで公開されている「外国格付け会社宛意見書への回答に対する 5 月 22 日付再質問書（大要）について」(2002 年 5 月 23 日公表)。

4【管理変動（為替）相場制度】 The country operates a managed floating exchange rate system with no pre-determined path for the exchange rate but it is anchored by a monetary policy framework based on inflation targeting.

▶︎同国が採用する管理変動相場制は為替レートの経路をあらかじめ設定したものではなく，インフレ目標に基づく金融政策の枠組みによって支えられている。

　翻訳メモ　管理変動相場制度とは，為替レートを基本的には市場に任せつつ，中央銀行が随時介入して一定レンジ内にとどめようとする（管理する）制度です。

5【国際収支】 Indicators for managing the rate are broadly judgmental (e.g., balance of payments position, international reserves), and adjustments may not be automatic.

▶︎為替レートを管理するための指標は概してその時々の判断に左右されるものであり（国際収支状況や外貨準備高等），調整が自動的であるとは限らない。

6【金本位制】 In 1971, when the Vietnam War was stretching US finances, President Richard Nixon took the dollar off the gold standard.

▶︎1971 年，ベトナム戦争が米国の財政を圧迫していたころ，当時のリチャード・ニクソン大統領はドルを金本位制から脱却させた。

7【兌換する】 The world's major commodities, such as crude oil and gold, are priced in US dollars and yet the dollar has been backed by nothing since 1971, when the ability to redeem it for gold was terminated.

▶ 原油や金といった世界の主要なコモディティがドル建てで取引されているにもかかわらず，ドルは 1971 年に金との兌換が停止されて以来，何の裏付けももたない状態が続いている。

翻訳メモ redeem は「償還する」という意味で使われることが多いのですが，ここでは「兌換」です。

8【不換通貨】 Any one of the following – a) very low rates, b) geopolitical stress, or c) monetary expansion and related fear of "fiat currency" – usually causes the price of gold to rise.

▶ 通常の場合，a）超低金利，b）地政学上の緊張，c）金融緩和とそれに伴う「不換紙幣」への不安－このうちの一つでも満たされれば，金価格は上昇する。

翻訳メモ ここで「不換通貨（紙幣）」とは，金の裏付けのない通貨（紙幣）のことを指しています。

9【兌換できる】 The Japanese yen is a freely floating currency and fully convertible (no exchange restrictions).

▶ 円は自由変動通貨であり，完全な兌換通貨（為替制限がない）である。

翻訳メモ 不換通貨に対し，兌換通貨（紙幣）とは，元々金と交換できる通貨のことを指していましたが，現在では，為替市場において自由に他の通貨に交換できる通貨のことも指します。そしてその性質のことを兌換性というので注意しましょう。

10【経済通貨同盟】 The Economic Monetary Union (EMU) in Europe has been under significant stress since the outbreak of the Greek crisis in the spring of 2010.

▶ 2010 年春のギリシャ危機の勃発以来，欧州経済通貨同盟（EMU）は著しい緊張状態に置かれている。

翻訳メモ 欧州経済通貨同盟（EMU）とは，欧州連合（EU）でユーロを採用している諸国を加盟国とする同盟のことです。

11【単一通貨（ユーロ）】 The single currency has declined 11 percent against the greenback since February and is about 4 percent from parity.

▶ ユーロは 2 月以降対米ドルで 11％下げており，今やパリティ（1 ユーロ＝ 1 ドル）からおよそ 4％の水準にある。

翻訳メモ ユーロは 1999 年に欧州の単一通貨（single currency）として導入されました（現金通貨としては 2002 年から）。現在も the single currency という表現は文章の中に頻繁に現れます。

12【ユーロ／ドル】 Given that the ECB action was EUR-positive and the Fed action USD-negative, EURUSD has jumped considerably, but since then has moved little.

▶ECB の政策はユーロ（EUR）高要因，FRB の政策は米ドル（USD）安要因となったことから，ユーロ／ドルはいったん大きく上昇したものの，その後は小動きとなっている。

🔍翻訳メモ　EURUSD，または EUR/USD とは米ドルで見たユーロの値段です。EURUSD が上昇するとは，米ドルで見たユーロの値段が上がること（ユーロ高ドル安）を意味します。ちなみに，日本で「1 ドル＝ 120 円」というときの表示は USDJPY。これは日本円で見た時の米ドルの値段ですから，これが上昇するということは「円表示でドルの値段が上がる」，つまり円安ドル高，下落するということは円高ドル安です。混同しないように！

13【実質実効為替レート】 The dollar is back on a downward trend - we see a further 10-15% decline in the greenback's real effective exchange rate.

▶ドルは下降トレンドに戻っており，ドルの実質実効為替レートはさらに 10％から 15％下落すると予想される。

🔍翻訳メモ　実効為替レートとは，特定国との 2 国間レートではなく，主要貿易相手国との為替レートを貿易額で加重して求める，総合的な価値を示す合成レートのことです。物価調整前の数値が名目実効為替レート，物価調整後が実質実効為替レートです。なお，一般に「円ドルレート」などで報道される 2 国間の為替レートは「名目為替レート」，これを物価上昇率で調整した数値が「実質為替レート」ということになります。

14【名目貿易加重平均】 The recent rise in EURJPY has pushed the yen to seven-year lows on a nominal trade-weighted basis.

▶最近のユーロ／円の上昇により，円は名目貿易加重ベースで 7 年ぶりの安値に下落している。

🔍翻訳メモ　①名目貿易加重平均ベースでの為替レートとはつまり，上で説明した名目実効為替レートのことです。
② EURJPY とは「1 ユーロ当たりの日本円」，言い換えれば「日本円で見たユーロの値段」です。原文ではこれが「上昇した」と書いた上で「円が（7 年ぶりに）下げた」と円を主体に言い換えています。

15【購買力平価】 The Japanese yen is significantly overvalued against the dollar in terms of the purchasing power parity (PPP).

▶円は購買力平価の観点からはドルに対してかなり割高となっている。

🔍翻訳メモ　購買力平価とは，財やサービスの値段を規準にした通貨の交換比率のこと

です。実際の計算は難しいのですが，最も簡単な例としてよく用いられるのが，ビッグマックが各国の通貨でいくらかを見る「ビッグマック指数」です。

16【市場為替レート】 The purchasing power parity (PPP) and the market exchange rate (MER) are both systems to determine the relative values of different currencies in the international market.

▶購買力平価（PPP）と市場為替レート（MER）は，どちらもさまざまな通貨の国際市場における相対価値を決定するシステムです。

17【通貨切り下げ競争】 Competitive currency devaluation has been the main theme over recent weeks on the foreign exchange markets.

▶ここ数週間の外国為替市場では，通貨切り下げ競争が中心的なテーマとなってきた。

翻訳メモ 自国通貨が下がれば輸出製品の価格競争力が高まります。各国が輸出産業の価格競争力を高めるために競って自国通貨安を誘導しようとする状況は currency war（通貨戦争）ともいわれています。

18【円安】 The weakening of the yen since last December should slowly feed into consumer prices and take the inflation rate into positive territory.

▶昨年12月以降の円安が徐々に消費者物価に浸透し，インフレ率をプラスレンジに押し上げるはずだ。

翻訳メモ「円安」にはほかにも weaker yen, lower yen, yen's weakness, depreciation of the yen などさまざまな表現があります。

介入する　step in / intervene / intervention

1 The shadow banking system is under scrutiny; the authorities have to step in to prevent the default of wealth management products.

▶「影の銀行」システムには厳しい監視の目が注がれている。理財商品の債務不履行（デフォルト）を防ぐために規制当局が介入せざるを得ない事態となっているのだ。

翻訳メモ 影の銀行（シャドーバンキング）とは，信託，保険，リース会社など銀行ではない融資業者を介した金融取引のことです。理財商品とは，投資家から集めた資金を株式や再検討に投資・運用する投資信託のような商品です。中国では2014年に大手シャドーバンクが組成した理財商品がデフォルトするのではないかとの懸念で市場が大揺れとなりました。

2 Despite reforming the exchange rate system in August, the Chinese authorities have continued to intervene in the market in an attempt to stem the appreciation of their currency against the dollar.
　▶中国当局は 8 月に外国為替システムの改革に踏み切ったものの，ドルに対する人民元の上昇を阻止するため為替市場に継続的に介入した。

3 While the MAS has made no comments, price action suggests possible intervention to ease the pace of appreciation.
　▶シンガポール金融管理局（MAS）はコメントを一切発表していないが，値動きを見る限り，通貨の上昇スピードを緩めるために市場介入を実施したことは十分に考えられる。

乖離　divergence / dispersion

1【乖離】 The growing divergence in monetary policies is affecting capital markets.
　▶各国の金融政策の乖離は広がっており，その影響は資本市場に及んでいる。
　　翻訳メモ　2013 年以降，各国地域の経済状態，金融政策や資本市場のパフォーマンスに「乖離」「分離」「分岐」が生じ始め，「みんなで渡れば怖くない」式の運用から国ごと，銘柄ごとのファンダメンタルズを吟味して投資する時代に入りました。その意味でこの言葉は 2010 年代後半のキーワードになっていくのではないでしょうか。

2【ばらつき】 There was a wide dispersion between manager returns within the portfolio.
　▶当ファンドの各マネージャーのパフォーマンスには大きなばらつきがありました。

確認する　identify / reaffirm / see

1【確認する】 What stands out from the OECD analysis of this issue is the difficulty of identifying the existence of this excess liquidity.
　▶今回の OECD の分析から浮き上がってくるのは，この過剰流動性の存在を確認することが困難であるということだ。

2【明らかにする】 Behavioral-finance theorists blend finance and psychology to identify deep-seated human traits that get in the way of investment success.

◉行動ファイナンスの理論家たちは，金融論と心理学を融合し，人間に備わった投資の成功を妨げる特性を明らかにしようとする。

3【再確認する】 To support continued progress toward maximum employment and price stability, the Committee today reaffirmed its view that the current 0 to 1/4 percent target range for the federal funds rate remains appropriate.

◉雇用の最大化と物価の安定に向けた持続的な改善を支えるため，当委員会は本日，現行の 0.0 〜 0.25％というフェデラルファンド（FF）金利の目標誘導レンジが引き続き適切であるとの見解を再確認した。

> 出典　米連邦公開市場委員会（FOMC）声明（2014 年 10 月 29 日および 2015 年 6 月 17 日）

4【確認する】 One can see this in Exhibit 4.
◉これは図表 4 で確認できる。

確約する　be committed to / committed capital

1【確約する】 The central bank is committed to maintaining its near-zero interest rate policy until the end of 2010.

◉中銀は実質ゼロ金利政策を 2012 年末まで継続することを確約している。

2【コミットする】 Voting against the action was Narayana Kocherlakota, who believed that, in light of continued sluggishness in the inflation outlook and the recent slide in market-based measures of longer-term inflation expectations, the Committee should commit to keeping the current target range for the federal funds rate at least until the one-to-two-year ahead inflation outlook has returned to 2 percent and should continue the asset purchase program at its current level.

◉反対したのはナラヤナ・コチャラコタ委員で，物価上昇見通しが引き続き低迷し，長期インフレ見通しに関わる市場ベースの指標も最近は低下していることを考慮すれば，当委員会は少なくとも 1 − 2 年先のインフレ率の見通しが 2％に戻るまでは現行の FF 金利の目標誘導レンジの維持にコミットするとともに，資産購入プログラムを現状のレベルで続けるべきであると判断した。

> 出典　米連邦公開市場委員会（FOMC）声明（2014 年 10 月 29 日）

3 【資金拠出確約金額】 There is an annual management fee of 2% of committed capital during the invested period, and 2% of invested capital post the investment period.

○ 投資期間中は資金拠出確約金額に対して年間2％の管理手数料，さらに資金拠出期間後は資金拠出額の2％の手数料が課せられる。

翻訳メモ プライベートエクイティ・ファンドの管理手数料に関する文章です。ここで管理手数料とは，運用結果にかかわらず投資マネージャーが投資家から受け取るファンドの管理費のことです。次に投資家がファンドに対し，あらかじめ定められた金額を拠出することをファンドに確約（コミット）した金額が資金拠出確約金額（またはキャピタルコミットメント）です。資金拠出額は実際にファンドに拠出した金額のこと。

加速する　gain traction / pick up

1 The Manager expects residential construction to continue to gain traction.

○ マネージャーは住宅建設の加速が続くと予想しています。

2 EM growth is expected to pick up in 2H 2014.

○ 新興国の成長率は2014年下半期に加速するだろう。

勝ち組／負け組　winners / losers

☞ Hedge fund managers typically outperform during earnings season as they are able to pick winners and losers, but the period proved challenging as individual stock correlations remained high.

○ ヘッジファンドのマネージャーは勝ち組と負け組を見極めることのできる決算発表シーズンには市場をアウトパフォームすることが多いのだが，今回も各銘柄の相関が引き続き高く，苦戦した。

活況　strong / busy / active / boosted / rally / boom and bust / buoyant / hot spot

1 【活況】 The market for the next couple of weeks remained strong.

○ その後2, 3週間は市場の活況が続いた。

2 【活況】 After what was essentially a two-month market hiatus, October was a relatively busy month for the primary market, particularly in the final two weeks.

▶発行市場は実質的に2ヶ月の空白期間の後，10月は後半の2週間を中心に比較的活況を呈した。

🔖翻訳メモ　発行市場とは，発行会社の資金調達の目的で新規に発行される証券が，発行者から直接，もしくは証券会社，銀行等を介して投資家に一次取得される市場のことをいいます。主に，当事者間の相対での取引であり，取引所のような具体的な市場のない抽象的な市場のことを指します。流通市場とは，すでに発行された証券が，投資家から投資家に転々と流通・売買される市場のことをいいます。発行市場は抽象的な市場であるのに対して，流通市場は取引所のように具体的な市場が存在します（参考：日本証券業協会ホームページ）。

3【活発な】 The momentum from a relatively active month of new issuance in April carried into May, with approximately US$26.8 billion pricing during the month (US$15.3 billion corporate and US$6.4 billion sovereign).

▶5月の発行市場は比較的活発だった4月の勢いを引き継ぎ，月間の起債総額が約268億米ドル（社債153億米ドル，ソブリン債64億米ドル）となった。

4【活発な】 Oman was boosted by strong performance in banking and construction stocks, helped by strong year end results.

▶オマーン市場は，昨年度の決算が好調だった銀行および建設関連銘柄を中心に活況を呈しました。

5【反発】 Despite the rally in bonds since the middle of May, the total return for the month was barely positive.

▶5月半ば以降の債券相場の反発にもかかわらず，今月のトータルリターンは辛うじてプラスとなった。

6【過熱と冷え込み】 We've seen boom and bust through ages.

▶私たちはこれまで景気の浮き沈みを何度となく経験してきました。

🔖翻訳メモ　boom and bust は「好不況」「浮き沈み」「過熱と冷え込み」「急騰と暴落」「ブームとその崩壊」など，急に活況となりその後に一気に沈む，という意味の訳語を当てるのがよいと思います。

7【活況な】 While primary issuance will remain buoyant going forward, Johnson expects the rate of issuance to fall from record levels in the first half to a more normal trend.

▶発行市場は今後も活況が続くものの，発行ペースは上半期の記録的な水準か

ら低下し，正常なトレンドに向かうとジョンソン氏は予想する。

8 【ホットスポット】 Turning to Japan, a long period of real estate price deflation has at last ended, with evidence now accumulating of sharp rent rises in selected hot spots but not at all more broadly.

▶日本に目を転じると，長期にわたった不動産価格のデフレがようやく終了し，一部の「ホットスポット」で賃料が急騰していることを裏付ける動きが相次いでいるが，それ以上の広がりはまったく見られない

📝翻訳メモ　「ホットスポット」とは注目されている人気スポットということです。

活用する　take advantage of / tap / free up

1 【利用する】 The Manager has been utilizing options in order to take advantage of the market volatility.

▶市場のボラティリティを利用するためにオプションを利用しています。

2 【活用する】 There is little doubt that, with the breakup of the Soviet Union and the integration of China and India into the global trading market, more of the world's productive capacity is being tapped to satisfy global demands for goods and services.

▶ソビエト連邦が崩壊し，中国とインドが世界の貿易市場に組み入れられた結果，財およびサービスに対する世界的な需要を満たすために世界の生産能力がこれまで以上に活用されるようになったことに疑いの余地はほとんどない。

📝翻訳メモ　2005年2月16日のグリーンスパンFRB議長（当時）の議会証言から。「グリーンスパンの謎」についてはp.220を参照。

3 【有効活用する】 It is fairy important to reduce administrative overhead and to free up capital.

▶管理費の削減と資本の有効活用が，きわめて重要です。

株　stock / Japanese stock / US stock / UK stock / small-cap stock / mid-cap stock / growth stock / value stock / free float / tracking stock

1 【株】 Stocks are higher for the year. The Dow is up 7.5 percent, the S&P 500 index 13 percent.

▶今年に入ってからの株は高く，年初来でダウ平均は7.5％，S&P500種平均は13％上げている。

🔖**翻訳メモ**　for the year は「この 1 年間」という意味と「年初から今まで」の 2 通りの意味で使われるので，文脈をよく確認することが必要です（p.139 の「年初来高値」も参照）。

2 【日本株】 Japanese stocks have been treading water this year and we are keeping our neutral stance for now.
▶日本株は今年に入り足踏みが続いており，当面はニュートラル・スタンスを維持する。

3 【米国株】 We are generally positive on US stocks, and developed-country equities more broadly.
▶私たちは基本的に米国株式，ひいては先進国株式全般を有望とみています。

4 【英国株】 UK stocks followed, buoyed by a positive start to earnings season and a fall in 10-Year Gilts from 3.1% to 2.7%.
▶これに続いたのが英国株で，企業決算発表の出足が良かったことと，英10年国債利回りが3.1％から2.7％に低下したことが下支えとなりました。
🔖**翻訳メモ**　buoyed by ～：によって支えられる

5 【小型株，中型株】 Small-cap stocks edged higher while mid-cap stocks were little changed on Monday.
▶月曜日は小型株がじりじりと上昇する一方で，中型株はほぼ横ばいだった。

6 【グロース株】 The Manager observes that there are more "growth" stocks in the portfolio this year than in the past.
▶マネージャーによると，今年はポートフォリオ内の「グロース（成長）」株の割合が例年よりも高い。

7 【バリュー株】 The Portfolio contains both growth and value opportunities on the long side, while the short book consists of positions that have lost momentum and positions that are mistaken to be value stocks.
▶ポートフォリオのロングサイドがグロース株，バリュー株双方の有望銘柄を含むのに対し，ショートサイドは騰勢を失った銘柄やバリュー株と誤解されている銘柄で構成されています。
🔖**翻訳メモ**　バリュー（割安）株は，ある銘柄の公正価値（フェアバリュー）よりも時価が安い銘柄，グロース（成長）株は，今の株価水準にかかわらず，今後の成長性が期待できる銘柄です。前者を対象とする投資方法をバリュー株投資，後者をグロース株投資といいます。

8 【浮動株】 The limited free float of 23% may give it a potential speculative appeal.
　○浮動株が 23％と比較的少ないことも，投資家の目を引く可能性があります。

9 【トラッキングストック】 We expect the elimination of the tracking stocks through a recombination to occur shortly after the new organization takes effect at the beginning of 2016.
　○再統合の結果，2016 年初頭には新組織が発足するが，それを待ってただちにトラッキングストックも上場廃止となるはずである。
　🔍翻訳メモ　特定の事業部門の業績にリンクした株式のことです。詳しくは「特定の事業部門の業績にリンクした株式（野村資本市場研究所）」を参照（http://www.nicmr.com/nicmr/report/repo/1999/1999sum17.pdf）。

下方修正　profit warning /（earnings）downgrade / revise ～ down

1 【下方修正】 In European equity markets, more than four times as many Euro Stoxx 50 companies issued profit warnings during the second quarter versus one year prior.
　○欧州株式市場では，ユーロストックス 50 指数の採用企業で第 2 四半期に利益予想の下方修正を発表した企業の数が前年同期の 4 倍以上に達した。
　🔍翻訳メモ　profit warning は株式市場への衝撃を避けるために決算発表の前に行われる会社側の業績予想の下方修正のことです。lower guidance も同じ意味。

2 【業績予想の引き下げ】 However, in the short-term, we remain concerned that the sector will continue to battle significant earnings headwinds as recent downgrades and/or lower guidance have been reasonably pervasive.
　○しかし，短期的には，このセクターが業績面で引き続き大きな逆風に立ち向かうことになるという当社の懸念は払拭できていない。アナリストによる最近の業績予想の引き下げや会社予想の下方修正がかなり広範な動きだったからだ。
　🔍翻訳メモ　アナリスト側，会社側のどちらの場合も使われますが，この文では会社側の lower guidance と対比する形でアナリスト側の業績下方修正を意味しています。

3 【下方修正する】 On the growth front, we have revised our outlook for the US economy down to 4.2% in 2005 from 4.4% previously.
　○経済成長については，2005 年の米国の成長率予測を従来の 4.4％から 4.2％

に下方修正した。

関係　correlated / pro rata / inverse / correlation

1【相関している】 The empirical tests do indeed show that changes in the open interest are correlated with exchange rate change (over the same time-interval).

▶実際，市場で起きた現象を調べてみると，建玉残高の変化と（同じ期間の）為替レートの変化には相関関係があることが示されている。

2【比例】 The pro rata allocation of the costs of these facilities, based on the floor area of the space used for the project, amounted to 550,000 baht.

▶こうした施設費を使用する床面積に基づいて比例配分すると，55万バーツとなった。

3【反比例の】 We can see that in the inverse relationship exhibited by price/earnings ratios and the rate of inflation in the past.

▶そのことは，株価収益率とインフレ率が過去に反比例の関係を示していたことから見て取れます。

　翻訳メモ▶ thatは，この前の文にあった「低インフレが持続すれば将来に対する不安が減り，リスクプレミアムが低下すれば株をはじめとする収益資産は値上がりすると考えてよい」という見解を指しています。

　出典▶ 1996年12月5日に行われたグリーンスパン議長（当時）の「根拠なき熱狂」演説。p.37を参照。

4【相関性】 Correlations have begun falling from historical highs; and we are returning to an environment where intra-market returns are becoming less homogenous.

▶歴史的な高水準に達していた銘柄間の相関性が低下し始めており，今後は各銘柄のリターンがこれまでのように一様ではない環境に戻ろうとしています。

　翻訳メモ▶ 2008年の金融恐慌後の数年間は，どのレポートでもcorrelation（相関性）という言葉が流行するようになりました。市場全体が同じように動くので，どの銘柄を買ってもパフォーマンスに差が出ない，という時期があったのです。その規模は1国の市場を越え，世界中の市場が（銘柄も）同じように大きく振れる事態を招きました。

5【相関】 As with previous quarters, the overall hedge fund market's strong correlation with equities has continued.

○ 過去の四半期と同様，ヘッジファンド全体と株式市場との高い相関は継続しています。

緩和／拡張

ease / accommodative / expansionary / stimulative / pro-growth / less accommodative / fiscal stimulus / policy accommodation / monetary easing / monetary stimulus / monetary support / monetary expansion / quantitative easing / deregulation / regulatory easing / policy easing / relaxation of / regulatory changes / withdrawal / tapering / taper tantrum / financial repression

1【緩和する】 In April, the Bank of Japan (BoJ) took further measures to ease financial conditions.
○ 日本銀行は4月に追加の金融緩和策を講じた。

2【緩和的な】 Fed Chairman Ben Bernanke stated that monetary policy would remain "highly accommodative" for the foreseeable future.
○ 米連邦準備理事会（FRB）のバーナンキ議長は，「きわめて緩和的」な金融政策を当面維持すると述べた。

> 🖉 翻訳メモ　拡張的な財政政策とは，財政支出の拡大と減税などを指し，緩和的な，あるいは拡張的な金融政策とは政策金利の引き下げと量的緩和などを指します。いずれも景気を刺激する効果をもちます。

3【拡張的な】 Highly favorable terms of trade also allowed the government to run expansionary policies, thereby fueling a consumption boom.
○ きわめて良好な交易条件のおかげもあって，政府は拡張的な政策を運営することができ，消費拡大を後押しした。

4【景気刺激的】 With monetary policy still seen as exceptionally stimulative, interest rates are likely to rise further, supporting money market yields.
○ 金融政策は依然として異例なほど景気刺激的とみなされており，金利はさらに上昇し，短期金融市場の利回りを支えるものと思われます。

5【景気刺激的】 The Japanese economy is picking up on all fronts as an aggressively pro-growth policy mix takes hold.
○ 日本経済は積極的な景気刺激策が功を奏し，全面的に回復しはじめた。

🖉 **翻訳メモ**　pro-growth は文字通り解釈すると「成長を志向する」「成長を促進する」「成長を後押しする」という意味なので，あとは文脈に合わせて訳していけばよいでしょう。pro-growth monetary policy を「金融緩和政策」とすることも可能です。

6【緩和の度合いが低下】 As fiscal and monetary policies turn less accommodative, the windfall gains from easy financial conditions and tax cuts will gradually wane.

▶財政政策と金融政策はともに緩和の度合いが低下したので，金融緩和や減税といった棚ぼた利益はあまり期待できなくなっていく。

🖉 **翻訳メモ**　"windfall gain/profit" とは思いもよらなかった所から利益を得ることです。

7【財政面からの景気刺激策】 China's fiscal stimulus program significantly boosted investors' confidence in future economic growth and its equity markets.

▶中国の財政面からの景気刺激策は，将来の経済成長と同国の株式市場に対する投資家の自信を大きく高めた。

8【金融緩和】 When the Committee decides to begin to remove policy accommodation, it will take a balanced approach consistent with its longer-run goals of maximum employment and 2-percent inflation.

▶当委員会が金融緩和策の解除に踏み切ると決定する時には，雇用の最大化とインフレ率2％という長期目標と整合するバランスのとれたアプローチをとることになろう。

出典　米連邦公開市場委員会（FOMC）声明（2015年10月29日）

9【金融緩和】 Economic data remains weak, but monetary easing is supporting financial markets.

▶経済データは引き続き低調だが，金融緩和政策が金融市場を下支えしている。

10【金融緩和】 Monetary stimulus is likely to remain in place.

▶金融緩和策は維持される可能性が高い。

11【金融緩和】 The Bank of Japan recently surprised the market with more monetary support than previously expected.

▶日銀は最近，事前の予想を上回る金融緩和策を唐突に発表した。

12【金融緩和】 "When there is substantial slack in demand, devaluation and/or monetary expansion are good policy," Hamada said.

▶「需要が大きく低迷しているときには，通貨切り下げや金融緩和は良い政策だ」と浜田氏は述べた。

出典　*Japan Times*, August 13, 2015

13 【量的緩和策】 The Federal Reserve embarked on a second round of quantitative easing (QE2).

▶︎米連邦準備理事会（FRB）は量的緩和第 2 弾（QE2）に乗り出した。

🔖翻訳メモ　米国はリーマンショック後に，QE1（2008 年 11 月－ 2010 年 6 月，1 兆 7250 億ドル），QE2（2010 年 11 月－ 2011 年 6 月，6000 億ドル），QE3（2012 年 9 月－ 2014 年 10 月）の 3 回の量的緩和策を実施してきました。3 回目は，2013 年 5 月の議会証言で当時のバーナンキ議長が量的緩和策の段階的縮小（tapering）を示唆して各国市場を大混乱に陥れた後，実際には 2014 年 1 月から縮小が開始され，同年 10 月に終了しています。

14 【規制緩和】 There is movement afoot in Japan towards deregulation of the financial system, including pensions.

▶︎現在，日本では年金も含めた金融システムの規制緩和への動きが進行中である。

15 【規制緩和】 Regulatory easing may be negative for subordinated bonds

▶︎規制緩和は劣後債にマイナスの可能性も

🔖翻訳メモ　レポートのタイトルです。劣後債がどの程度自己資本に組み入れられるのかは規制動向次第，という文脈。

16 【規制緩和】 European growth remains sub-par; and with fears of deflation increasing, we anticipate further policy easing by the ECB at its July meeting.

▶︎欧州の経済成長率はマイナスを続け，デフレ懸念が高まっているため，ECB は 7 月の政策理事会でさらなる緩和政策を実施することが予想される。

17 【規制緩和】 Reacting to the weak economic performance, the Chinese government has introduced several policy measures to support growth, including more tax support for small firms and the relaxation of mortgage lending rules.

▶︎景気動向の不振を受けて，中国政府は中小企業への税制優遇の拡大や住宅ローンの規制緩和などを打ち出した。

18 【規制緩和】 In Japan, regulatory changes should enable pension funds to include inflation-linked bonds in their portfolios.

▶︎日本では，規制変更によって年金ファンドがインフレ連動債をポートフォリオに組み入れられるようになるだろう。

🔖翻訳メモ　regulatory changes は「規制の変更」なので理屈の上では「規制強化」「規制緩和」のいずれもありえます。これは文脈からの判断。

19【政策の解除】 The eventual withdrawal of fiscal and monetary stimulus is a near certainty.

▶財政・金融刺激策がいずれ解除されることはほぼ確実である。

20【量的緩和の段階的縮小】 The prospect of Federal Reserve tapering continues to weigh on emerging market corporate bonds.

▶米連邦準備理事会（FRB）による量的緩和縮小の見通しが引き続き新興国社債の足かせとなっている。

> 翻訳メモ　tapering とは元々「先細り」を意味します。米連邦市場公開委員会（FOMC）は 2013 年 12 月に量的緩和策（QE）の段階的縮小を決定し、翌 1 月から開始、2014 年 10 月の FOMC で終えました。金融機関や一部マスコミでは「テーパリング」と呼称しているところもあります（2015 年 8 月現在）。顧客の意向を確認しながら訳語を決めていきましょう。なお tapering はあくまでも FRB が市場から買い入れる債券の金額を段階的に減らすということであって、緩和策は続いていた（市場から債券を買い続けていた）という点に注意。

21【テーパー癇癪】 If we see continued improvement and we have confidence that that's going to be sustained, then we could in the next few meetings take a step down in our pace of purchases.

▶（経済環境の）改善が続き、それが持続可能だと我々が確信できれば、今後数回の会合で資産買入のペースを落とすことができるかもしれない。

> 翻訳メモ　2013 年 5 月 22 日、バーナンキ FRB 議長（当時）が米上下両院合同経済委員会で行った議会証言後の質疑応答セッションで、当時行われていた量的緩和第 3 弾（QE3）の出口戦略について尋ねられた時の回答です。これが量的緩和の段階的縮小を示唆する発言と捉えられ、新興国を中心に世界の金融市場は大混乱に陥りました。これがいわゆるテーパー癇癪（taper tantrum）です。実際には量的緩和策は 2014 年 1 月から縮小が始まり、7 会合連続で緩和（債券購入額）規模を縮小した後、同年 10 月に終了しました。

22【金融抑圧】 Looking back, investors at earlier stages of financial repression were able to conserve their wealth with equity investments.

▶過去を振り返ると、金融抑圧の初期段階には、投資家は株式投資を通じて資産を保全することができました。

> 翻訳メモ　金融抑圧とは、公的債務を削減するために、市場実勢やファンダメンタルズに比べて著しく低い水準に金利を抑制する政策のことです。

　the window of opportunity / opportunity

1【機会】 The ECB will take the window of opportunity to continue policy normalization over the coming months.
　▶ECB はこの機会を捉え，今後数ヶ月間も政策の正常化を継続していくだろう。
2【投資機会】 Going forward, managers remain prudently hedged, and are looking to find opportunities outside of the US, especially in Asia.
　▶今後もマネージャーは慎重にヘッジを行いながら，米国以外の地域，とりわけアジアに投資機会を物色していく所存です。

基準　measure

1【基準】 The most comprehensive measure is the so-called "output gap," which compares the actual level of production in an economy to its production capacity.
　▶最も包括的な基準は，一国の経済における実際の生産水準と生産能力を比較する，いわゆる「産出量ギャップ」だ。
　■翻訳メモ■　日本は長くこれがマイナス，つまり総需要よりも総供給の方が長い時代が続いてきます。「需給ギャップ」の項（p.115）を参照。
2【指標】 This assessment will take into account a wide range of information, including measures of labor market conditions, indicators of inflation pressures and inflation expectations, and readings on financial developments.
　▶この評価では，労働市場の状況に関する指標，インフレ圧力やインフレ期待の指標，金融動向の解釈を含む幅広い情報を考慮する。
　■出典▶　米連邦公開市場委員会（FOMC）声明（2014 年 10 月 29 日および 2015 年 6 月 17 日）

帰する　attribute to / attributable to / arise from / originate from / originated in

1【帰する】 This can be attributed to relatively sound balance sheets in the corporate and financial sectors, which in turn are supported by low household indebtedness.
　▶これは企業および金融セクターの比較的健全なバランスシートに帰することができるが，それを支えているのが家計の低い負債比率である。

2【説明する】 It is difficult to attribute the long-term interest rate declines of the last nine months to glacially increasing globalization.
　●この9ヶ月間の長期金利低下をグローバリゼーションの結果であるとあっさり説明するわけにはいかないのである。
　　■翻訳メモ　2005年2月16日に行われたグリーンスパンFRB議長（当時）の議会証言から。

3【起因する】 Any fall in inflation attributable to commodity price declines should have an unambiguous influence in pushing the central bank policy-makers towards an easier stance of policy.
　●商品価格の下落に起因するインフレ率の低下が見られた場合の中銀の政策決定者の対応ははっきりしている。金融緩和姿勢に舵を切るのである。

4【起因する】 Any gains and losses arising from changes in the fair value of the financial assets or financial liabilities are recorded in the Statement of Operations.
　●金融資産または金融負債の公正価値の変更に起因する利益及び損失は損益計算書に記録される。

5【発生する】 Deferred tax assets also arise from unused tax losses and unused tax credits.
　●繰延税金資産は，未使用の税務上の欠損金および未使用の税額控除からも発生する。

6【起因する】 The LICENSEE shall bear all costs and expenses arising in connection with payments originating from this AGREEMENT, including, but not limited to, bank charges, taxes, levies, and other additional costs.
　●ライセンシーは，銀行手数料，税金，課徴金その他追加的な経費等を含む，本ライセンス契約に起因する支払いに関するあらゆる経費を負担する。
　　■翻訳メモ　ライセンス契約で一般的にみられる表現です。licenseeとはライセンスを受ける側の当事者を，licenserはライセンスを与える側の当事者をいいます。

7【〜から広がる】 Unlike the global meltdown of 2008, which originated in the United States, the Asian crisis began in Thailand with the fall in the value of the baht, and spread across the region.
　●アメリカから世界中に拡がった2008年の金融危機とは異なり，アジアの通貨危機はタイ・バーツの下落をきっかけにタイからアジア全域へと拡がった。

期待

market expectation / speculation / speculative / in anticipation of / surprise market / surpass estimate / top estimate / encouraging / lower-than-expected / disappointing / surprise on the downside / miss estimate / forecast or predict

1 【市場予想】 Japan's consumer price index surpassed market expectations for September.

　▶9月，日本の消費者物価指数の伸び率は，市場予想を上回った。

2 【思惑】 There is no informational value in the speculation, but it does get your attention.

　▶思惑には情報としての価値はまったくないのですが，関心を集めます。

　🔍翻訳メモ speculation は「未来のできごとに対する（いくらか期待の込められた）見込みや予想，もくろみ」（『明鏡国語辞典』大修館書店より）の意味で，文脈によっては期待と訳してもよいと思います。例文は speculation に対する一つの考え方を示した文章。ファンダメンタルズに立脚した合理的な根拠がない，といっているのでしょう。

3 【思惑】 Global equity markets significantly rallied during the month as market participants began to speculate that the recession may be easing.

　▶今月は，景気後退が和らいでいるのではないかとの思惑から世界の株式市場が大幅に反発しました。

4 【投機的な】 There are no fundamental reasons for the move in gold, and this speculative driven rally is due to soon reverse.

　▶金価格の上昇にはファンダメンタルズの裏付けがなく，投機的な動きに主導された今回の上昇局面は早晩反落に転じるだろう。

　🔍翻訳メモ fundamental は「根本的な」の意ですが，ここでは金の価格の上下について述べているので，金価格を支える基礎的諸条件，つまり「ファンダメンタルズの裏付け」と訳すのが適当。

5 【～観測から】 The top individual contributor for the month was ABC (+53 bps), which traded up in anticipation of a bid, eventually resulting in its July takeover by PPP Corporation.

　▶当月に最も大きく貢献したのは買収観測から上昇した ABC（+53 bp）で，結局7月に PPP Corporation に買収されました。

　🔍翻訳メモ ファンドの運用レポートから。社名などの固有名詞をどうするかは顧客

と相談して決めます。

6【市場を驚かせる】 The BoJ surprised markets by announcing a drastic expansion of their balance sheet over the next two years.
▶日銀は，今後2年間でバランスシートを劇的に増加させると発表して市場を驚かせた。

7【事前予想を上回る】 Revenues surpassed estimates by more than 3% while earnings-per-share were on a par with expectations.
▶売上高は事前予想を3％以上上回る一方で，1株当たり利益はほぼ予想通りの実績となりました。

8【事前予想を上回る】 The company topped earnings estimates helped by its blockbuster game "Veta."
▶大ヒットゲーム「ベータ」の売上に支えられ，業績は事前予想を上回りました。

9【事前予想を上回る】 Recent economic data has generally surprised on the upside.
▶最近の経済データは総じて事前予想を上回っている。
翻訳メモ surprise on（またはto）the upside で「事前予想を上回る」という表現はよく見かけます。経済データだけでなく企業業績などでも用いられます。

10【期待のもてる】 Domestic macro data were generally encouraging.
▶国内のマクロ経済指標は総じて期待のもてる内容だった。

11【期待外れの】 Shares declined after the company reported lower-than-expected earnings.
▶期待外れの決算発表を受けて株価は下落しました。
翻訳メモ「事前予想を下回る」は事実で「期待外れ」には主観的評価が入りますが，金融レポートではあまり区別なく使われているようです。文章のトーンや文脈によって決まる面もあると思いますので，必要に応じて相談しましょう。運用レポートの一節。

12【事前予想を下回る】 After the company posted a disappointing June quarter, the manager was encouraged that the stock would make up the shortfall in the next quarter so he bought back the holding after the sell-off.
▶同社が事前予想を下回る4－6月期の決算を発表すると，マネージャーは株価が次の四半期には戻すと考え，急落後に買い戻しました。
翻訳メモ manager とは，ポートフォリオマネージャーのこと。マネージャー個人のこともありますし，運用担当会社を意味することもあります。

13【事前予想を大きく下回る】 US economic data surprised sharply on the downside in the first quarter of the year.
▶米国の今年第 1 四半期の景気指標は事前予想を大幅に下回り市場を驚かせた。
　🔖**翻訳メモ**　文脈によっては単純に「事前予想を下回った」でもよいとは思いますが,「市場に影響を与えた」という意味合いを残しました。「衝撃を与える」ほど強くはないと思います。

14【事前予想を下回る】 The company was profitable but missed Wall Street's estimates by 22%.
▶黒字は確保したものの，市場予想を 22% 下回りました。
　🔖**翻訳メモ**　wall street：ウォール街，ニューヨーク市場。

15【事前予想を下回る】 A range of economic data points continued to disappoint, suggesting recovery may still be some time off.
▶さまざまな経済指標が依然として事前予想を下回っていることから，景気回復にはまだ時間がかかるかもしれません。

16【予測または予想】 This material is not intended to forecast or predict future events.
▶本資料は，将来の事象を予測または予想することを意図しておりません。

軌道に乗る　be well under way / be on track / achieve sufficient momentum

1【軌道に乗る】 The Fed intends to keep interest rates low until a recovery is well under way.
▶景気回復が軌道に乗るまで FRB は低金利を維持する意向である。

2【軌道に乗る】 While manufacturing is clearly on track, the weakness in this recession is concentrated in the service sector.
▶製造業が明らかに回復軌道に乗っている中で，今回の景気後退はもっぱらサービス・セクターの弱さによるものである。

3【十分に勢いがつく】 Central bankers will be reluctant to prematurely remove support until the recovery has achieved sufficient momentum.
▶中央銀行の当局者らは，景気の回復に十分勢いがつくまでは，早い段階での金融緩和政策解除を躊躇するものと考えられる。

キャッシュ　cash and cash equivalents / cash generation

1【現金および現金同等物】 Cash and cash equivalents comprise cash on hand, demand deposits, other short-term, highly liquid investments with original maturities of three months or less and bank overdrafts.
　▶現金および現金同等物とは，手許現金，要求払預金，当初満期が3ヶ月以下で流動性の高いその他の短期投資および銀行当座貸越からなる。
　　翻訳メモ　ファンドの重要な会計方針に出てくる一般的な表現です。
　　出典　MJ Gleeeson Group plc, Report and Accounts for the year ended 30 June 2014（http://mj.gleeson-homes.co.uk/uploads/corporate-social-responsibility-/ReportAndAccounts2014.pdf）

2【キャッシュフロー】 Overall, the Manager is bullish on the technology sector, citing that companies are posting strong revenue, earnings growth and cash generation numbers.
　▶マネージャーは総じてテクノロジーセクターに対して強気の見方をしており，その理由として各社の売上高，利益の伸び，キャッシュフローの堅調な数字を挙げています。

強化する　reinforce / strengthen

1 Central banks in developed markets are expected to maintain or reinforce expansive monetary policy.
　▶先進国の中央銀行は，金融緩和策を維持または強化することが予想される。

2 While the banking sector now appears sound, the Central Bank intends to strengthen supervision.
　▶銀行セクターは健全に見えるものの，中央銀行は監督強化する意向である。

金融市場の分断化　fragmentation

☞ Significant financial fragmentation remains in the European Union and euro area, despite considerable improvements in recent years.
　▶ここ数年の大幅な改善をよそに，欧州連合とユーロ圏にはなお著しい金融の

分断化が続いている。

> 🔖**翻訳メモ**　「金融（市場）の分断化」とはユーロ圏内の各国の金融状況に大きな格差が生じている現象のことです。スペイン，イタリア，ギリシャといった南欧諸国からドイツなどの欧州北部諸国への資金流出が続き，南部では金融システムが機能不全に陥り，北部諸国では資金余剰の状況が生まれました。

苦戦する
struggle to / weigh on / struggle to make headway / turn the corner / weather

1 【苦戦する】 Local policymakers have struggled to find a balance between growth, raising interest rates and inflation management.
　▶国内の政策当局者らは経済成長，利上げ，インフレ抑制のバランスを取ることに苦戦してきました。

2 【足を引っ張られる】 While we maintain our neutral view on GBP/USD, narrowing interest rates and the top rating of UK gilts should weigh on EUR/GBP.
　▶GBP（英ポンド）／USD（米ドル）に対しては中立の見方を維持しているが，EUR（ユーロ）／GBP（英ポンド）は金利差が縮小し英国債が最高格付けのため，足を引っ張られそうだ。

3 【一進一退】 After declining sharply in late June, the stock market struggled to make any headway in July and August.
　▶株式市場は６月下旬に急落した後，７月と８月には一進一退をくり返しました。

4 【危機を脱する】 The US housing market appears to have turned the corner.
　▶米国の住宅市場は危機を脱したように思われる。

5 【切り抜ける】 In the event-driven style, both managers posted solid gains as high-yield credit indices weathered the end-of-month storm with success, outperforming investment grade indices.
　▶イベントドリブン・スタイルについては，ハイイールド債関連指数が月末の混乱を上手く切り抜け，投資適格債指数のパフォーマンスを上回るなど，両マネージャーがいずれも堅調な利益を上げました。

グローバルリバランシング
global rebalancing / trade balance / service account / income

surplus / current account / capital account / fiscal balance / primary balance

1 【グローバルリバランシング】 A risk scenario: new shocks triggering a hard landing for the US economy and a painful global rebalancing.

▶新たなショックが米国経済のハードランディングを引き起こし，世界経済の不均衡是正という痛みをもたらすリスクシナリオ。

🔍翻訳メモ　①グローバルリバランシングとは，経常黒字国と経常赤字国の不均衡を改善し，金融市場を安定させ，世界経済の安定的な成長を目指して各国が努力することです。「世界（経済）の不均衡是正」ともいいます。
②リスクシナリオとは，アセットマネジメント会社が投資戦略を立てる上で前提とするシナリオのうち，悲観的なシナリオのことです。

2 【貿易収支】 Japan's current account has been strongly positive because its large income revenue – i.e., revenue generated from incomes from foreign assets – has been compensating for the decreasing trade balance.

▶日本の経常収支が大幅な黒字を維持してきたのは，所得収支の受け取り，つまり外国の資産から得た収入が高収入で，貿易黒字の減少分を補ってきたからである。

🔍翻訳メモ　trade balance は貿易収支ですが，この例文では貿易黒字を意味しています。

3 【サービス収支】 The improvement was led by a fall in the trade deficit and an increase in the service account surplus.

▶（経常収支の）改善をけん引したのは，貿易赤字の縮小とサービス収支の黒字の拡大である。

4 【所得収支（の黒字）】 We believe that the income surplus should remain sufficient to cover the trade deficit, and thus expect the current account to remain in surplus this year.

▶当社は所得収支の黒字が貿易赤字を埋め合わせる構図は持続するとみており，したがって経常収支は今年も黒字を維持すると予想している。

5 【経常収支】 As a result, the current account balance posted the lowest surplus since 2001 of 1.5% of GDP.

▶その結果，経常黒字は 2001 年以来最低の GDP 比 1.5％ となった。

6 【資本収支】 For the past several years, China has enjoyed annual surpluses in both current and capital accounts.

▶ここ数年，中国は経常収支，資本収支とも通年で黒字を記録している。

翻訳メモ　経済理論的には経常収支＋資本収支－外貨準備高増減＋誤差脱漏＝０なので，中国の場合，経常収支と資本収支の黒字分だけ外貨準備高が膨れあがっていることになります。一般に，「経常収支の黒字と資本収支の赤字が等しい」つまり「経常収支黒字（赤字）＝資本収支赤字（黒字）」という時の資本収支には外貨準備増減と誤差脱漏が含まれるので注意してください（参考：『入門マクロ経済学』日本評論社，p.155）。

7【財政収支】 The creditworthiness of emerging markets continues to improve, and fiscal balances compare favorably with most advanced economies.

▶新興国では信用力の改善が続いており，財政収支も多くの先進国に比べて良好だ。

8【基礎的財政収支】 The primary balance represents the difference between public expenditures and revenues in a given year, but excluding interest payments.

▶基礎的財政収支は，所与の年度における（支払利息を除いた）歳出と歳入の差である。

翻訳メモ　基礎的財政収支はプライマリーバランスともいいます。

景気指標　leading indicator / coincidental indicator / lagging indicator

1【景気先行指数】 Leading indicators, such as stock prices, housing starts and orders for capital goods, have declined substantially; but a US recession is fairly unlikely.

▶株価，住宅着工件数，資本財受注などの景気先行指数は大幅に低下したが，今のところ米国が景気後退に陥る可能性はかなり低い。

2【景気一致指数】 Indeed, the most comprehensive coincidental indicator of the US economy, the Chicago Fed National Activity Index, turned down into negative territory in August.

▶実際，米国経済の最も包括的な一致指標であるシカゴ連銀全米活動指数は８月にマイナスに転じている。

3【景気遅行指数】 We do not expect inflationary pressures to remain as high as current data suggests, given that inflation is a lagging indicator.

▶インフレ率は遅行指標であることから，現在のデータが示唆するほど高いインフレ圧力が継続することは考えにくい。

景気循環

business cycle / downturn / recession / technical recession / cyclical / credit cycle / Great Moderation / slowdown / stimulate / procyclical / defensive

1 【景気】 Amongst developed economies, Japan's business cycle has been hit by the global economic downturn - a function of Japan's huge concentration in exports and the stronger yen.

▶先進国経済の中で，日本の景気は世界経済減速による痛手を受けたが，これは日本の圧倒的な輸出依存の高さと円高のせいである。

2 【景気悪化】 The test of a true partnership is what happens when the business declines due to an economic downturn, unexpected competition, or some other unfortunate event.

▶真のパートナーシップかどうかは，景気の悪化や競争の激化，あるいは何らかの不運に遭遇して事業が左前になったときこそ試される。

翻訳メモ when the business declines = 事業が衰退する = 事業が左前になる

3 【景気後退】 Unlike most of Western Europe, Norway is not currently expected to fall into recession next year.

▶他の西欧諸国とは異なり，ノルウェーは現段階では来年景気後退に陥るとは予想されておりません。

4 【テクニカルリセッション】 Fears that Japan's government will soon be forced to declare a "technical recession" make a fine example of how useless the technical definition of a recession really is.

▶日本政府が間もなく「テクニカルリセッション」入りを認めざるを得ないという恐怖は，テクニカルリセッションという定義がいかに無意味かということの好例になる。

翻訳メモ technical recession とは，実質 GDP が 2 四半期連続でマイナス成長になることです。「自律的景気後退」という訳語もあります。

出典 "Japan's recession is not a recession", *Financial Times*, August 4, 2008

5 【景気循環株】 PM moved his funds overweight in cyclicals.

▶ ポートフォリオマネージャーは景気循環株セクターをオーバーウェイトとした。

🔖翻訳メモ　PM = the portfolio manager の略語です。

6 【クレジットサイクル】　The credit cycle is in the middle of the expansion stage.

▶ クレジットサイクルは拡大局面の中盤にある。

🔖翻訳メモ　クレジットサイクルは信用供与に関する周期のことで，景気のように拡大（expansion），下降（downturn），repair（修繕），recovery（回復）をくり返します。

7 【大いなる安定】　The important point is that this line shows what the interest rate would have been had the Fed followed the kind of policy that had worked well during the period of economic stability called the Great Moderation, which began in the early 1980s.

▶（ともあれテイラー・ルールと名付けられた線が，）* 1980 年代前半に始まった経済安定期，いわゆる「大いなる安定（Great Moderation）」期に機能した政策を続けていたら採用されていたはずの金利を表している点に注意してほしい。

🔖翻訳メモ　「大いなる安定期」とは，1980 年代半ば以降に米国を中心とする世界で起きた政治，経済，金融市場の安定期のことです。

📖出典　*Getting off Track*, p.2／『脱線 FRB』，p.12（＊は筆者注）

8 【景気減速】　There is no way of forecasting whether the current economic slowdown will develop into a full-scale recession.

▶ 現在の景気減速が本格的な景気後退に発展するかどうかは予測しようがない。

9 【景気を刺激する】　The implication is that when the government stimulates the economy–through public spending or low interest rates–growth takes off quickly.

▶ 要するに，政府が景気刺激策を実施すると，その手段が公共投資であれ，低金利であれ，経済成長率はすぐに跳ね上がるのである。

🔖翻訳メモ　the implication is that 〜：要するに，推察するに

10 【シクリカルな】　Cyclical commodities would be downgraded while the allocation to gold would tend to be higher on the assumption that the Fed would offset tighter fiscal policy with extra easing.

▶ シクリカル（景気動向に敏感）なコモディティの比重を下げつつも，「FRB がさらなる金融緩和で緊縮財政の影響を相殺する」との想定の下，金への配分は引き上げられるだろう。

11 【プロシクリカルな】　Procyclical capital inflows may, in turn, reinforce

the tendency in these countries for macroeconomic policies to be procyclical as well.
> このようなプロシクリカルな資本流入は，今度はそれが，これら国におけるマクロ政策の景気循環増幅性を強めるかもしれない。

>【翻訳メモ】 procyclical とは景気循環増幅効果をもつという意味です。

12 【ディフェンシブ】 Defensive sectors such as consumer staples and utilities lagged modestly.
> 生活必需品や公益といったディフェンシブセクターが若干出遅れました。

>【翻訳メモ】 「ディフェンシブセクター」とは景気動向に左右されにくい安定的な業種という意味で，例文に挙げられている以外に医薬品，運輸などが挙げられます。

決算発表　earnings season / earnings guidance / sales and earnings guidance

1 【決算発表シーズン】 With the earnings season coming up, managers are shifting their attention from macro to micro factors.
> 決算発表シーズンの到来に伴い，マネージャーたちの関心はマクロ要因からミクロ要因へと移っています。

>【翻訳メモ】 決算発表シーズンの言い方としては，ほかに reporting season, results season などがあります。

2 【業績見通し】 The firm raised its earnings guidance for the year.
> 同社は通期業績見通しを上方修正しました。

3 【売上高および利益見通し】 Shares rallied 10% during the quarter after the company raised its FY 2007 sales and earnings guidance.
> 2007年度の売上高および利益見通しの上方修正が好感され，株価は当四半期中に10％反発しました。

牽引する　bolster / driven by / lead / drive / led by / driver / impetus

1 【牽引する】 Indonesia recorded a 6.9% YoY GDP growth in Q109 bolstered by strong consumption which increased 7.5% QoQ.
> 2009年第1四半期のインドネシアの国内総生産（GDP）は，堅調な個人消費（前期比年率7.5％増）を牽引役に前年同期比で6.9％の伸びを記録しました。

>【翻訳メモ】 QoQ は単に前期比ですが，「前期比年率」と訳したのは事実関係を調べた

上で加えた訳注です。Q109 とは「2009 年第 1 四半期」のこと。

2【主に〜によるもの】 The detraction was driven mostly by stock selection.
　◯マイナスのパフォーマンスを主に牽引したのは銘柄選択でした。

3【主導する】 We expect infrastructure/construction, consumer and commodity/energy stocks to lead in 2009.
　◯当社は，2009 年を主導するのはインフラ／建設，消費，コモディティ／エネルギー関連株と予想しています。

4【つながる】 Security selection primarily drove outperformance.
　◯銘柄選択の成功が高パフォーマンスにつながりました。
　翻訳メモ　①primarily は「高パフォーマンスにつながりました」に含意されています。②ここで outperformance といっているのは，ベンチマークや同タイプのファンドなど比較対象に対して「高い」という意味ですので注意してください。

5【主導】 We favor quality cyclicals over defensive stocks for the QE3-driven market recovery.
　◯QE3 主導の市場回復局面では，ディフェンシブ銘柄よりも質の高い景気敏感株を選好する。
　翻訳メモ　QE3 とは量的緩和第 3 弾のことです。

6【響いて】 In the US, small cap manager Parker was lower driven by losses in the technology and industrial sectors.
　◯米国では，小型株ファンドの Parker がテクノロジーと資本財セクターでの損失が響いて下落しました。

7【〜のため】 Emerging markets outperformance has been driven by low valuations.
　◯新興国市場のパフォーマンスが世界市場を上回ってきたのは，割安だったからである。

8【引きずられる】 The stock market is driven by external factors such as US subprime, housing market and possible recession.
　◯株式市場は米国のサブプライムローン，住宅市場，景気後退観測などの外部要因に引きずられやすくなっています。

9【振り回される】 The market conditions were very choppy and were led by policy news flow, mainly from China.
　◯市場環境はきわめて不安定で，中国をはじめとする政策関連のニュースに振

り回されました。

10【原動力】 The Asian economy has shown some signs of stabilizing recently, likely driven by growing exports, a slow recovery in demand for durable goods.
 ◉アジア経済はここにきて安定化の兆しを見せている。輸出の伸びと耐久財需要の緩やかな回復がその原動力とみられる。
 ◈翻訳メモ recently は「最近」と訳すことが多いのですが,「ここに来て」という表現を使うこともあります。

11【変動要因】 Although it is not always easy to understand the variations of stock price, the main drivers of market capitalization are revenues and profits.
 ◉株価の変動を理解することは必ずしも容易ではありませんが,時価総額を決める主な変動要因は,売上と利益です。

12【原動力】 Globalization is seen as a driver in today's logistics development.
 ◉グローバル化は,今日の物流の原動力と見られている。

13【起爆剤】 There is some optimism that the proposed reforms will unleash a fresh impetus to growth.
 ◉改革案が成長の起爆剤になるとの楽観論も広がっています。

減少する

dwindle / diminish / taper / mitigate / reduce / de-risk / trim / contraction / drop in profits / lower operating income / cut dividends / sequester

1【徐々に縮小する】 As prices fell, margin calls kicked in and the pace of selling grew, while daily volumes dwindled to barely $100m.
 ◉価格下落につれて追証売りが加速し,1日の売買代金は1億ドルそこそこまで徐々に減少していきました。
 ◈翻訳メモ 文脈によっては「先細る」という訳語も使えます。

2【低下する】 Gold's appeal as safe haven has diminished.
 ◉安全資産としての金の魅力は低下している。

3【先細る】 Going forward, the Manager has been shifting to a more defensive outlook with the sub-prime threat intensifying, and private equity and investment banking activity gradually tapering.

▶今後については，サブプライム問題の深刻化やプライベートエクイティおよび投資銀行業務の先細りなどを背景に，マネージャーはこれまでよりも慎重な見通しへと移行しています。

🔍翻訳メモ　tapering は 2013 年春からは「量的緩和の段階的縮小」の使われ方で有名になりました。p.61 を参照。

4【削減する】 In fixed income, non-financial investment grade credits offer, in our view, the best way to mitigate risks.

▶債券では，非金融事業会社の発行した投資適格債が，リスク緩和の点から最善の選択と思われる。

5【削減する】 Proprietary trading has been drastically reduced and trading operations focus on customer-driven activities.

▶自己勘定取引は大幅に縮小され，取引活動は顧客主体の活動が中心となっている。

🔍翻訳メモ　「自己勘定取引」とは金融機関が自らの資金を増やすために自己勘定で取引を行うことです。例文はいわゆる「ボルカールール」の下で金融機関がビジネスの中心を顧客資産の管理と運用に向けざるを得なくなった事情について述べた文章の一節です。

6【リスクを削減する】 We will continue to de-risk the asset portfolio through a combination of outright sales or hedging, where appropriate.

▶今後も，必要に応じて売り切りやヘッジを組み合わせながら資産ポートフォリオのリスク削減を図っていく所存です。

🔍翻訳メモ　outright sale とはいわゆる「売り切り」のことで，買い戻し条件などがつかない売却のことです。最近は「アウトライトの売り」ということもあります。

7【縮小する】 The Manager trimmed the gross long exposure and is trying to avoid value traps in the market.

▶マネージャーはグロスのロングポジションを縮小して市場におけるバリュートラップを回避しようとしています。

🔍翻訳メモ　バリュートラップは「割安の罠」ともいわれます。割安と見込んで投資した銘柄が値上がりしないことです。

8【収縮する】 Austerity policies imposed by the authorities contributed

to a sharp contraction of the Greek economy last year.
  ◉ 規制当局に課せられた財政緊縮政策によって，昨年のギリシャ経済は急速に収縮した。
9 【減益】 Shares were down over 10% in July after they reported a drop in profits despite a rise in revenues in their third quarter 2015 earnings announcement.
  ◉ 第3四半期（7‐9月期）決算が増収ながら減益になったことが嫌気され，株価は7月に10％以上下落しました。
10 【減益】 The stock dropped after they reported lower operating income in 2013 in addition to a decline in sales.
  ◉ 2013年の決算が減収減益になったことを受け株価は下落しました。
11 【減配】 The shares fell after the company reported that pre-tax profit declined in 2014 and that it would cut dividends.
  ◉ 同社は，2014年の税引前利益の減益と減配を発表したため，これを受けて株価は下落しました。
12 【自動歳出削減措置】 US fiscal drag is fading as the impact of the sequester passes its peak.
  ◉ 自動歳出削減措置の影響が峠を越えるとともに，米国の財政緊縮による景気悪化への懸念も次第に薄れてきた。
  【翻訳メモ】 自動歳出削減（または強制歳出削減）とは2011年に米国で成立した「予算管理法」に基づく措置。有効な財政再建策が議会で合意できなければ，2013年から2021年にかけて連邦予算を一律で10％削減するという措置のことで，2013年3月1日から実施されました。

減速する decelerate / slow / lose momentum / moderate

1 【減速する】 The agency notes that credit growth has decelerated in response to monetary tightening and the macro prudential measures introduced by the central bank.
  ◉ 同格付機関は，中央銀行の金融引き締め策とマクロプルデンシャル措置（金融システムの健全化・安定化の措置）によって信用の伸びが減速していると指摘している。
  【翻訳メモ】 マクロプルーデンスとは，金融システム全体のリスクの状況を分析・評価

し，それに基づいて制度設計・政策対応を図ることを通じて，金融システム全体の安定を確保するとの考え方で，ミクロプルーデンス（個々の金融機関の健全性を確保すること）に対置される概念です（参考：日本銀行ホームページ　https://www.boj.or.jp/announcements/education/oshiete/pfsys/e14.htm/）。

2 【減速する】 Global economic growth has slowed but remains positive.
◉世界経済は減速しながらも成長を続けています。

3 【失速する】 The Japanese economic expansion appears to be losing momentum.
◉日本の経済成長は失速しているように思われる。

4 【鈍化する】 Economic data has shown that the global economic recovery continues but that the pace of the expansion in the major economies has moderated.
◉各種経済指標を見ると，世界的な景気回復は続いているものの，主要国の拡大ペースは鈍化しています。

貢献する　contribution / contribute / help / add to

1 【貢献する】 The largest contributions came from short exposures in the Retail sector.
◉パフォーマンスに最も貢献したのは，小売セクターのショートポジションだった。

　翻訳メモ　ファンド運用レポートでよく見られる表現です。ここで the contributor といえばファンドのパフォーマンスに貢献した要因を意味します。

2 【寄与する】 Another position that contributed to performance during the month was a short in DDD Co.
◉当月のパフォーマンスに貢献したもう1つのポジションは，DDD社の空売りポジションでした。

3 【寄与する】 Markets have interpreted mounting inflationary pressure in the US as an indicator of further interest rate hikes by the Fed – a view that has helped to shore up the dollar.
◉市場は米国におけるインフレ圧力の高まりを，FRBによるさらなる利上げの兆候と解釈した。こうした見方が米ドルの上昇に寄与した。

4 【貢献する】 In currencies, our strategies to be short the euro versus the US dollar added to performance.
▶ 外国為替に関しては，米ドルに対してユーロをショートする戦略がパフォーマンスに貢献した。

構成する　constitute

☞ Nothing contained herein constitutes investment, legal, tax or other advice, nor is it to be relied on in making an investment or other decision.
▶ 本資料に記載された事項は，投資，法律，税務またはその他に関する助言ではなく，投資またはその他の判断を行う上で依存すべきでもありません。

翻訳メモ　訳では nothing と合わせて「ではなく」と訳しました。

考慮すると　given that

☞ It will be some considerable time before the FOMC can react to this, given that core inflation is unlikely to decelerate for several months.
▶ コアインフレ率が今後数ヶ月は低下しそうにないことを考慮すると，連邦公開市場委員会（FOMC）がこの状況に何らかの手を打てるようになるまでにはかなりの時間を要するだろう。

誤解を招きやすい　misleading

☞ Auditors should also assure that the financial statements are not "materially" misleading.
▶ 監査人は，財務諸表が「重大な意味において」誤解を招かない状態を確保しなければならない。

国有企業　SOE（state-owned enterprise）

☞ Along with the SOEs, the role of state-owned banks has been crucial to the quick success of the Chinese stimulus plan, as increased loan quotas at the start of this year quickly translated into new lending.

●国有企業（SOE）とともに，国有銀行も政府による景気刺激策の短期間での成功にきわめて大きな役割を果たした。年初からスタートした融資枠の拡大がただちに新規融資を呼び込んだためである。

翻訳メモ この訳文では「国有企業（SOE）」としていますが，SOE は日本語として定着しているとは限らない（読み手がピンとこない）ので，この後に出てきたときには「国有企業」と書くことが多いです。つまりここでは読者に対して SOE とは国有企業のことだ，とわかってもらう（慣れてもらう）意図があります。その意味では，米連邦準備理事会（FRB）と書いた後，その後は FRB と続けるのとは意味合いが違います。例えばイングランド銀行（BOE）やインド準備銀行（RBI）はどう表記するか？これは顧客との相談ですが，筆者の今（2015 年春）の肌感覚では頭文字だけで押していくのは少しきついかもしれません。ちなみに Bank of Japan（BOJ）は初出を日本銀行，その後は日銀とすることが多いです。BOJ はなじまないでしょう。

誇張する exaggerate / overstate / be overstated / overreact / underestimate

1 【誇張する】 Some reports on leverage are exaggerated albeit conveying some idea of what is going on.

●レバレッジについての報道内容は，実際に起きていることの一面を伝えながらいくぶん誇張されているものも少なくない。

2 【過大評価する】 The Manager continues to be bearish on the stock and believes street estimates are overstated.

●マネージャーは同社に対する弱気スタンスを維持しており，市場予想は過大評価であると考えています。

3 【過剰反応】 Worries that large-scale liquidation of investments by retiring baby boomers will pressure financial markets are overstated.

●退職を迎えるベビーブーム世代が投資資産を大規模に換金し，金融市場が圧力を受けるだろうとの懸念は過剰反応である。

翻訳メモ overstate は「誇張する」なので，be overstated は否定的な反応の時には「過剰反応している」と訳すこともあります。

出典 "Will Baby Boomers Bust the Markets?" April 21, 2014, Milton Ezrati, Partner, Senior Economist and Market Strategist, Lord Abbett（https://www.lordabbett.com/content/lordabbett/en/perspectives/economicinsights/will-baby-boomers-bust-the-markets.html）

4 【過剰に反応する】 The stock markets appear to have overreacted to concerns over the Japanese economy.

▶株式市場は日本経済に対する懸念に過剰反応したように見える。

5【侮る】 We should not underestimate the commitment of central banks to provide liquidity.

▶我々は流動性を供給するとの各国中央銀行の公約を侮るべきではない。

雇用

job market / employment figures / US jobs / effective job-to-applicant ratio / nonfarm payroll / full employment / maximum employment / jobless rate / wages / overall unemployment rate / natural rate of unemployment / NAIRU / participation rate / labor slack

1【雇用市場】 Confidence among US consumers rose to the highest in two years last month as gasoline prices eased and the job market expanded.

▶先月，米国の消費者信頼感指数は，ガソリン価格の軟化と雇用市場の拡大を受けて2年ぶりの高水準に上昇しました。

2【雇用統計】 On the other side, firms became more cautious with gloomy employment figures and falling spending.

▶一方，低調な雇用統計や設備投資の落ち込みが示すように，各社はますます警戒感を強めました。

翻訳メモ spending は「支出」でいろいろな意味がありますが，ここでは企業動向を説明しているため「設備投資」としています。

3【米国の雇用統計】 Wall Street shares roared ahead on Tuesday, triggered by figures showing a surge in US jobs.

▶火曜日の米国株は，雇用の急増を示すデータを引き金に急騰した。

4【有効求人倍率】 The effective job-to-applicant ratio hit the highest level in about 23 years.

▶有効求人倍率はおよそ23年ぶりの高水準に達した。

翻訳メモ 英語は日本語のほぼ直訳ですが，このほかにも job availability や jobs open for every applicant, job openings per applicant という表現も見られます。

5【非農業部門雇用者数】 According to the Labor Department's nonfarm payroll report, employers added a better-than-expected 223,000 jobs

in February.
> 米労働省の発表した 2 月の非農業部門雇用者数は予想を上回り，22 万 3,000 人増加しました。

6 【完全雇用】 The United States cannot afford healthcare for all, an adequate retirement program and full employment.
> 米国は国民皆保険と適切な年金制度と完全雇用を賄うことができない。

7 【雇用の最大化】 In determining how long to maintain this target range, the Committee will assess progress–both realized and expected–toward its objectives of maximum employment and 2-percent inflation.
> この目標誘導レンジをどれくらいの期間維持するかを決定するに当たり，当委員会は雇用の最大化とインフレ率 2％の目標に向けた進捗状況を，実績と予測の両面から評価していく。

> 出典 ▶ 米連邦公開市場委員会（FOMC）声明（2014 年 10 月 29 日および 2015 年 6 月 17 日）

8 【失業率】 The jobless rate moved to a four-month high of 5.19％.
> 失業率は 4 ヶ月ぶりの高水準となる 5.19％に上昇した。

> 翻訳メモ jobless rate は unemployment rate とともによく使われる表現です。

9 【賃金】 A rise in unemployment will lead wages downward with about a seven-month lag.
> 失業率の上昇は賃金の減少におよそ 7 ヶ月先行する。

10 【完全失業率】 As the overall unemployment rate stays above 10％, investors continue to worry about a double-dip at worst or a jobless recovery with sluggish consumer spending at best.
> 完全失業率が 10％を上回る水準にとどまるかぎり，投資家は最悪の場合で景気の二番底，よくても消費支出が停滞したままの「雇用なき回復」を懸念し続けています。

> 翻訳メモ 一般に「失業率」というと完全失業率のことを意味します。それは労働力人口（次頁の労働参加率の項を参照）のうち，職に就くことのできない人（完全失業者）の割合のことです。「完全雇用」「自然失業率」と混乱しないようにしましょう。

11 【自然失業率】 Many economists think of an economy as being fully employed if the unemployment rate is at the so-called natural rate of unemployment.
> 失業率がいわゆる自然失業率の水準にあるときには，完全雇用が達成されて

いると考える経済学者は多い。

　🖋翻訳メモ　自然失業率とは，インフレ率と無関係に一定の水準で存在する失業者の割合です。次のインフレ非加速的失業率（NAIRU = non-accelerating inflation rate of unemployment）も同じ意味です。

12【インフレ非加速的失業率】 Some analysts suggest that the non-accelerating inflation rate of unemployment (NAIRU) may have increased since the crisis.

　❍インフレ非加速的失業率（NAIRU）が金融危機以来上昇した可能性を指摘するアナリストもいる。

　🖋翻訳メモ　2010年以降に書かれた文章で何の注釈もなく the crisis と出てきたら，2007年以降の世界金融危機のことを指していることが多いので，その線で確認するようにしましょう。

13【労働参加率】 Though the unemployment rate moved lower, this was partially due to a decline in the participation rate, i.e., there are fewer people actively looking for work.

　❍失業率は低下しているものの，その一因は労働参加率の低下にある。積極的に仕事を探す人が減っているのだ。

　🖋翻訳メモ　労働参加率とは，生産年齢人口（15歳から65歳までの人口）に占める労働力人口（現在職をもつ人間と職探しを続ける失業者を合わせた数）の割合です。失業率は労働力人口に占める失業者の割合なので，失業率が下がったからといって単純に喜べるわけではない，というのがこの文章の趣旨です。

14【労働市場の緩み（スラック）】 Fed Chair Yellen's view on the labor market suggests that labor slack is dissipating and that "considerable progress has been achieved in the recovery of the labor market."

　❍イエレン FRB 議長は，労働市場の緩みが消えつつあり，「労働市場の回復が相当進んだ」とみているようです。

　🖋翻訳メモ　労働市場の緩み（スラック）とは，働く意思や能力があるにもかかわらず仕事が見つからないため求職活動をしていない人々（正規職を求めながらパートタイムで働いている人々を含む）が多く，労働力が十分に活用されていない状況のことです。

根底にある　underlying / underlying fund / underlying security / underlying index

1【根底にある】 Bond price movements may be a short-term aberration, but it will be some time before we are able to better judge the forces underlying recent experience.

❯ 債券価格の動きは一時的な異常かもしれないが，昨今の経験の根底にある諸要因を見極めるには，まだ時間がかかるだろう。

🔍翻訳メモ　2005年2月16日に行われたグリーンスパンFRB議長（当時）による議会証言から。この直前の文章が有名な「グリーンスパンの謎」発言です。p.220を参照。

2【足元の】　The third quarter GDP growth was revised downward from a first print of 2.2% annualized, but the underlying picture remains good.

❯ 第3四半期のGDP成長率は速報値の年率2.2％から下方修正されたが，足元の景気状況は依然として良好である。

3【基調的な】　Moreover, the Committee continues to see sufficient underlying strength in the broader economy to support ongoing progress toward maximum employment in a context of price stability.

❯ さらに，物価安定の下で雇用の最大化に向けた持続的な改善を支えるのに十分な基調的な力強さが，経済の広範な分野に存在するとFOMCは引き続き判断している。

🔍翻訳メモ　underlyingは「基調となる」「根底となる」という意味なので，文脈で明らかにわかる場合には日本語に訳さずに済む場合が少なくありません。

📖出典　米連邦公開市場委員会（FOMC）声明（2014年10月29日）。

4【対象ファンド】　On a sector level, underlying funds tended to generate gains from long positions in consumer discretionary, financials, and media.

❯ セクターレベルでは，対象ファンドの多くが一般消費財，金融，メディアで利益を上げました。

5【投資先】　The private equity firm rallied on good quarterly results as valuations in the underlying portfolio companies improved.

❯ プライベートエクイティ会社は投資先企業のバリュエーション改善で四半期業績が好調となり，株価が上がりました。

6【原証券】　Derivatives include instruments, the value of which is linked to one or more underlying securities, financial benchmarks or indices.

❯ デリバティブには，その価値が原資産となる一つまたはそれ以上の証券，金融市場のベンチマークあるいは指数と連動している商品が含まれる。

🔍翻訳メモ　underlyingを訳す例。オプションや先物の裏付けとなる有価証券なので

「原証券」と訳します。

7 【潜在的な】 Japan's underlying growth rate is at best 1% without there being any real signs of inflation.
▶ インフレの兆候がないと考えると、日本の潜在成長率はせいぜい1％である。

8 【基準となるインデックス】 These companies offer attractive yields and outperform the underlying index.
▶ これらの企業は魅力的な配当利回りを提供しており、基準となるインデックスのパフォーマンスを上回っている。

　翻訳メモ　株式としての銘柄評価の文章なので、yield は配当利回りです。

9 【(訳出しない)】 We believe underlying fundamentals in the Chinese economy remain resilient, but on the other hand the market sentiment will continue to swing.
▶ 中国経済のファンダメンタルズは依然堅調だが、市場センチメントは大きく揺れると判断しています。

　翻訳メモ　この文章は中国経済についての解説文です。underlying とはその「根底となっている」「支えている」という意味ですが、わざわざ書かなくてもわかるので訳しませんでした。その意味ではファンダメンタルズ（基礎的諸条件）にその内容が含意されているともいえます。「根底となる」を訳すか訳さないかは文脈で判断します。

混乱　turbulence / jolt / be rocked

1 【混乱】 Fresh fears of another global recession brought turbulence and volatility to emerging markets.
▶ 世界的な景気後退が再び起きるのではないかとの懸念が浮上したことで、新興国市場は混乱し、激しい値動きとなった。

2 【動揺】 Equity markets are likely to remain nervous given the significant jolt experienced in the last few weeks.
▶ ここ数週間に大きく動揺した株式市場は神経質な動きを続けそうです。

3 【動揺する】 Global capital markets have been rocked by news that the Fed is set to taper its QE program soon.
▶ 世界の資本市場は、FRB が量的緩和策をまもなく縮小するというニュースに動揺している。

[さ行]

材料
news / positive news / positive driver / encouraged by / bad news / negative development / terrible news

1【材料】 August tends to be a slower period for news flow in the healthcare sector because earnings season is over.
▶8月は，決算発表シーズンも終了し，ヘルスケアセクターでは材料が少なくなる傾向があります。

2【好材料】 Markets continued to climb higher in February as investors focused on positive news largely from Europe and the US.
▶2月は，主に欧州および米国からの好材料が注目され，市場は上昇を続けました。
【翻訳メモ】 positives, good news なども同じ意味・用法で使われます。

3【好材料】 Accelerated US economic recovery is a positive driver for Japanese equities.
▶米国の景気回復の加速は日本株にとって好材料です。

4【明るい材料】 We are encouraged by the Fed's recent initiatives.
▶FRB による最近の措置は明るい材料だ。

5【悪材料】 The majority of the bad news associated with the firm is reflected in the stock price.
▶同社に関わる悪材料の大半は株価に織り込み済みです。
【翻訳メモ】 negatives, negative news, なども同じ意味・用法で使われます。

6【悪材料】 The rapid growth on the cost side was a negative development in the stock story.
▶コストの急増は株価にとって悪材料となりました。

7【ひどい悪材料】 We believe the market now discounts most of this terrible news.

▷今や市場はこのひどい悪材料の大半を織り込んでいると判断しています。

さえない
muted / poor / lackluster / underperform / subdue / weak / remain dull / anemic / unexciting / soft patch / hiccup

1【さえない】 The Japanese economy posted firm activity figures especially thanks to exports, while its domestic demand figures still remained muted.
▷日本の経済活動に関する指標は堅調でしたが，これは輸出によるところが大きく，内需関連の指標は相変わらずさえない状態が続きました。

2【さえない】 The poor performance of agricultural commodities is likely to continue.
▷農産物価格のさえない展開は今後も続きそうだ。

3【さえない】 The Russian stock market has been lackluster so far this year.
▷ロシア株式市場は年初からさえない展開が続いている。

4【さえない】 The stock has underperformed since its IPO in May.
▷株価は 5 月の新規公開（IPO）以来さえない展開が続いている。

5【低水準に】 Economic growth should stay subdued in 2Q11, given the disappointing April macro data.
▷4 月のマクロ経済指標が事前予想を下回っていることから，2011 年第 2 四半期の経済成長率は引き続き低水準にとどまろう。

6【振るわない】 We stay underweight Canada and Australia due to their weak earnings outlook.
▷カナダとオーストラリアについては，企業収益の見通しが振るわないことからアンダーウェイトを継続する。

7【さえない】 The US economy remains dull with US consumption during the second quarter at its lowest level since 2nd quarter 2002.
▷第 2 四半期（4 − 6 月期）の個人消費が 2002 年第 2 四半期以来の低水準となるなど，米国経済はさえない状況が続いています。

8【伸び悩む】 While the unemployment rate has fallen somewhat since the 2008/09 recession, it remains elevated in historical perspective, and wage growth is anemic.

▶ 失業率は 2008／2009 年の景気後退期以降はいくぶん低下してきているが，過去の水準と比べると依然として高く，賃金も伸び悩んでいる。

9 【ぱっとしない】 XXX posted disappointing results, YYY reduced its outlook for July due to macroeconomic fears, ZZZ issued disappointing March quarterly results, and HHH released unexciting April quarters and outlooks.

▶ XXX 社の決算は期待外れの結果となり，YYY 社はマクロ経済不安を理由に 7 月の見通しを下方修正し，ZZZ 社の 1 － 3 月期決算は失望を呼び，HHH 社の 2 － 4 月期決算と業績見通しは「ぱっとしない」内容だった。

【翻訳メモ】「ぱっとしない」は「つまらない」でもこの文脈には合いそうです。

10 【一時的鈍化】 The US economy has been moving out of its soft patch, but a very strong bounce-back is not expected.

▶ 米国経済は一時的鈍化からは脱してきたものの，力強く回復する見込みは立っていない。

【翻訳メモ】soft patch は「踊り場」「一時的軟化」などとも訳されます。どれもほぼ同じ意味です。顧客によってはそのまま「ソフトパッチ」。

11 【（一時的な）つまずき】 After an initial hiccup at the start of the year due to inclement weather, the US economy has been the star performer of developed nations, helping drive the US dollar higher.

▶ 米国経済は悪天候で年初こそつまずいたものの，その後は先進国の中では圧倒的なパフォーマンスを記録し，米ドルの上昇をもたらした。

【翻訳メモ】star performer は優れた成功者。ここでは「米国経済が優れた成功者になった → 圧倒的なパフォーマンスを上げた」という意味です。

下がる

moderate / slacken / weaken / soft / softness / ease / shed / lose ground / shave / slide / slip / close ～ lower / sink / come off / decline / de-rating / devalue / down, soft / lose / post a loss / retreat / settle ～ down / trade down / trade lower / break / collapse, crash / decline sharply / decline substantially / drop vertically / fall / fall precipitously / plummet / plunge / sell-off / shake-out / sharp break / slump / tumble / drawdown / violent correction / indiscriminate sell-off / broad-based decline / fall ～ again / continue slide / depreciation pressure

1 【軟化する】 Inflation in the US moderated from 3.7% YoY in April to 3.4% YoY in May.

▶米国のインフレ率は4月の前年同月比3.7%から5月には同3.4%とやや軟化した。

翻訳メモ ①この英文の"moderate"から13の英文の"slip"までは意味が近く，似たような局面で使えることの多い語群です（あくまでも目安であり，ニュアンスは文脈等で変わってくるので注意してください）。
② YoY = year on year，前年比

2 【軟化する】 Prices have recently slackened somewhat.

▶価格はこのところやや軟化している。

3 【弱含む】 We keep our neutral view over 1M, but see AUD/USD weakening over 3 months.

▶当社はAUD/USDについて，1ヶ月の見通しは中立を維持するものの，3ヶ月については弱含むと予想する。

4 【軟化する】 The Manager commented that the stock sold off in June as consumer electronic data points weakened.

▶マネージャーは，同社の株式が6月に売り込まれたのは家電データが軟化したためだと指摘しています。

5 【軟化】 Conditions in the housing market remain soft, and we are forecasting house prices to fall across all of the major capital cities.

▶住宅市場は軟化が続いており，住宅価格はあらゆる主要都市で下落すると予想している。

6 【軟化】 Energy stocks underperformed in August, dampened by the softness in oil prices.

▶エネルギー株の8月のパフォーマンスは，原油価格の軟化に引っ張られて低迷しました。

翻訳メモ このunderperformは市場全体よりも低かったという意味です。比較の対象が隠れている例で，金融翻訳ではよく見られる表現。

7 【弱含む】 While we do not expect to see a sharp decline in oil, we do forecast oil prices to ease slightly lower over the coming months.

▶原油価格については，急落は考えにくいものの，ここから数ヶ月はやや弱含むと予想している。

8 【下落】 The S&P 500 shed 0.9 percent, its ninth fall in 11 sessions, and the Nikkei 225 in Tokyo eased 0.1 percent.

▶ S&P500 種指数は 0.9％下落，直近立ち会い日数 11 日のうちで 9 回目の下げとなった。日経平均は 0.1％の下落。

9【じりじりと下げる】 The US dollar gained against the yen, euro and pound sterling, while losing ground to the Canadian dollar and a number of emerging market currencies.

▶ 米ドルは対円，ユーロ，英ポンドで上昇したが，カナダドルや一部の新興国通貨に対してはじりじりと値を下げた。

10【押し下げる】 As a rule of thumb, a US 10 dollar increase in oil prices shaves growth in developed markets around 0.4%.

▶ 大ざっぱにいうと，原油価格が 10 米ドル上昇すると，先進国の経済成長をおよそ 0.4％押し下げる。

11【下落】 As equities started their slide, money started to flow back into bonds, which pushed yields lower.

▶ 株式市場が下落に向かうと，資金は債券に戻り始め，利回りを押し下げた。

12【マイナスとなる】 Shares of the company slid during the quarter due to monthly losses in May and June.

▶ 4－6 月期の株価は 5 月と 6 月の下落が響き，前期比マイナスとなりました。

13【（やや）下がる】 Indian Equities slipped again in September after a slight recovery in August, underperforming Asian equities.

▶ インド株式市場は，8 月にやや回復した後で 9 月には再び下落し，他のアジア市場のパフォーマンスを下回りました。

14【下落】 S&P 500 closed only 1.02 percent lower on the day.

▶ この日の S&P500 種株価指数の下落幅は前日比 1.02％安にとどまった。

翻訳メモ この英文の "close ～ lower" から 26 の英文の "trade lower" までは意味が近く，似たような局面で使えることの多い語群です（あくまでも目安であり，ニュアンスは文脈等で変わってくるので注意してください）。

15【マイナス】 US equity markets were varied with the S&P 500 and the Dow Jones Industrial Average posting gains of 0.7% and 0.5%, respectively, while the Russell 2000 fell 3.6% and the NASDAQ sank 4.2%.

▶ 米国の株式市場は，S&P500 種指数とダウ平均がそれぞれ＋ 0.7％と＋ 0.5％と上昇した一方で，ラッセル 2000 が 3.6％安，NASDAQ 総合指数もマイナス 4.2％と，まちまちの展開となりました。

16 【低下する】 Indonesia's inflation is only expected to come off mildly in the next few months while a soft landing is expected.
▶ インドネシアではソフトランディングが予想されており，向こう数ヶ月のインフレ率の低下は緩やかなものにとどまると思われる。

17 【下落する】 As oil and natural gas prices declined, a positive economic impact could be foreseen.
▶ 原油と天然ガスが値下がりしたため，経済への好影響が予想されます。

18 【下がる】 Higher interest rates and lower growth typically lead to a de-rating in EM equities.
▶ 金利の上昇と成長率の鈍化は新興国株の下落につながるケースが多い。

19 【下落する】 A weak US economy has forced the Fed to lower interest rates, which has devalued the dollar.
▶ 米国経済の悪化がFRBに利下げを迫り，それがドルの下落を招いている。

20 【下落する】 The dollar was down 0.8 percent against the Japanese yen at Y118.22, while the single currency was 2.2 percent softer at Y145.26.
▶ 米ドルは対円で0.8％下落して1米ドル＝118円22銭，ユーロは2.2％下落して1ユーロ＝145円26銭でこの日の取引を終えた。

🔸翻訳メモ　「この日の取引を終えた」というのはこの英文だけからでは断定できませんが，前後関係や事実関係を確認した上で訳文に付け加えています。

21 【値下がり】 Platinum lost 2.3 percent to $1,222 an ounce, while silver was flat at $17.40 an ounce.
▶ プラチナは2.3％値下がりして1オンス当たり1,222ドル。一方，銀は1オンス当たり17.40ドルと横ばいだった。

22 【下落する】 The stronger US dollar took its toll on gold, which posted a monthly loss of 18%.
▶ 米ドルの上昇で金が大打撃を被り，1ヶ月で18％の下落を記録しています。

🔸翻訳メモ　take its toll は「大打撃を与える」です。

23 【下落する】 The Euro has retreated by 5%, stock markets have gained more than 10% and long-term rates have shed 80 bps.
▶ ユーロが5％下落する中，株式市場は10％以上値上がりし，長期債利回りは80 bp低下した。

24 【～安で取引を終える】 The Japanese Nikkei settled 1.23 percent down at 11,346 points.
> 日経平均は1.23％安の1万1346円でこの日の取引を終えた。

25 【下落する】 Oil prices traded down to a smaller degree as global economic growth remained firm.
> 世界の経済成長が堅調さを維持するなか，原油価格の下落は小幅に留まりました。

26 【下落する】 Despite the low headline CPI print, the market found no solace from the core CPI and immediately traded lower as the core was in line with expectations.
> 総合CPIは低かったものの，コアCPIは予想並みで安心感を与える内容ではなかったことから，市場はたちまち下落した。

翻訳メモ CPI：消費者物価指数。printとは統計値の意味で，文脈に応じて訳します。

27 【暴落】 Indeed, the sharp stock market break of 1987 had few negative consequences for the economy.
> 実際，1987年に株式市場が暴落した際には，経済はほとんど打撃を受けませんでした。

翻訳メモ この英文の"break"から41の英文の"tumble"までは意味が近く，似たような局面で使えることの多い語群です（あくまでも目安であり，ニュアンスは文脈等で変わってくるので注意してください）。1996年12月5日に行われたグリーンスパンFRB議長（当時）の「根拠なき熱狂」演説からの引用です。p.37を参照。

28 【急落】 In the late 1980s, when the Tokyo exchange represented nearly half of the total value of global stock markets, the bears forecast that problems in the Japanese economy would produce a global crash, but Japan's stock market collapsed in the early 1990s and it caused hardly a ripple.
> 1980年代終盤，東京証券取引所の時価総額が世界の株式市場の半分近くを占めていたころ，弱気派の人々は日本経済の抱える諸問題が世界的な暴落を引き起こすだろうと予想していた。しかし1990年代はじめに日本市場が急落した時，世界にはさざ波さえも立たなかった。

29 【急落する】 In Japan, the markets declined sharply during the first half of July, with the Topix and the Nikkei both falling by nearly 10% before finishing the month up 0.2% and 0.4%, respectively.

▶7月前半にはTOPIXと日経平均がいずれも10％近く下げるなど日本株は急落しましたが，月末にはそれぞれ0.2％，0.4％のプラスにまで戻しました。

30【大きく崩れる】 Global equity markets started March with a short rally before declining substantially in the latter half of the month, with emerging markets faring better than developed markets.

▶3月の世界株式市場は，月初に一時急騰したものの後半に入ると大きく崩れる展開となり，新興市場のパフォーマンスが先進国市場を上回りました。

31【棒下げ】 Prices seemed to drop vertically. At the low for the day 20- and 30-point losses were commonplace.

▶相場は棒下げの様相を呈し，日中安値が前日終値を20～30ドル下回る銘柄が続出した。

翻訳メモ 米国株についてのコメントなので，ここでのpointはドルを意味します。

32【下押しする】 Silver was one of the day's major casualties as the price of the metal fell as much as 6 percent to its lowest since July 2010.

▶本日特に大きなあおりを受けたのは銀である。一時6％も下押しして2010年7月以来の安値をつけた。

33【急落する】 The dollar could fall precipitously if market participants refocus on the US trade deficit and major trading partners begin to diversify away from dollar denominated investments.

▶市場参加者が再び米国の貿易赤字に着目し，主要貿易相手国がドル建て資産から他の資産へ分散しはじめれば，ドルは急激に下落する可能性がある。

34【急落する】 This announcement caused Japanese stocks to plummet as highly increased political risk has been priced in.

▶この発表を受け，日本株は政治リスクの高まりを織り込む形で急落しました。

35【急落する】 The fourth largest US securities firm plunged as traders speculated they may be sold for less than its market value.

▶その米国第4位の証券会社は，市場価値を下回る水準で売却されるかもしれないとの思惑から急落しました。

36【急落する】 Lower oil prices and increasing risk caused a sell-off in Russian oil stocks.

▶原油価格の低下とリスクの高まりにより，ロシアの石油株が急落した。

37【株安】 Many of the international and emerging market stocks de-

clined as part of the large global sell-off.
　●多くの新興市場銘柄が世界的な株安に伴い下落しました。

38【急落】　We also do not subscribe to the belief that the risks have all been identified and acknowledged, and that the shake-out is done.
　●また，我々はリスクがすべて確認，認識され，市場の急落が終わったという見方には同意しません。

39【急落（する）】　The result was a sharp break in the market.
　●その結果，株価は急落した。

40【急落する】　The stock fell as Italian and Spanish government bonds slumped.
　●スペインの国債価格が急落（利回りが急騰）したため，株価は下落しました。

41【急落する】　Global markets tumbled on fears of a US recession.
　●米国の景気後退に対する不安から世界の株式市場は急落しました。

42【大幅下落】　The Fund has experienced the largest drawdown since its inception in 1971.
　●当ファンドは1971年の設立以来最大の大幅下落を経験した。
　　【翻訳メモ】ここでは大幅下落という意味で用いられています。

43【（厳しい）調整局面】　August witnessed a violent correction in Middle East and North African (MENA) equities.
　●8月の中東・北アフリカ（MENA）市場は，大変厳しい調整局面を経験しました。

44【ドローダウン】　The Manager has been managing money for over ten years and has experienced similar drawdowns in the past.
　●マネージャーは10年を超える資産運用の経験をもち，過去にも似たようなドローダウンを経験しています。
　　【翻訳メモ】①最高値（天井）から最安値（底）までの下落率のことです。
②一般には，ファンドのリスク尺度として，標準偏差（standard deviation），VaR（Value at Risk）とともに最大ドローダウン（the maximum drawdown）があります。これはファンドの運用実績をみるときの指標としても使われています。

45【全面安】　The indiscriminate sell-off of the equity markets in February hurt the portfolio especially as the correlation of stocks increased.
　●2月の株式市場は全面安となり，特に銘柄間の相関性が高まったため，ポートフォリオは打撃を被りました。

46【全面安】 The US markets experienced a brief broad-based decline of over 1000 points in the Dow Jones Industrial Average in a matter of minutes which is now being referred to as the "Flash Crash."

▶︎米国市場は，数分のうちにダウ平均で 1,000 ポイントを超える短期的な全面安（今では「フラッシュクラッシュ」と呼ばれています）を経験しました。

47【再び下落する】 The stock market fell sharply again in October despite a strong rebound in the last week of the month.

▶︎10 月の株式市場は最終週に急反発を見せたものの，前月比では再び大幅な下落となりました。

48【続落する】 Other headwinds during the period included the US dollar's appreciation and the continued slide in oil prices.

▶︎この期間の逆風としては，ほかにも米ドル高や原油価格の続落などが逆風となりました。

49【下方圧力】 There is no depreciation pressure on the Greek exchange rate relative to foreign currencies, simply because Greece uses the euro.

▶︎ギリシャの外国為替レートに対する下落圧力は存在しない。理由は単純で，同国がユーロを採用しているからだ。

支える
support / underpin / well-supported / help / supportive backdrop / supportive driver / shore up / mainstay / anchor / maintain

1【支える】 A number of positive factors have supported the global equity markets since last November.

▶︎昨年 11 月以来，複数のプラス要因が世界の株式市場を支えてきた。

2【支え】 The US dollar will remain firm underpinned by Fed tightening, strong growth and profit repatriation.

▶︎米ドルは FRB の金融引き締め策，力強い経済成長，そして海外からの利益送金を支えに，底堅く推移しよう。

【翻訳メモ】 repatriation は「リパトリエーション」とカタカナを当てているレポートも見かけますが，「海外からの利益送金」「海外資金の本国環流」など文脈に合わせてその意味を書いておく方が無難です。

3【十分に支えられる】 We expect the crude oil price to be well-supported due to robust demand.

▶原油価格は旺盛な需要に十分支えられるはずである。

4 【支える】 Helped by rising treasury yields, the US Dollar strengthened versus the Euro, British Pound and Japanese Yen.
▶米国債利回りの上昇に支えられ，米ドルは対ユーロ，英ポンド，日本円に対して上昇しました。

> **翻訳メモ** treasury yield：国債利回り

5 【下支え】 Despite improved fundamentals and a supportive technical backdrop, high-yield bonds have generated negative absolute and relative returns since July.
▶ファンダメンタルズの改善とテクニカル要因の下支えにもかかわらず，ハイイールド社債のリターンは絶対ベース，相対ベースとも7月以降はマイナスとなっている。

6 【支援材料】 Fading inflation and monetary policy tightening risk, continued earnings upgrades and attractive valuations are key supportive drivers for European equities.
▶インフレリスクと金融引き締めリスクの後退，相次ぐ業績の上方修正，魅力的なバリュエーションが欧州株の主な支援材料となっている。

7 【支える】 This should help shore up exports, but the full effects will not be manifested for at least several quarters.
▶これが輸出を下支えするはずだが，その影響が完全に現れるのは少なくとも数四半期先だろう。

8 【支える】 Declining spare capacity, healthy corporate profits and still-robust demand are the mainstays for business investment.
▶余剰生産能力の縮小，健全な企業収益，依然として旺盛な需要が，設備投資を支えている。

> **翻訳メモ** 生産能力から生産量を差し引いたものを余剰生産能力といいます。

9 【支える】 Inflation remains benign to support the loose monetary backdrop which anchors the ongoing economic recovery.
▶インフレが依然として落ち着いているため，緩和的な金融環境が支えられ，足元の景気回復が持続している。

10 【維持する】 This policy, by keeping the Committee's holdings of longer-term securities at sizable levels, should help maintain accom-

modative financial conditions.
 ●長期証券を相当な規模で保有し続けるという当委員会のこの政策は，金融緩和状態を維持するのに役立つはずだ。

出典 米連邦公開市場委員会（FOMC）声明（2014年10月29日および2015年6月17日）

殺到する　pile into / hit / flock to

1【殺到する】 When investors are feeling confident, they pile into all these assets all at once, and when confidence ebbs, they pull out all at once.
 ●投資家は強気になるとこういった資産に殺到し，弱気になると一斉に資金を引く。

2【殺到する】 When China announced unexpected austerity measures, the region was hit by panic selling.
 ●中国当局が予想外の金融引き締め政策を発表すると，パニック売りが殺到した。

3【押し寄せる】 The stock rallied as investors flocked to high beta financials.
 ●投資家が高ベータの金融銘柄に押し寄せたため，同社の株価も上昇しました。
 翻訳メモ 「高ベータ株」とは，たとえば株式市場が10％上昇（下落）したときに15％上昇（下落）するような，市場全体に連動して動き，しかもその変動率が大きい銘柄のことをいいます。

さまざまな　a set of / a spate of / a sequence of / a raft of

1【一連の】 The government issued a set of tightening measures on 31 August.
 ●政府は8月31日に一連の引き締め政策を発表した。

2【相次ぎ】 A spate of quality and safety problems greatly tarnished the hard-won reputation of the company.
 ●品質と安全性に関する問題が相次ぎ，同社がそれまで苦労して築き上げてきた名声が著しく損なわれた。

3【次から次へと】 Unfortunately there is a high probability of a sequence

of events that will totally erase any profits and likely result in a loss.
　◐残念ながら，利益を完全に吹き飛ばし，おそらく損失をもたらすようなイベントが次から次へと起きる確率が高い。
4【相次ぎ】　Brazil fared better than Argentina, rising 4% on a raft of positive economic news.
　◐ブラジルはアルゼンチンよりも好調で，経済に関する明るいニュースが相次ぎ4％の上昇となりました。

時価評価

mark to market / quoted price / positive (negative) mark to market / (un)realized gains or losses / prevailing / home equity / negative equity / underwater

1【値洗い】　The contracts are marked to market daily and settled daily through the margin account maintained with the executing broker.
　◐先物契約は日々値洗いの上，執行ブローカーに開設した証拠金勘定を通じて日々決済される。
2【実勢価格】　The fair value of futures contracts is based upon quoted market prices at the fiscal year-end date.
　◐先物契約の公正価値は，年度最終日の市場の実勢価格に基づく。
3【評価益】　Positive performance during the month is attributed to positive mark to market movements.
　◐当月の収益源となったのはポジションの評価益の増加でした。
4【評価損】　Negative performance for the month is attributed to negative mark to market movements.
　◐当月の損失要因となったのはポジションの評価損の増加でした。
5【(未)実現損益】　Realized and unrealized gains or losses on investments are recorded in the income statement.
　◐投資有価証券の実現および未実現損益は損益計算書に計上される。
6【実勢】　Bank balances comprise short-term bank deposits bearing interest at prevailing market rate at 2.125%.
　◐銀行預金残高は，市場の実勢金利である年率2.125％が付利される短期預金で構成されている。

7 【ホームエクイティ】 Given the strong home price appreciation during the past years, Boomer homeowners have accumulated decent home equity.

▶ ここ数年で住宅価格が力強く上昇したため，ベビーブーマー世代の持ち家所有者層は，かなりのホームエクイティを積み上げた。

🖉 翻訳メモ　ホームエクイティとは資産から負債を差し引いた純資産相当額，つまり自宅の正味価値のことです。

8 【ネガティブエクイティ】 A prolonged slump in property prices would confront homeowners with their first taste of negative equity and banks with a millstone of bad loans.

▶ 不動産価格の低迷が長引けば，住宅の所有者は初めてネガティブエクイティに直面し，銀行は不良債権を抱えることになるだろう。

🖉 翻訳メモ　ネガティブエクイティとは持ち家の評価額がローンの返済額を下回ることです。つまり債務超過です。この文脈では次の「含み損」も同じ意味です。

9 【含み損】 Compared to three years ago, 2.5m fewer families are underwater on their mortgages.

▶ 住宅ローンで含み損を抱えている家庭は3年前よりも250万世帯少なくなった。

自己資本
capital adequacy ratio / Tier-1 capital / preferred share / hybrid bond / contingent convertible bond / authorized

1 【自己資本比率】 The firm's capital adequacy ratio was 55% after including recently raised capital.

▶ 最近の資本増強を反映した同社の自己資本比率は55％だった。

🖉 翻訳メモ　自己資本比率とは自己資本の総資産に対する割合のことです。

2 【Tier1 資本】 Tier-1 capital is a measure of financial strength for banks and inclusion in this measure made preferred securities much more attractive to such issuers.

▶ Tier1 資本は銀行の財務力を示す指標の一つで，優先証券はこの指標に算入されたことで発行体にとっての魅力が相当高まりました。

🖉 翻訳メモ　Tier1 資本とは，普通株と内部留保が主体の「中核的自己資本」のことです。「普通株式等 Tier1 資本」などと訳されています。バーゼルⅢの一般向け入門書，たとえば『バーゼルⅢは日本の金融機関をどう変えるか―グローバル金融制度改革の本質』(藤田勉・野崎浩成，日本経済新聞社，2011年)などで基本事項を整理することをお薦めします。

3 【優先株式】 Preferred shares rallied on the news, as they will become voting if no dividend is paid.

▶ 優先株式はこのニュースでにぎわった。配当が支払われないと議決権が発生することになるためである。

翻訳メモ 優先株とは，配当等の分配を他の種類の株式よりも優先的に受け取ることができる代わりに，経営に参加する権利（議決権）が制限されている株式のことです。

4 【ハイブリッド債】 Corporate hybrid bonds are obligations issued by non-financial corporates, which contain both debt and equity features.

▶ ハイブリッド社債は，債券と株式の特徴を併せもつ非金融機関が発行の有価証券である。

翻訳メモ ハイブリッド債には永久劣後債や優先株などが含まれ，格付会社はその商品設計に応じて資本性を判断し，格付けしています。

5 【偶発転換社債（CoCo 債）】 Contingent convertible bonds, or "CoCos," are debt instruments with strong loss absorption features, as they convert automatically into equity if the issuer's core capital ratio falls below a pre-defined level.

▶ 偶発転換社債，別名 CoCo 債は，発行体のコア資本比率があらかじめ設定した水準を下回った場合に自動的に株式に転換されるため，強力な損失吸収機能を備えた債券である。

翻訳メモ 強制転換社債（mandatory convertible bond）とも呼ばれています。

6 【授権】 The Company's authorized capital stock consists of 2,000 shares of common stock, without par value, of which 120 shares are issued and outstanding.

▶ 本会社の授権株式は，2,000 株の無額面普通株式で，うち 120 株が発行済みとなっている。

市場経済

bourse / market oriented / invisible hand / market mechanism / pricing mechanism / equilibrium / market depth

1 【市場】 Asian bourses dropped yesterday while the dollar hit its highest level against the yen since the financial crisis.

○昨日はドルが対円で金融危機後の最高値をつけるなか，アジアの株式市場が下落した。

2【市場経済重視の】 As for 2009 GDP forecasts, the results are similar, with China topping the list along with the market oriented Latin American countries.

○2009年のGDP成長率予想についても同様で，中国が市場経済重視の中南米諸国とともに上位を占める展開となろう。

3【見えざる手】 Adam Smith's "invisible hand" works fairly well at the market level to align what companies do with what people need.

○アダム・スミスの「見えざる手」は，市場レベルで企業のすることと人々が必要とすることをうまく合致させる機能を果たす。

4【市場メカニズム】 The EU Commission has made efforts to improve market mechanisms in the EU.

○欧州委員会は欧州連合（EU）内の市場メカニズムの改善に取り組んできた。

翻訳メモ　市場メカニズムとは，自由競争市場において需要と供給によって価格が一つに定まる価格決定の仕組みのこと。次の文章の価格メカニズムも，この文脈では同じ意味です。

5【価格メカニズム】 The country's input cost is significantly understated by insufficient pricing mechanisms and legislation.

○この国の投入コストは，不十分な価格メカニズムと法律によって相当低く抑えられている。

6【均衡水準】 Moreover, the above-equilibrium level of real interest rates (reflecting deflation and the impossibility of cutting nominal interest rates below zero) acted as a brake on the momentum of capital outflow.

○さらに，（名目金利をゼロ未満に引き下げるのが不可能であることとデフレを反映して）実質金利が均衡水準を上回っていたことが，資本流出の勢いに歯止めをかけた。

7【市場の厚み】 Market depth is closely related to liquidity and volume within a security, but does not mean that every stock showing a high volume of trades has good market depth.

○市場の厚みは個別の証券の流動性および売買量と密接に関係しているが，すべての証券の売買量が高水準にある状態が市場に厚みがあることを意味するわ

けではない。

> 🔸翻訳メモ 「市場の厚み」あるいは「市場の深み」とは，市場価格にインパクトを与えずに大口取引を行えるような，つまり売りサイド，買いサイドの両方に注文が豊富に存在している状態です。

市場参加者　market participant / individual investor / institutional investor / accredit investor / sophisticated investor / observer

1【市場参加者】 We think market participants need to become more selective when it comes to commodity markets.
　▶市場参加者は，コモディティ市場の商品選択についてはこれまでよりも慎重になる必要があると思われる。

2【個人投資家】 The potential change to capital gains and dividend tax rates carries the most negative market implications, affecting individual investors, brokers and investment banks.
　▶キャピタルゲインと配当に適用される税率の変更が実現した場合の市場への打撃が最も大きく，個人投資家，証券会社，投資銀行に悪影響を及ぼすだろう。
　🔸翻訳メモ　個人投資家を意味する英語表現としては，ほかに retail investor, private investor などがあります。

3【機関投資家】 Hedge funds carry huge reputational risk for the majority of institutional investors.
　▶大半の機関投資家にとって，ヘッジファンドへの投資は相当大きなレピュテーションリスクをはらむことになります。
　🔸翻訳メモ　レピュテーションリスクとは，企業の評判にかかわるリスクのことです。銀行や生保がヘッジファンドに投資することがレピュテーションリスクをはらんでいた 10 年ほど前の例文です。

4【適格投資家】 The Investor is an "accredited investor" as defined under the 1933 Act.
　▶「投資家」は 1933 年の米国証券法で定義されている「適格投資家」である。
　🔸翻訳メモ　「適格投資家」とは一定以上のリスクをはらむ有価証券その他に投資するための資産，経験，人員，体制などをもった投資家のことで，各国の証券法で定められています。例文はアメリカの証券法に基づく適格投資家と限定しています。英語ではほかに eligible investor, qualified investor などがあります。

5【高度な投資家】 Investment in any investment vehicle described herein is intended only for experienced and sophisticated investors who

could afford such a loss.
　●本文書に記載されている投資手段への投資は，そのような損失に耐えうる豊富な経験と知識をもつ投資家のみを対象とするものです。
　🔍翻訳メモ　sophisticated investors とはつまりプロの投資家ということであって，先述の適格投資家とほぼ同じ意味。professional investor, qualified buyer（いずれも専門投資家またはプロ投資家），qualified institutional investor（適格機関投資家），specified investor（特定投資家）など国により多様な表現が用いられているようです。

6 【市場関係者】 For most observers, the strength of China's economic fundamentals has come as something of a surprise.
　●中国経済のファンダメンタルズの強さは，大半の市場関係者にはやや驚きの念をもって迎えられている。
　🔍翻訳メモ　文脈によって「消息筋」などと訳される場合もあります。

システム上重要な　systemically important

☞ SIFIs (Systemically important financial institutions) are financial firms whose distress or failure has the potential to create broader financial instability sufficient to inflict meaningful damage on the real economy.
　●システム上重要な金融機関（SIFIs）とは，経営の悪化や破綻が生じると，実体経済に重大な損害を与えるほどの広範囲に及ぶ金融不安を引き起こしかねない金融機関のことです。

持続可能な　sustainable / sustainable investment / be sustained / unsustainable / short-lived

1 【持続可能な】 The policy implications of this research are clear: avoid currency mismatches, get inflation down and keep it down, adopt a more flexible exchange-rate policy, keep the debt-to-GDP ratio sustainable, and accumulate more foreign reserves.
　●こうした研究から導き出される政策は，おのずと明らかである。通貨のミスマッチを避けること，インフレ率を抑制し低水準に維持すること，柔軟な為替政策を採用すること，対外債務の対 GDP 比を持続可能な水準に維持すること，外貨準備高を積み増すことだ。

🔍**翻訳メモ** ①金融翻訳でよく出てくるのが sustain とその派生語。そもそもは「持続可能な発展（sustainable development）」，つまり環境を保全しながら経済成長を果たしていくという概念から派生して広く使われるようになったようです（「持続可能な発展」については下記の国立環境研究所の HP を参照）。この背景を踏まえて「ある程度健全な状況が一定期間続く」という意味を理解し，適当な日本語を当てはめていくとよいでしょう。
参考：『持続可能な発展』と『持続可能性』，亀山康子 https://www.nies.go.jp/kanko/news/32/32-6/32-6-04.html

出典 *Getting off Track*, p.39 /『脱線 FRB』，p.67

2【持続できる】 The domestic debt financing will be sustainable for the time being given the private sector's consistently high savings rate and domestic investors' intense home-country bias.

▶民間部門が高い貯蓄率を維持し，国内投資家のホームバイアス（自国資産に偏重する傾向）が相当根強い点を考慮すると，国内のデットファイナンスは当面持続できるだろう。

3【サステナブル投資】 Sustainable investment refers to an investment approach that integrates environmental, social and governance-related (ESG) criteria into the investment process.

▶サステナブル投資とは，環境，社会，ガバナンス関連（ESG）の基準を投資プロセスに組み入れる投資アプローチのことである。

🔍**翻訳メモ** 日本語では「サステナブル投資」「サステナビリティ投資」「持続可能性投資」あるいは「ESG 投資」とも訳されます。社会的責任投資とほぼ同義ですが，定義を分けている金融機関や研究者もあるようです。

4【持続する】 Clearly, sustained low inflation implies less uncertainty about the future, and lower risk premiums imply higher prices of stocks and other earning assets.

▶低インフレが持続すれば将来に対する不安は低下し，リスクプレミアムが低下すれば株をはじめとする収益資産が値上がりするのは明らかでしょう。

出典 1996 年 12 月 5 日に行われたグリーンスパン FRB 議長（当時）の「根拠なき熱狂」演説。p.37 を参照。

5【支えられる】 Will global equity markets be sustained by further declines in bond yields?

▶世界の株式市場は，債券利回りのいっそうの低下によって支えられていくのか？

6 【健全な】 The smaller G10 countries similarly have more sustainable fiscal positions than do G3.
> G10の下位諸国も同様で，G3諸国よりも健全な財政ポジションとなっている。

> 🔖翻訳メモ　この文章でG3は米国，ユーロ圏（と英国），日本を指しています。文脈によっては対象国が異なることもあるので，結果として訳語がG3になったとしても，よく内容を把握して訳すようにしましょう。G10はベルギー，カナダ，フランス，ドイツ，イタリア，日本，オランダ，スウェーデン，スイス，英国，アメリカ合衆国（11ヶ国）のこと。なお，G20はアメリカ合衆国，イギリス，フランス，ドイツ，日本，イタリア，カナダ，欧州連合，ロシア，中華人民共和国，インド，ブラジル，メキシコ，南アフリカ，オーストラリア，韓国，インドネシア，サウジアラビア，トルコ，アルゼンチンのことです。この20ヶ国が20ヶ国・地域首脳会合（G20首脳会合）と20ヶ国・地域財務大臣・中央銀行総裁会議（G20財務相・中央銀行総裁会議）を開催しています（2015年10月時点）。

7 【続く】 The expected 25 bps decline in mortgage rates and further rate cuts, coupled with the JPY depreciation, if sustained, will act to support consumer spending.
> 住宅ローン金利の25bpの低下とさらなる金利低下期待は，円安も（ただしこれが続いた場合には）併せると，消費支出の追い風となるだろう。

8 【持続不可能な】 A rapidly rising global population and growing prosperity are putting unsustainable pressures on resources.
> 世界人口の著しい増加といっそうの繁栄により，資源に対して持続不可能な圧力がかかっている。

> 出典　"The World Economic Forum's 'Global Risks 2011': some pointers for local government." http://www.localenergy.org.uk/2011/08/the-world-economic-forums-%E2%80%98global-risks-2011%E2%80%99-some-pointers-for-local-government/

9 【もたない】 As the labor force begins to shrink, the current pay-as-you-go pension system will become unsustainable.
> 労働力が縮小し始めると，現行の賦課方式の年金制度はもたなくなる。

> 🔖翻訳メモ　賦課方式とはその時々の年金給付支払いに必要となる金額を年金保険料等の拠出で賄っていく財政方式のことです。

10 【長続きしない】 After the onset of the war in Iraq, the market rebounded sharply but that was short-lived.
> イラク戦争の勃発後，市場は一時的に急上昇したものの長続きはしなかった。

次第に increasingly / gradually / slowly / moderate / creep / dissipate / continue to

1【次第に】 As banks are restricted to grow their loan books, they have increasingly utilized off-balance sheet lending channels such as wealth management products (WMPs) to make loans to get around tighter credit regulations.
 ▶銀行は融資残高の伸びを制限されており，一段と厳しくなった融資規制をすり抜けるために，次第に理財商品をはじめとするオフバランスの融資チャネルを利用するようになった。
 【翻訳メモ】 会社の資産や負債なのにバランスシートに計上させないことを「オフバランス」といいます。理財商品についてはp.49を参照。

2【徐々に】 On balance, a range of labor market indicators suggests that underutilization of labor resources is gradually diminishing.
 ▶労働市場関連のさまざまな指標を総合的にみると，労働資源の活用不足が徐々に解消していると思われる。
 【出典】 米連邦公開市場委員会（FOMC）声明（2014年10月29日）

3【徐々に】 The CAD is improving gradually, aided by a pick-up in exports as the global economy slowly recovers.
 ▶世界経済の緩やかな回復に伴う輸出の持ち直しに支えられ，経常赤字は徐々に改善している。
 【翻訳メモ】 CAD = current account deficit：経常赤字のことです。

4【緩やか】 Information received since the Federal Open Market Committee met in September suggests that economic activity is expanding at a moderate pace.
 ▶9月の連邦公開市場委員会（FOMC）以降に得られた情報は，経済活動が緩やかなペースで拡大していることを示唆している。
 【出典】 米連邦公開市場委員会（FOMC）声明（2015年10月29日）

5【じわじわと動く】 The credit cycle is maturing as leverage creeps higher.
 ▶負債比率がじわじわと上昇しており，クレジットサイクルは成熟しつつあります。
 【翻訳メモ】 クレジットサイクルについてはp.72を参照。

6 【徐々に消滅する】 The probability of a tail risk event appears to have dissipated since Draghi stated that he would do whatever it takes to save the euro.
- ▶欧州中央銀行（ECB）のドラギ総裁が「ユーロを守るためにはあらゆる措置を講じる」と発言して以来，テールイベントが発生する可能性は徐々に消滅に向かったようです。
- 🔖翻訳メモ　動詞に「徐々に」の意味が含意されている例。ドラギ総裁の発言（抜粋）は p.109 を参照。

7 【徐々に】 We project that all G3 central banks will keep rates unchanged through the 1Q, with each continuing to reduce "unorthodox measures".
- ▶日米欧（G-3）の中央銀行は，いずれも政策金利を 1 − 3 月期の間は据え置くとともに，異例の措置を徐々に縮小していくと予想する。
- 🔖翻訳メモ　continue to do で「徐々に〜していく」と訳せる例です。

したがって　accordingly

☞**【以上のような経済環境を受けて】** Accordingly, the Committee decided to conclude its asset purchase program this month.
- ▶以上のような経済環境を受けて，当委員会は今月をもって資産購入プログラムを終了することを決定した。
- 🔖翻訳メモ　accordingly は例文のように，前の文章や動詞を受けて「であるがゆえに」「したがって」のような意味を含む場合が多いようです。なるべく何に「したがって」かを書くのが読者への親切ではないでしょうか。
- 出典　米連邦公開市場委員会（FOMC）声明（2014 年 10 月 29 日）

下回る　run below / underperform

1 【下回る】 Inflation has continued to run below the Committee's longer-run objective.
- ▶インフレ率は FOMC の長期目標を下回る水準が続いている。
- 出典　米連邦公開市場委員会（FOMC）声明（2015 年 10 月 29 日）

2 【パフォーマンスを下回る】 Australian equities underperformed the

emerging and other Asian markets marginally.
  ▶︎オーストラリア株のパフォーマンスは新興国および他の市場を下回った。

実施する
involve / conduct / implement / undertake / take measures / do whatever it takes

1【実施する】 An audit involves procedures to obtain audit evidence about the amounts and disclosures in the financial statements.
  ▶︎監査においては，財務諸表の金額及び開示についての監査証拠を入手するための手続きが実施される。
  翻訳メモ 独立監査人の監査報告書に見られる一般的な表現です。involves を明示的には訳していないことに注意。監査証拠とは，監査人が合理的な基礎に基づいて監査意見を述べるために入手する情報のことをいいます。

2【実施する】 In the remainder of the year we will conduct water-tight due diligence to minimize risks before buying assets.
  ▶︎資産買収の前にリスクを最小限にするため，私たちは今から年末までの間に徹底的なデューデリジェンスを実施する所存です。

3【実施する】 This is the first time that the company has implemented such wide-ranging restructuring measures.
  ▶︎同社がこれほど広範にわたるリストラ策を実施したのは今回が初めてです。

4【講じる】 The US authorities have undertaken a range of measures to try and restore confidence in the financial system and to boost growth.
  ▶︎米国の政策当局は，金融システムの信頼を回復させ，成長を刺激すべく，さまざまな施策を講じています。

5【講じる】 Does your company have any rules and regulations to take precautionary measures against any occurrence relevant to the following matters?
  ▶︎貴社は，下記に類する事由の発生に対する予防措置を講じるために，なんらかの規則を設けていますか？

6【あらゆる措置を講じる】 Within our mandate, the ECB is ready to do whatever it takes to preserve the euro; and believe me, it will be enough.
  ▶︎ECB は，我々の責務の範囲内で，ユーロを守るためにあらゆる措置を講じる

覚悟であります。そして私を信じて頂きたい。この言葉で十分のはずです。

🔍**翻訳メモ**　出典は 2012 年 7 月 26 日，ロンドンのグローバル投資会議でのマリオ・ドラギ ECB 総裁の演説です。ECB の決意を象徴する言葉としてよく引用されています。

出典　https://www.ecb.europa.eu/press/key/date/2012/html/sp120726.en.html

示す　show / indicate / exhibit / present / fairly present / indicative / point to / suggest / reiterate

1【示す】 Growth in household spending has been moderate and the housing sector has shown some improvement; however, business fixed investment and net exports stayed soft.

▶家計支出の伸びは緩やかで，住宅部門はやや改善を示したが，企業の設備投資と純輸出は軟調なままだった。

🔍**翻訳メモ**　純輸出とは輸出額と輸入額の差のことです。

出典　米連邦公開市場委員会（FOMC）声明（2015 年 6 月 17 日）

2【〜によると】 Reinhart and Rogoff show that outright default on domestic debt has occurred a number of times in history, although "under situations of greater duress than for pure external default".

▶ラインハートとロゴフによると，国内債務はこれまでの歴史の中で何度も公然とデフォルトされてきたが，「対外債務だけをデフォルトする場合に比べ，経済事情がきわめて悪化しているケースが多い」と指摘している。

🔍**翻訳メモ**　pure の「だけ」は債務の分類の仕方として国内／国外に分類できると読者が理解しているからこそ可能な訳だという点に注意してください。「純粋な」と訳すとかえってわかりにくいと思います。

出典　『国家は破綻する』，p.10

3【示す】 However, if incoming information indicates faster progress toward the Committee's employment and inflation objectives than the Committee now expects, then increases in the target range for the federal funds rate are likely to occur sooner than currently anticipated.

▶しかし，当委員会の雇用とインフレ率の目標に向けた進展が，当委員会の現在の予測よりも早いことを今後入手する情報が示すようであれば，フェデラルファンド（FF）金利の目標誘導レンジの引き上げは現在想定されているよりも早く起きるだろう。

🔍**翻訳メモ**　フェデラルファンド（FF）とは，米国の民間銀行が FRB に預けている無

利息の準備預金のことです。米国では銀行間で準備預金の過不足を日々調整し合っており、その金利がFF金利。日本のコール市場の「無担保コール翌日物」金利に相当するアメリカの代表的な短期金利で、FRBはその目標水準を決めて誘導します。

出典 米連邦公開市場委員会（FOMC）声明文（2014年10月29日）

4 【見られる】 Pension funds do continue to exhibit a strong home bias, particularly in the United States, but this is changing.

○年金ファンドは、依然としてホームバイアスが強く、とりわけ米国ではその傾向が見られるが、これも変わりつつある。

翻訳メモ ホームバイアスとは自国の資産を選好する傾向です。

5 【表示する】 Statement of Financial Position, also known as the Balance Sheet, presents the financial position of an entity at a given date.

○「財政状態計算書」は貸借対照表とも呼ばれる計算書で、所与の日における企業の財政状態を表示する。

翻訳メモ 国際会計基準書（IAS）第1号では、貸借対照表は「財政状態計算書」とされていますが、強制はされていません。したがって会計方針の翻訳では Statement of Financial Position を貸借対照表と訳した方が読者にわかりやすいと思います。文書の性格を把握した上で、顧客と相談して最後の訳語を決めるようにしましょう。

6 【提示する】 The materials presented herein are for informational purposes only.

○本資料で提示されたデータは、情報提供のみを目的としたものです。

7 【適切に表示する】 In our opinion, the accompanying financial statements fairly present, in all material respects, the financial position of ABC Trust as of 31 December 20XX, and its financial performance and cash flows for the year then ended in accordance with International Financial Reporting Standards.

○当監査法人は、添付の財務諸表がABCファンドの20XX年12月31日現在における財務状況、および同日に終了した会計年度の財務実績およびキャッシュフローを、すべての重要な点において、国際財務報告基準に準拠して適正に表示しているものと認める。

翻訳メモ 独立監査人の監査報告書に見られる一般的な表現です。

8 【示す】 Past performance is not indicative of future results.

○過去の運用実績は将来の結果を示すものではありません。

9 【示す】 Leading indicators for business investment point to robust growth ahead.

● 設備投資の先行指標は，今後の力強い成長を指示している。

10【示唆する】 The current performance of the Japanese economy suggests that we are getting closer to the point where continued intervention at the present scale will no longer meet the monetary policy needs of Japan.

● 日本経済の現在のパフォーマンスは，現在のような規模の介入を続けることが，日本の金融政策の必要性にもはや合致しなくなる時期が近づいていることを示唆している。

翻訳メモ 2004年3月2日に行われたグリーンスパンFRB議長（当時）の演説から。p.13を参照。interventionとは2003年から2004年に日銀が円高ドル安を抑えるために行った大規模な為替介入のことを指しています。

出典 http://www.federalreserve.gov/BOARDDOCS/Speeches/2004/20040302/default.htm

11【再度強調する】 The Fed reiterated that short rates were likely to remain extraordinarily low at least through 2014.

● FRBは，短期金利を少なくとも2014年までは超低水準に維持する可能性が高い点を再度強調した。

翻訳メモ ここ数年，政策担当者の発言としてreiterateがよく使われるようになりました。何度も言わないと理解されなくなったのは情報の出し手が悪いのか，受取り手が悪いのか…。

従来
conventional / historically / traditionally / by historic standards / historic averages / traditionally / unconventional

1【従来の】 Open source software users are not consumers in the conventional sense.

● オープンソースソフトウエアのユーザーは，従来の意味での消費者ではない。

2【これまで】 Financial institutions have historically shown lower default rates than general corporates.

● 金融機関のデフォルト率はこれまで，一般企業よりも低い水準で推移してきました。

翻訳メモ ① historicallyやtraditionallyの訳は「従来」「以前から」「これまで（は）」や，あるいは，もう少し時間軸を伸ばして「昔から」，あるいはもっと客観的に「過去の事例」と訳します。前後関係から時間軸を想定して適切な日本語を当てはめましょう。

② 2010 年前後の数年は「歴史的な低金利」「非伝統的な手法」「未曾有の事件」も起きているので内容をよく理解して訳語を考えましょう。なお，「従来」とは「以前から」という意味なので，「従来から」は誤用です。

3【過去の事例では】 Historically, these shocks have proved to be temporary.
　◯過去の事例では，こうしたショックは一時的に終わっています。

4【例年】 Industrial production in China has traditionally been lower in the summer season.
　◯中国の鉱工業生産は，例年夏場に減少する。

5【過去の水準と比較して】 Inflation in developed economies remains low by historic standards, but pressures are mounting in emerging markets.
　◯先進諸国のインフレ率は過去の水準と比較して低位にとどまっているが，新興市場諸国ではインフレ圧力が高まっている。

6【過去平均】 Unlike France, Spain and Italy, dividend yields and payout ratios are below historic averages in the UK.
　◯フランス，スペイン，イタリアとは異なり，英国では配当利回りと配当性向が過去の平均を下回っている。

7【通り相場】 Fighting the Fed is traditionally a loser's game in the short run.
　◯FRB に抵抗しても短期的には負け戦になるのが通り相場です。

8【非伝統的な】 Given the lack of historical experience regarding this unconventional policy, the uncertainty about the impact on real economic activity remains high.
　◯非伝統的な金融緩和策に関しては過去の経験がないため，実体経済への影響は依然としてきわめて不透明である。
　　翻訳メモ　「非伝統的な金融緩和策」とは，中央銀行が従来のような政策金利の変動ではなく，量的緩和策のように，市場から金融資産を直接購入して金融システムの改善を図ろうとする政策のことです。

終了する　terminate / expire / cancel

1【終了する】 Except for dividends distributed to class M units, no in-

come will be distributed to unitholders until the fund is terminated.
▶クラス M 受益証券に支払われる分配金を除き，当ファンドが終了するまではいかなる所得も受益者には分配されない。

▶翻訳メモ　契約の「終了」「満了」「解除」「解約」等の意味については巻末の契約書関連の参考文献を参照してください。

2 【解除する】 The Client has the right to terminate this agreement at any time.
▶本件顧客はいつでも本契約を解除する権利を有する。

3 【満了となる】 This agreement expires 31 December 2015.
▶本契約は 2015 年 12 月 31 日に満了となる。

4 【解約する】 After the initial term, this agreement shall be automatically renewed and shall continue in force until terminated or cancelled.
▶当初契約期間の後，本契約は自動的に更新され，解除または解約されるまで有効に存続する。

需要と供給

supply and demand / demand / domestic demand / domestic plays / external demand / rising demand / physical demand / real money buyers / non-commercial investor / supply/demand equation / output gap / pent-up demand

1 【需給】 The company benefited from the strong increase in oil prices as oil touched an all-time high due to supply and demand concerns.
▶需給懸念から原油価格が急騰して史上最高値を更新したことが同社にプラスとなりました。

▶翻訳メモ　record high も all-time high と同じ意味です。p.139 も参照。

2 【需要】 Overseas investors' demand for JGBs is clearly rising.
▶海外投資家の日本国債への需要は明らかに増大している。

3 【内需】 In Asia, the Nikkei generated gains for the quarter, with domestic demand-related shares leading the increase.
▶アジアでは，内需関連株が市場をリードした日経平均の今四半期のパフォーマンスがプラスとなりました。

4 【内需関連】 In setting our investment strategy in the region, we have adopted a more cautious attitude to exporters and now prefer domestic plays.

▶この地域の投資戦略を設定するにあたり，我々は輸出関連銘柄に対して従来よりも慎重なスタンスを採用し内需関連銘柄を選好するようになった。

5 【外需】 Weak external demand and the appreciation of the euro will weigh on growth.

▶外需が弱く，ユーロ高が進んでいるため，今後の成長には一定のブレーキがかかるだろう。

6 【需要増】 These currencies will benefit from rising demand for commodities in the emerging countries.

▶これらの通貨は，新興諸国におけるコモディティへの需要増の恩恵を受けるだろう。

7 【実需】 Technicals have deteriorated but physical demand has remained strong.

▶テクニカル要因は悪化したが実需は引き続き強い。

🔖翻訳メモ　実需とは投資（投機）目的ではなく実際に使用するための需要という意味です。

8 【実需投資家】 Double-digit bond yields in risky credits to eventually attract real money buyers.

▶信用リスクの高い2ケタの債券利回りが結局は実需投資家を惹きつける。

🔖翻訳メモ　実需投資家とは，保険会社や年金基金など投機筋でない投資家のこと。

9 【投機筋】 Positioning by non-commercial investors went from a net long USD 5.3 bn on 25 June to a net short USD 2.2 bn on 11 December, indicating significant FX hedging activity besides pure speculative repositioning.

▶投機筋のポジションは6月25日には53億米ドルのネットロングだったが，これが12月11日には22億米ドルのネットショートとなっていた。つまり純粋な投機目的によるポジションの再構築に加えてかなりの為替ヘッジ活動があったことがわかる。

10 【需給の均衡状態】 Price reactions are increasingly sensitive to even the smallest changes in the supply/demand equation, leading to increasing volatility.

○ 価格は需給の均衡状態のわずかな変化にさえ敏感に反応するようになってきており，ボラティリティの上昇を招いている。

11【需給ギャップ】 According to OECD estimates, the output gap in Q3 was 3.6% in the USA, and 4.8% in the euro area.

○ 経済協力開発機構（OECD）の推定によると，米国の第3四半期の需給ギャップは3.6%，ユーロ圏では4.8%だった。

翻訳メモ output gap は「需給ギャップ」「産出量ギャップ」「GDP ギャップ」とも呼ばれています。この文章が書かれた時の米国とユーロ圏は需給ギャップがプラス（インフレギャップ）で総需要が総供給を上回っていました。これがマイナスの状態をデフレギャップといい，日本は長くこの状況が続いているわけです。

12【累積需要】 Pent-up demand for housing fuelled by large tax benefits has almost gone.

○ 大型優遇税制で顕在化していた住宅投資への累積需要もほぼ一巡した。

償還　redeem / redemption

1【償還する】 Banks that continue to be likely to redeem step-up bonds at their first call date trade at single digit yields-to-call.

○ ステップアップ債を最初のコール日に償還する可能性が引き続き高い銀行は，コール利回りが1ケタの水準で取引されている。

翻訳メモ ステップアップ債とは，債券の表面利率（クーポンレート）が段階的に引き上げられていく債券のことです。

2【償還】 The graph below shows the distribution of early redemption probability by yearly period.

○ 下のグラフは年ごとの期限前償還の確率分布を示しています。

翻訳メモ distribution of ～ probability：～の確率分布

証券化　securitization / structured product / mortgage backed securities / asset backed securities / originator

1【証券化】 As a result of this dislocation in the securitization markets, there is an opportunity to build an attractive portfolio of high quality structured finance securities.

○ こうした証券化市場の混乱により，ストラクチャードファイナンスによって

組成された質の高い証券で構成される魅力的なポートフォリオを組成する機会が生じています。

> 🔖翻訳メモ　①証券化とは，金融機関の保有する債権（住宅ローンやその他の融資）や不動産など，キャッシュフローを生む資産を担保として有価証券を発行し，それを第三者に売却する行為のことです。
> ②structured finance securities とは「仕組み金融（ストラクチャードファイナンス）によってできあがった有価証券」のことです。

2【ストラクチャード商品】 Spreads on structured products widened sharply beginning in the summer of 2007.

▶ ストラクチャード商品のスプレッドは 2007 年の夏から急激に拡大した。

3【モーゲージ担保証券（MBS）】 Principal and interest from the individual mortgages are used to pay the principal and interest on the mortgage backed securities (MBS).

▶ 個々の住宅ローンの元本と利息が，モーゲージ担保証券（MBS）の元本と利息の支払いに充てられます。

> 🔖翻訳メモ　「モーゲージ証券」「住宅ローン担保証券」とも訳されます。例文からわかるように，不動産担保融資（住宅ローンが中心）を裏付けとする証券化商品です。

4【資産担保証券（ABS）】 The spreads of most ABS and CMBS tightened during the month.

▶ 今月は資産担保証券（ABS）と商業用不動産モーゲージ担保証券（CMBS）のスプレッドがほぼ軒並み縮小しています。

> 🔖翻訳メモ　CMBS（commercial mortgage backed securities）とは，オフィスビルやショッピングセンターなどの商業用不動産を裏付け資産とする証券化商品です。一方，住宅用不動産を裏付けとするのが住宅用不動産モーゲージ担保証券（RMBS：residential mortgage backed securities）です。ABS（asset backed securities，資産担保証券）は不動産モーゲージ担保証券を含む資産担保証券の総称ですが，一般的には不動産モーゲージ担保証券以外の金銭債権の証券化商品を指す場合が多いです。

5【オリジネーター（原債権者）】 Ten years ago, the bank was the number one mortgage originator and servicer in the US.

▶ 同行は，10 年前は住宅ローンのオリジネーター（原債権者）としてもサービサー（債権回収業者）としても，全米トップだった。

> 🔖翻訳メモ　オリジネーターは，証券化商品を発行することを目的とする特別目的会社（SPC = special purpose company）を設立し，SPC に自社の保有する原債権（原資産）を譲渡することで資金調達します。SPC は原債権を裏付けに証券化・小口化を行い投資家に販売します。サービサーは債権の管理，回収，担保処分，元利金払いの

担当会社のこと。

上方修正　revise 〜 upward / raise 〜 profit forecast

1【上方修正】 The Company reported 3Q15 results exceeding consensus expectations and management revised its FY2015 sales guidance upwards.
〇同社が発表した2015年第3四半期（5－7月期）の決算はコンセンサス予想を上回り，2015年度の売上に関する会社予想は上方修正された。
🖉翻訳メモ　「5－7月期」というのはこの会社の決算期を調べて入れた訳注です。

2【上方修正】 On July 7, the security rose 9.5% after the company raised its annual profit forecast.
〇同社が通期利益予想を上方修正したことを受け，株価は7月7日に9.5％上昇しました。

情報発信　communication

☞ Fed communication strategy is now more challenging.
〇FRBの情報発信戦略は，いっそう難しさを増している。
🖉翻訳メモ　中央銀行のcommunicationとは市場に向けての情報発信です。「コミュニケーション戦略」と訳される場合もありますが，それではちょっとわかりにくいでしょう。

将来の　going forward / forward-looking / forward guidance / forward curve

1【今後については】 Going forward, the manager is bullish on the IT sector.
〇今後について，マネージャーは情報技術（IT）セクターに強気の見方をしています。

2【将来の】 This document contains forward-looking statements regarding business performance which are based upon assumptions as to future events that may not prove to be accurate.
〇本資料には，将来の業績見通しに関する記述が含まれています。この見通し

は将来の出来事に関する仮定に基づいていますが，仮定はそのままでは実現しない可能性があります。

> 🔍翻訳メモ　企業のプレスリリースや投資商品のパンフレット等でよく見かける「免責事項」の一節です。

3 【(会社側) 業績予想】 On May 25, the security depreciated –10% after the firm reported disappointing earnings and revised the forward guidance down.

▶5月25日の株価は予想を下回る決算内容と業績予想の下方修正を受けて10％下落しました。

> 🔍翻訳メモ　① forward guidance とは業績予想のことです。次の英文の「時間軸政策」ではないので注意。
> ②「depreciated –10％」は理屈でいうとおかしい（–10％の下落）のですが，英文レポートでは普通に見かけるので，情報を確認した上で訳語を決めましょう。

4 【フォワードガイダンス】 Put simply, forward guidance is the use of communication about future central bank actions to influence present behavior.

▶フォワードガイダンスとは，簡単にいうと，将来の中央銀行の行動に関するメッセージを利用して，市場参加者の現在の行動に影響を与えることである。

> 🔍翻訳メモ　① forward guidance は会社側の業績予想の意味でよく使われましたが，ここ数年は中央銀行による時間軸政策，つまりあらかじめ金融政策をどのように変化させるかを明示する指針のことを指すことが多くなりました。
> ②原文には present behavior の動作の主体が明確に示されていませんが，ここは文脈から市場参加者と判断して補っています。

> 出典▶ "What 'forward guidance' is, and how it (theoretically) works", *Economist*, Feb 11, 2014

5 【フォワードカーブ】 Markets with a downward-sloping forward curve (backwardation) usually have tighter market balances than markets with upward-sloping curves (contango).

▶通常，フォワードカーブが右肩下がりになっている（バックワーデーションの）市場は，右肩上がりになっている（コンタンゴの）市場よりも需給が逼迫している。

> 🔍翻訳メモ　先物価格のフォワードカーブとは，先物の受渡期日（限月）ごとに市場で決まる先物価格を線でつないだものです。受渡期日までの期間が比較的近い限月を「期近」，遠い限月を「期先」といいます。先物価格は通常は（期先にいくほど価格が高くなる右肩上がりの）コンタンゴ（順ざや）となりますが，異常気象や大規模な事故など

が起きて現物を保有するメリットが高まると、期近物の方が高くなるバックワーデーション（逆ざや）となります。イールドカーブとスプレッドカーブを混同しないようにしましょう。

上流／下流　upstream / downstream

☞ The company's downstream segment was also affected by the weak economic environment, but to a lesser extent than upstream.
▶同社の下流部門も経済環境悪化の影響を受けていたが、上流部門ほどではなかった。

🔍翻訳メモ　原材料の供給部門を上流部門（または川上）、小売部門を下流部門（川下）といいます。文脈上、上流（下流）部門と書くと「上流（下流）階級」と誤解されそうな時には、「川上」「川下」と書くようにしましょう。

助長する　add to / encourage / prompt

1【いっそう〜させる】 Tightened regulations on shadow banking could add to stresses in liquidity conditions.
▶影の銀行システムに対する規制強化で流動性状況はいっそう厳しくなるかもしれない。

2【助長する】 A lengthy period of low long-term rates could encourage excessive risk-taking.
▶低水準の長期金利が長く続くと過度なリスクテイクを助長する可能性がある。
出典　米連邦公開市場委員会（FOMC）議事録（2013年3月19〜20日）

3【促す】 In fact, two downturns since the beginning of May, notably on in equity markets, have prompted flights to quality, with long-term interest rates falling each time as a result.
▶実際、5月初め以降に起きた株式市場を中心とする2回の下げは質への逃避を促し、いずれも長期金利の下落という結果をもたらしている。

事例　experience / episode

1【事例】 The Korean experience backs up the argument that the strongest corporate model is family owned but publicly traded and professionally managed.

▶韓国企業の事例は，同族支配でありながら株式を上場し，専門家に経営を任せるのが最も強力なビジネスモデルだという議論を裏付ける。

2【事例】 A simple average of the five episodes shows that US equities declined by 1.36% for each 10% rise in oil.

▶5つの事例の単純平均をとると，原油価格が10％上昇するごとに米国株は1.36％下落している。

慎重な
vigilant / cautious in / reluctant to / hesitant to / unwilling to / hold back / in no mood to / measured / cautiously optimistic

1【警戒を怠らない】 Continued upside risks to inflation, notably in terms of unit labor costs, will keep the Fed vigilant.

▶インフレ，とりわけ単位労働コストの上昇リスクが継続しているため，FRBは警戒を怠らないだろう。

翻訳メモ 単位労働コストとは，物やサービスを1単位生み出すのに必要な労働コストのことです。

2【二の足を踏む】 The net impact is that individuals are reluctant to spend and enterprises are cautious in committing to capital expenditures.

▶以上を勘案すると，個人は消費を手控え，企業は設備投資に二の足を踏んでいる状況である。

翻訳メモ 「二の足を踏む」「躊躇する」「ためらう」「積極的に〜したくない」という意味の表現をいくつか紹介します。積極的な躊躇から消極的な躊躇まで。

3【及び腰になる】 With real interest rising slightly, investors might be reluctant to step up purchases of non-interest bearing assets, such as precious metals.

▶実質金利が若干上昇しているため，投資家は，貴金属のような利払いのない資産の購入を増やすことに及び腰になるかもしれない。

4【積極的には〜したくない】 Many investors appear hesitant to add much risk before year-end.

▶年末を控えて大きなリスクを積極的には積み増したくない投資家は多い模様である。

5 【しぶる】 Many interested buyers proved unwilling to make firm commitments as the financial crisis unfolded.
▶金融危機が広がるとともに，関心をもっていた多くの買い手候補が（購入の）確約をしぶるようになっていた。

6 【躊躇する】 Corporations are holding back on spending due to uncertainty over the so-called fiscal cliff.
▶いわゆる「財政の崖」をめぐる不確実性により，企業が支出を躊躇している。
翻訳メモ ①財政の崖とは，米国で2012年末から2013年1月にかけて（ブッシュ大統領が実施した）大型減税（所得税・不動産，社会保障税の減税）の期限が切れ，実質増税となったことに加え，オバマ大統領が2013年から強制執行した歳出削減策が重なって急速に進んだ財政緊縮圧力のことを「崖」に例えた表現です。
②IMFの融資は財政緊縮策の進み具合を点検しながら，数ヶ月おきに何回にも分けて実行する仕組みで，こうした分割融資が「トランシェ」と呼ばれています。

7 【〜のような気がない】 Reading the RBA's latest statement, it appears that in view of elevated inflation, the Governor is in no mood to loosen monetary policy, notwithstanding the weak economy.
▶豪準備銀行（RBA）の最新の声明を読むと，総裁は高インフレ率を懸念しており，景気低迷にもかかわらず金融緩和政策に乗り出す気はなさそうである。

8 【煮え切らない】 The Euro Area continues to face challenges as inflation once again turned negative and consumers remained hesitant.
▶インフレ率が再びマイナスに転じ，消費者の動きも相変わらず煮え切らないなどユーロ圏経済は相変わらず厳しい状況に直面している。

9 【慎重に】 If economic conditions improved broadly as expected, the Committee would moderate the pace of its securities purchases later this year; and if economic conditions continued to develop broadly as anticipated, the Committee would reduce the pace of purchases in measured steps and conclude the purchase program around the middle of 2014.
▶経済状況が予想通り広範に改善するなら，当委員会は証券購入のペースを年内には緩やかにするだろう。そして経済全般の改善が予想通り続くなら，委員会はペースを慎重に落とし，2014年半ば頃に購入プログラムを終了する。
出典 米連邦公開市場委員会（FOMC）議事録（2013年7月30〜31日）

10 【慎重ながらも楽観的】 We are cautiously optimistic about the global economy, with the emphasis on cautious.

○ 我々は世界経済について慎重ながらも楽観的にみている。ただし力点は"用心深く"の方にある。

出典 "Amid 'uncertainty,' it tells central banks to be open to rate cuts : IMF pares forecast for global economy", *New York Times*, September 26, 2002

信頼　confidence / confident / conviction / reassure / well-tested

1【信頼感】 Consumer Confidence is on the rise and spending is trending higher.

○ 消費者信頼感指数は上向いており，消費支出も増加傾向にあります。

2【自信】 In Japan, a virtuous circle of confidence in business prospects, stock prices, and the political process is taking hold.

○ 日本では，企業の景気の先行きへの自信から株価の上昇期待，政治プロセスに対する安心感へという好循環がうまく回り始めている。

翻訳メモ　confidence in ～ でいろいろな語句がつながっています。それぞれに合わせて confidence の訳語を変えている点に注意。

3【確信をもてる】 The Committee anticipates that it will be appropriate to raise the target range for the federal funds rate when it has seen further improvement in the labor market and is reasonably confident that inflation will move back to its 2-percent objective over the medium-term.

○ 当委員会は，労働市場のさらなる改善を確認し，インフレ率が中期的に2％の目標に戻っていくとの合理的な確信をもてた時に，フェデラルファンド（FF）金利の目標誘導レンジを引き上げることが適切になると予測する。

出典　米連邦公開市場委員会（FOMC）声明（2015年6月17日）

4【確信】 The Manager maintains conviction in the holding and it remained a core long holding at month-end.

○ マネージャーは依然としてこのポジションに確信をもっており，月末時点でもロングポジションの中心に据えています。

5【信頼を回復する】 UK government takes steps to reassure investors

○ 投資家の信頼回復に向けて動き出す英国政府

翻訳メモ　新聞記事のタイトルです。

6 【信頼できる】 Just as the Federal Reserve abandoned the Taylor rule, didn't the senior manager of the large financial institutions abandon well-tested risk management principles?
▶ FRB がテイラールールを放棄したのと同じように，大手金融機関の経営陣は信頼できるリスクマネジメントの原則を放棄したのではないか？
【翻訳メモ】well-tested は「実績のある」が元々の意味です。
【出典】 *Getting off Track*, p.72／『脱線 FRB』，p.113

据え置く
affirm / hold / keep unchanged / leave on hold / maintain / remain unchanged

1 【据え置く】 The rating agency affirmed its US sovereign debt rating of 'Aaa' and raised its outlook from negative to stable.
▶ 格付機関は米国のソブリン格付けを「Aaa」に据え置き，アウトルック（見通し）を「弱含み」から「安定的」へと引き上げた。
【翻訳メモ】信用格付けの「据え置き」はこの表現がよく用いられています。

2 【据え置く】 The Bank of Korea held interest rates at 4.50%.
▶ 韓国銀行は政策金利を 4.50％に据え置きました。

3 【据え置く】 ECB will keep interest rates unchanged in the forecast time horizon.
▶ 欧州中央銀行（ECB）は，予測期間中は金利を据え置くであろう。

4 【据え置く】 The Bank of England (BoE) left UK interest rates on hold yesterday.
▶ イングランド銀行（BoE）は昨日，政策金利を据え置いた。

5 【据え置く】 The central bank maintained rates despite market expectations of a 25 bp hike.
▶ 中央銀行は，25 bp の利上げをするのではないかとの市場予想に反し，政策金利を据え置きました。

6 【据え置かれる】 The official interest rate remained unchanged.
▶ 政策金利は据え置かれました。

成長
growth potential / organic growth / external growth / shrink / negative growth / contraction / high flier / thrive

1 【成長力】 The manager is highly constructive on the company's growth potential in Asia.
> マネージャーは，アジアにおける同社の成長力を非常に有望視しています。

2 【自律的成長】 Organic growth is the internal growth or the growth from its existing businesses—not from the businesses it acquired.
> 自律的成長とは，内部成長または既存事業からの成長であって，買収した事業による成長ではない。

> 🔍翻訳メモ　organic growth は自律的成長，または有機的成長と訳します。Internal growth（内部成長）も同じ意味。M&A に頼らずに自社内で手掛けている事業の売上げ利益を伸ばすことを意味します。

3 【外部成長】 External growth means that the company has grown by merger or acquisitions.
> 外部成長とは，企業が合併または買収によって成長することを意味する。

> 🔍翻訳メモ　external growth は inorganic growth（非有機的成長）ともいいます。

4 【マイナス成長】 Japanese GDP is notoriously volatile, with GDP shrinking in a third of the quarters since 1996.
> 日本の GDP は変動が激しいことでよく知られており，1996 年以降の全四半期のうち 1/3 はマイナス成長を記録している。

> 🔍翻訳メモ　ここでは「マイナス成長」という訳語が使えますが，shrink は「縮小」という意味が一般的です。

5 【マイナス成長】 The Japanese economy expanded at a rapid pace of 5.6% (annualized) in Q3, after three quarters of negative growth.
> 日本の 7－9 月期の日本経済は，3 四半期に及んだマイナス成長から年率 5.6％の高成長に転じた。

6 【マイナス成長】 Both Singapore and Malaysia reported contraction in Q3 GDP, while Taiwan's and South Korea's economies barely expanded.
> 第 3 四半期（7－9 月期）のシンガポールとマレーシアの GDP は前期比マイナスとなり，台湾と韓国は辛うじてプラスとなった。

7 【急成長企業】 Internet and social media high fliers have underperformed enterprise-leveraged mega-cap names.
> インターネットとソーシャルメディアのような急成長企業が，負債比率の高い超大型株のパフォーマンスを下回っている。

8【力強く成長する】 Managers with this expertise in equity long/short investing will thrive relative to their long-only peers.
　◉株式のロング／ショート投資の専門性をもつマネージャーは，ロングオンリーのマネージャーよりも優れたパフォーマンスを上げるだろう。

責任　fiduciary duty / fiduciary responsibility / statutory responsibility / liable / assume liability / accountability

1【受託者責任】 Nothing in this Agreement shall be construed to create a principal-agent relationship, partnership or joint venture between the parties, or give rise to any fiduciary duty from one party to the other party.
　◉本契約のいずれの条項も，当事者間に本人対代理人関係，パートナーシップまたはジョイントベンチャーを設立する，あるいはひとつの当事者から他の当事者に対する受託者責任を生じさせると解釈されてはならない。
　■翻訳メモ 英文契約書でよく見られる「独立契約者」に関する条項から。ここで受託者責任とは，受益者（beneficiary）から業務を委託された受託者（fiduciary）が果たすべき責任のことです。なかでも忠実義務（duty of loyalty）と注意義務（prudent man rule）の2つが重要とされています。

2【受託者責任】 Companies have a fiduciary responsibility to use their excess capital to the benefit of equity shareholders.
　◉企業は株主の利益のために余剰資本を使うという受託者責任を負っている。

3【法的責任】 When entrusted with or given statutory responsibility for public funds, Government employees are, in effect, trustees for the taxpayers.
　◉公的資金を取り扱う法的責任を負う政府の職員は，実質的に税金の受託者である。

4【支払い責任を負う】 The shareholders are not personally liable for the liabilities of the company.
　◉株主は，会社の負債に個人的な支払責任を負うことはありません。

5【支払い責任を負う】 Except for the gross negligence or the intentional default of the Company, the Company shall not assume liability for any loss or consequences caused in providing the Services hereunder.
　◉重大な過失または本件会社の意図的な不履行による場合を除き，本件会社は

本契約に基づく本件サービスの提供によって生じたいかなる損失または結果に対しても支払責任を負わない。

6【説明責任】 Empowerment without accountability leads to broken promises, unhappy customers, and weakened performance.
▶説明責任を伴わない権限委譲は，約束違反，顧客の不満，そして業績の悪化を招く。

セルサイド／バイサイド sell-side / buy-side

1【セルサイド】 Shares were up over 10% during the month as sell-side analysts announced increased price targets for the firm.
▶セルサイドのアナリストによる目標株価引き上げが好感され，株価は当月中に 10％以上上昇しました。
翻訳メモ　「セルサイド」とは証券を売る側＝証券会社を意味し，「バイサイド」とは証券を買う側＝運用会社のことです。

2【バイサイド】 The buy-side consists of institutions such as hedge funds, mutual funds, pension funds, and insurance firms that are buying large quantities of securities for money management purposes.
▶バイサイドは，ヘッジファンド，ミューチュアルファンド，年金基金，保険会社など，資金運用目的で有価証券を大量に購入する機関投資家で構成されている。

先進国 Eurozone / peripheral Europe / EMEA / Americas / emerging market / LATAM / continental Europe

1【ユーロ圏】 The economic indicators for the Eurozone have been encouraging as of late, pointing to favourable growth numbers over the coming quarters.
▶最近のユーロ圏の経済指標は堅調で，ここからの数四半期についても健全な成長を指向している。
翻訳メモ　ユーロ圏とは欧州連合（EU）に加盟し，単一通貨ユーロを採用している国々です。2015 年 7 月時点でのユーロ圏諸国は 19 ヶ国です。Euro Area という言い方もします。

2【欧州周辺国】 American banks have substantially reduced their exposure to peripheral Europe (Greece, Ireland, Italy, Portugal and Spain).

▶米国の生保各社は欧州周辺国（ギリシャ，アイルランド，イタリア，ポルトガル，スペイン）の保有比率を大幅に低下させた。

▸翻訳メモ　「欧州周縁国」と訳される場合もあります。上記の国々を，ユーロ圏内に位置しているものの中核国の周辺に位置するので「欧州周縁国」，これに対しユーロ圏の文字通りの周辺に位置している国々（ポーランド，ハンガリーなど）を「欧州周辺国」と区別しているレポートもあります。

3 【EMEA】 Latin American economies are expected to grow at 4.3% while EMEA (Europe, the Middle East and Africa) is expected to grow at 3.1%.

▶中南米諸国は4.3％，EMEA（欧州・中東・アフリカ）諸国は3.1％の経済成長が予想されている。

▸翻訳メモ　このほかに，CEEMEA（Central Eastern Europe Middle East & Africa＝中東欧・中東・アフリカ地域）という捉え方もあります。いずれも行政区域ではなくビジネス上の区分です。

4 【米州】 We have major commercial and investment banking businesses in the Middle East, the Americas and Africa.

▶当社は，中東，米州およびアフリカで商業銀行および投資銀行業務を大規模に手掛けている。

▸翻訳メモ　Americas とは南北アメリカのことです。

5 【新興国】 Currently emerging market equities trade at 1.5 times their book value compared to 2.1 times for developed markets.

▶現在，新興国株式の株価純資産倍率（PBR）は1.5倍である一方，先進国は2.1倍で取引されています。

▸翻訳メモ　①emerging markets は文字通り訳せば「新興市場」ですが，「新興国」「新興国市場」「エマージング諸国」など顧客によりさまざまに呼称している最も表現の分かれる語句の一つかもしれません。顧客とよく相談するようにしてください。
②book value に対する倍率なので，株価純資産倍率（PBR）と訳しています。

6 【中南米】 MXN has underperformed other LATAM currencies despite the robust growth outlook and sound fundamentals.

▶メキシコペソは力強い成長見通しと健全なファンダメンタルズにもかかわらず他の中南米通貨のパフォーマンスを下回った。

▸翻訳メモ　LATAM は Latin America の略で，Latam や LatAm が使われることもあります。

7 【大陸欧州】 The ECB is in the most delicate position of developed central banks owing to disparate internal growth rates among its constituent countries and high unemployment rates in Germany and France, which comprise the core of the continental European economic engine.

◉ ECB は構成国の国内成長率格差や，大陸欧州経済の主要な牽引役であるドイツとフランスが高失業率であるため，先進国の中央銀行の中で最も微妙な立場にある。

全体
overall / across the board / generally / all or a substantial portion

1 【全体として】 Overall, commodities declined - crude oil, precious metals, zinc, and soft commodities posted gains.

◉ コモディティ市場は全体としては値下がりしたものの，原油，貴金属，亜鉛，農産物は上昇しました。

2 【軒並み／総じて】 As technicals are becoming friendlier across the board and fundamentals are generally supportive, precious metals should perform well.

◉ テクニカル要因が軒並み好転し，ファンダメンタルズ要因も総じて追い風となっていることから，貴金属は好調に推移するはずである。

3 【全般】 Thus, evaluating shifts in balance sheets generally, and in asset prices particularly, must be an integral part of the development of monetary policy.

◉ 以上のように，金融政策全般の立案にあたっては，バランスシート，とりわけ資産価格の変動を評価することが必要不可欠なのです。

【出典】 1996 年 12 月 5 日に行われたグリーンスパン FRB 議長（当時）の「根拠なき熱狂」演説。p.37 を参照。

4 【全額または相当部分】 An investor could lose all or a substantial portion of the investment.

◉ 投資家は自らの投資金額の全額または相当部分を失う可能性があります。

センチメント
investor sentiment / oversold sentiment / complacency

1 【投資家センチメント】 Sharp changes in investor sentiment caused by macro fears caused investors to sell them off.
> マクロ経済への不安に起因する投資家センチメントの急変が売りの原因になりました。

2 【市場センチメント】 Negative outlook on corporate earnings, as a result of global slow-down and the credit crunch, weakened sentiments further.
> 世界的な景気減速と信用逼迫の結果，企業収益に対する悲観的な見通しが市場センチメントをさらに悪化させました。

> 🔍翻訳メモ　市場環境について説明している文章なので，sentiment を「市場センチメント」と訳しています。「市場心理」でも同じです。

3 【総悲観のセンチメント】 We used oversold sentiment to add to our equity positions over the month.
> 我々は総悲観の市場センチメントに乗じ，株式のポジションを追加した。

4 【無防備な安心感】 A sense of complacency in the markets with respect to credit has caused spreads to narrow to unprecedented levels and the appetite for risk does not appear to be dissipating.
> 市場に広がるクレジットに対する無防備な安心感がスプレッドをかつてない水準まで縮小させており，リスク選好度の低下も見受けられない。

> 🔍翻訳メモ　complacency とは，投資家全般の危機意識が低下したり麻痺した状態が広がることと理解して，随時適当な訳語を決めていきましょう。

前年比　from a year earlier / year over year / month-on-month / QoQ / quarter-over-quarter annualized

1 【前年同期比】 Net income increased from a year earlier.
> 純利益は前年同期比で増加しました。

> 🔍翻訳メモ　「1年前と比べて」という意味なので文脈に応じて「前年同月比」「前年比」と訳します。

2 【前年同期比】 Total revenue increased 17% year over year and 6% sequentially.
> 総売上高は前年同期比では17％，前期比では6％の増加となりました。

> 🔍翻訳メモ　①「前年同期（月）比」としては y/y という書き方も用いられます。
> ②四半期ベースの業績レポートで sequentially がしばしば前期比の意味で使われます。

3【前月比】 We expect retail sales to have increased by 0.3% month-on-month in December.

▶ 12月の小売売上高は前月比0.3％の増加を予想する。

翻訳メモ ①すでに終わった月の数字についての発表がこれから起きるので，expect ～ to have となっているわけです。
② month-on-month は MoM と表示されることもあります。金融英語でよく見かける時期や期間を表す略語にはこの他に次のようなものがあります。1Q～4Q（第1四半期～第4四半期），1H, 2H（上半期，下半期），YoY（前年比，前年同月比，前年同期比），QoQ（前期比），MoM（前月比），YTD（年初来），MYD（月初来）。

4【前期比】 We forecast 1Q09 real exports to continue declining QoQ SAAR.

▶ 2009年1～3月期の実質輸出は，前期比ベースで減少（季調済み，年率ベース）を続けるだろう。

翻訳メモ SAAR は Seasonally Adjusted Annual Rate，つまり季節調整済み年率という意味です。季節調整済みとは，統計の数値から季節要因（休日数や気温による需要の変動など）を取り除いた数値のことです。その反対が「季節調整前」または「季節未調整」（not seasonally adjusted：NSA）です。

5【前期比年率】 We now expect US GDP at a -4.0% to -5.0% quarter-over-quarter annualized growth rate in the 2H09.

▶ 我々は今や米国の09年下期におけるGDP成長率を前期比年率で－4.0～－5.0％と予測している。

6【前期比年率】 The initial estimate for fourth quarter US GDP growth was 2.6%.

▶ 2008年第4四半期（10－12月期）の国内総生産（GDP）成長率の速報値は2.6％（前期比年率）でした。

翻訳メモ この「前期比年率」は原文には明示されておらず，GDP成長率が前期比年率であることを確認した上で加えた訳注です。アナリストレポート等では「～％伸びた」というときに何の注釈もついていないことがよくあります。日本では通用しないので，面倒でも確認するようにしましょう。

増加する
boost / grow / mount / expand / advance / boom and bust / bulk up / net income and sales rise

1【押し上げる】 The improvement of capital markets not only boosted the profits and strengthened the balance sheets of insurers, it also allowed them to raise additional capital.

○資本市場の改善は，保険会社の利益を押し上げ，財務体質を強化したたけでなく，追加の資本調達の道も開いた。

翻訳メモ "balance sheet" は貸借対照表のことですが，しばしば「貸借対照表の状態＝財務体質」の意味で用いられます。

2【増大する】 Like other developed countries New Zealand picked out the part of its economy doing the best and decided it should pay for the growing cost of government.

○他の先進諸国と同様，ニュージーランドは好調なセクターを選び出し，増大する政府の費用を負担させることを決断したのです。

3【増大する】 The prospect of further monetary policy tightening, health global growth and mounting inflation risks all tend to plead in favor of higher bond yields.

○追加の金融引き締め見通し，世界経済の健全な成長，インフレリスクの増大はいずれも債券利回りの上昇を後押しする。

4【拡大する】 The BoE expanded its asset purchase program.

○イングランド銀行（BoE）は資産買い取りプログラムの規模を拡大した。

5【拡大する】 Household spending is rising moderately and business fixed investment is advancing, while recovery in the housing sector remains slow.

○家計支出は緩やかに伸び，民間設備投資も拡大しているが，住宅部門の回復は依然として遅い。

出典 米連邦公開市場委員会（FOMC）声明（2015年6月17日）

6【急騰と急落】 Prices of tradable goods have been particularly volatile in the last three years as commodity prices have gone through an unprecedented boom and bust cycle.

○この3年間，コモディティ価格が急激な上昇から急落へと至る未曾有の動きの中で，貿易財価格はとりわけ大きく変動してきた。

翻訳メモ 急激に良くなり，それが急激に悪化する，というこの表現は，文脈によって「景気の過熱・冷え込み」「ブームと崩壊（落ち込み）」など色々な訳語が可能です。

7【拡大する】 SWFs in Singapore will bulk up on infrastructure equity assets.

○シンガポールの政府系ファンドはインフラ関連株の保有を拡大するでしょう。

翻訳メモ SWF は Sovereign Wealth Fund の略です。

8【増収増益】 Net income and sales rose, led by strong film sales from "PPP Wars."
▶公開映画「PPP ウォーズ」が好調で増収増益を達成しました。

相殺する
offset / neutralize / offset / absorb / overcome / justify / not fully justify / catch up / give back ～ gains

1【相殺する】 The Fund generated modest returns during the month as gains in long positions were partially offset by losses in the short book.
▶ロングポジションの利益をショートポジションの損失が一部相殺する形となったことから，ファンドのリターンは若干のプラスとなりました。

2【相殺する】 The net purchase by the foreign investors through the year to date has been neutralized by net sales by domestic Mutual Funds.
▶年初来の外国人投資家の買い越しは，国内ミューチュアルファンドによる売り越しで相殺されています。

3【吸収する】 Strong inflows offset rising new issuance.
▶新発債の発行は拡大したものの，大量の流入資金によって吸収された。
　翻訳メモ　offset は「相殺」という訳語の方が多いのですが，「吸収」の方が適訳となる場合もあります。

4【吸収する】 The US economy is now quite able to absorb the ups and downs of oil prices.
▶今のアメリカ経済は原油価格の上下動を十分に吸収できる。

5【吸収する】 Negative news out of the economy included some weakening growth numbers such as new jobs and home sales, but this was overcome by bullish sentiment.
▶新規就業者数や住宅販売戸数といった景気の軟化をうかがわせる指標など，経済関連の悪材料もありましたが，強気の市場センチメントに吸収されました。

6【うなずける】 We believe the superior pro forma EPS 5-year CAGR of 25.7% justifies this premium.
▶しかし，今後5年間のEPS年平均成長率が25.7％と格段の伸びが予想できるのだから，このプレミアムがつくのもうなずける。
　翻訳メモ　CAGR は compound annual growth rate，つまり年複利成長率です。

7 【説明しきれない】 Company fundamentals do not fully justify the recent market rally, in our view.
▶ 我々は，企業のファンダメンタルズは直近の株式市場の急騰を説明しきれていないと考えている。

8 【取り戻す】 The Tokyo market managed to catch up some of the underperformance against global markets since last year.
▶ 日本の株式市場は昨年来の世界株式市場に対するパフォーマンスの出遅れを一部取り戻した。
　翻訳メモ　株式レポートの一節。厳密には「東京市場」ですが，一般的には日本の株式市場のことを指すと解釈して間違いありません。

9 【打ち消す】 The yen gave back some of its recent gains yesterday.
▶ 昨日の円は，最近の上昇分を一部打ち消す動きとなった。

損なう　impair / be undermined / be jeopardized / hurt / prejudice / damage / undermine / erode / unscathed

1 【損なう】 We as central bankers need not be concerned if a collapsing financial asset bubble does not threaten to impair the real economy, its production, jobs, and price stability.
▶ 金融資産バブルが崩壊しても，実体経済，生産活動，雇用，そして物価の安定性が損なわれる恐れがない限り，私たちセントラルバンカーは気にする必要はありません。
　出典　1996年12月5日に行われたグリーンスパンFRB議長（当時）の「根拠なき熱狂」演説。p.37を参照。

2 【損なう】 Concerns about sovereign debt levels and the fiscal positions in a number of Western European economies ignited fears that the growth outlooks would be undermined.
▶ 多くの西欧諸国でソブリン債の残高水準や財政ポジションに関する懸念が高まり，各国の成長見通しが損なわれるのではないかとの不安に火がつきました。
　翻訳メモ　財政ポジションとは，対GDP比で見た公的債務の規模を意味します。

3 【損なわれる】 Presentation fairness is jeopardized when accounting information is incomplete, even if the information provided is accurate.
▶ 会計情報に不備があると，提供されている情報が正確だとしても，表示の適正性が損なわれる。

4 【悪化させる】 The Manager remains bearish on XX Company, as he feels that the company will lose market share which should hurt margins.
 ◉ マネージャーは XX 社が市場シェアを落とし，利益率を悪化させるとみていることから，同社に対しては引き続き弱気です。

5 【損なう】 Without prejudice to the generality of section 8.1 of this Agreement, ….
 ◉ 本契約のセクション 8.1 の一般性を損なうことなく，……

6 【損ねる】 OPEC, although happy with some of the rise in prices that occurred after the XX country shutdown, does not want it to go so far as to damage global economic growth significantly.
 ◉ 石油輸出国機構（OPEC）は，XX 国の生産停止を受けたある程度の価格上昇は歓迎してはいるものの，世界経済の成長を損ねるほどの値上がりは望んでいない。

7 【損ねる】 The Bank of Japan abandoned zero-rate policy too early, and more could have been achieved to boost domestic demand without in any way undermining Japanese monetary stability.
 ◉ 日銀はゼロ金利政策を早く解除し過ぎた。日本の金融の安定性を一切損ねることなく内需を刺激するためにもっと多くのことが達成できたはずだ。

8 【蝕む】 Global stock indices plummeted during June on concern that mortgage write-downs and soaring commodity prices will continue to erode corporate earnings.
 ◉ 住宅ローンの評価損や商品価格の急騰が今後も企業収益を蝕むのではないかとの懸念から，世界の株式市場は 6 月に急落しました。

9 【痛手を受けない】 Banks emerged from the recession relatively unscathed following major restructuring in the 1990's.
 ◉ 1990 年代に大規模な再編を実施した銀行はそれほど痛手を受けることなく今回の景気後退から回復した。

ソフトデータ

soft data, hard data / purchasing manager index (PMI) / consumer sentiment index / preliminary result / Tankan survey / ISM

manufacturing/non-manufacturing index / Beige Book

1 【ソフトデータ/ハードデータ】 You tell your doctor that your leg hurts: that's "soft data." The doctor takes an X-ray to find out if there are any broken bones: that's "hard data."

▶お医者さんに「足が痛い」と言ったとしましょう。これは「ソフトデータ」です。すると先生が骨が折れているか調べるためにレントゲンを撮ります。これが「ハードデータ」です。

🔍翻訳メモ 「ソフトデータ」とは景況感調査など人々の主観を尋ねて収集するデータです。これに対し、「ハードデータ」とはGDPの成長率や失業率など、事実に基づく統計数値です。元々エコノミストはハードデータ重視の傾向があったようですが、最近は購買担当者景気指数（PMI）や日銀短観に代表されるソフトデータの動向も注目されています。

2 【購買担当者景気指数（PMI）】 Both the official and HSBC China manufacturing PMIs stabilized in October.

▶中国の製造業購買担当者景気指数（PMI：purchasing manager index）は、政府発表、HSBC発表のいずれも10月は落ち着いた。

🔍翻訳メモ ここで政府発表とは中国の国家統計局と中国物流購買連合会（CFLP）発表のもの。この文章の「HSBC発表」とあるのは非公式ですが、いずれも翌月1日に発表されます。ただしHSBCは月末の1週間ほど前に速報値を発表しています。なお、2015年8月以降はHSBCに代わりマークイット（総合金融情報サービス会社）がPMIデータを提供しています（HSBCのPMIは財新中国PMIへと改称）。最近は各国（米国、中国、欧州、日本）の製造業PMIの比較も注目されるようになってきました。

3 【消費者信頼感指数】 The Reuters/Michigan consumer sentiment index and the conference board consumer confidence index fell in September.

▶9月のロイター／ミシガン大学消費者信頼感指数および民間調査会社コンファレンスボードの消費者信頼感指数はいずれも低下しました。

🔍翻訳メモ ロイター／ミシガン大学消費者信頼感指数は毎月10日前後の金曜日に速報値が、最終金曜日に確定値（final results）が発表されます。一方、コンファレンスボード（全米産業審議委員会）の消費者信頼感指数は毎月1度、最終火曜日に発表されます。

4 【速報値】 Consumer sentiment strengthened in late September according to preliminary results from the Reuters/Michigan Consumer Sentiment Index.

▶ ロイター／ミシガン大学消費者信頼感指数の速報値によると，消費者心理は9月終盤に明るさを増した。

> 翻訳メモ　ミシガン大学では速報値を preliminary results と表記していますが，initial readings と報道しているマスコミもあります。

5 【日銀短観】 The quarterly Tankan survey for large manufacturing firms showed a 16.2% pick up in investment plans over FY20XX, and those of large non-manufacturers showed a gain of 7.9%.

▶ 四半期に一度発表される日銀短観によると，20XX年度の設備投資計画は大企業製造業で前年比+16.2％となり，大企業非製造業でも同+7.9％だった。

> 翻訳メモ　日銀短観の正式名称は「全国企業短期経済観測調査」。日本銀行が全国の約1万社の企業を対象に3，6，9，12月に行う業況調査で，上場企業から中小企業まで網羅しています。

6 【ISM製造業／非製造業景気指数】 There is a growing duality in the US economy as reflected by the continued decline of the ISM manufacturing index and the still firm ISM non-manufacturing index.

▶ 米供給管理協会（ISM）製造業景気指数が低下し続ける一方で，ISM非製造業景気指数がいまだ堅調である事実に表れているように，米国経済の二極化が拡大している。

> 翻訳メモ　米国におけるソフトデータの代表格です。ISM製造業景気指数は毎月第1営業日，ISM非製造業景気指数は第3営業日に発表されます。いずれも購買担当役員へのアンケート結果を元にした企業の景況感を示す経済指標（Purchasing manager Index = PMI）で，50が景気動向の善し悪しを見る分岐点となります。

7 【ベージュブック】 Commonly known as the Beige Book, this report is published eight times per year. Each Federal Reserve Bank gathers anecdotal information on current economic conditions in its District through reports from Bank and Branch directors and interviews with key business contacts, economists, market experts, and other sources.

▶ 本報告書は一般に「ベージュブック」として知られ，年に8回発行されています。各地域連銀が，銀行（本支店）幹部からの報告および企業幹部，エコノミスト，市場関係者のインタビューを通じ，担当地域の最新の経済状況に関する事例的情報をまとめています。

> 翻訳メモ　報告書の色がベージュ色であることから「ベージュブック」と呼ばれていますが，正式には Summary of Commentary on Current Economic Conditions by Federal

Reserve District（地区連銀による最新経済報告の要約）といいます。日本では「地区連銀経済報告」という訳語が定着しています。

出典 FRBホームページ　http://www.federalreserve.gov/monetarypolicy/beigebook/default.htm

[た行]

〜台前半／後半　in the low / in the high

1【〜台前半】 We anticipate fixed income returns to be in the low single-digit area.
▶我々は債券のリターンが1桁台前半になると予想する。
翻訳メモ　in the high 〜は「〜台後半」, in the mid 〜なら「〜台半ば」となります。single digit = 1桁, double digits = 2桁です。

2【〜台後半】 The company is growing in the high single digits and is under-followed by Wall Street.
▶同社は1桁台後半という成長率にもかかわらず, カバーするアナリストの数が依然として少ない。

高い　peak / stubbornly high / remain high / remain elevated / on the highs / highs / all-time highs / record highs / high for the year / new highs on the year / peak out

1【天井】 Inflation is likely to peak in the middle of the year.
▶インフレは年央には天井をつける見込み。

2【下がる気配が見えない】 The US unemployment rate remains stubbornly high.
▶米国の失業率は依然高く, 下がる気配が見えません。

3【引き続き高い】 Market correlation continued to remain high, resulting in a challenging stock picking environment.
▶市場の相関性は引き続き高く, 銘柄選択の難しい投資環境となった。

4【高止まり】 We expect crude oil prices to remain elevated due to tight inventories and geopolitical concerns, with a range of $100-110 for the remainder of this year.

▶在庫逼迫と地政学的懸念を背景に，原油価格は年末までは100～110ドルのレンジでの高止まりが予想される。

　🔍翻訳メモ　「高止まり」は上昇した状態がしばらく持続することを意味し，日本の新聞ではよく見る表現です。

5【高値圏】 Most other markets recovered gradually throughout the rest of the month, closing the month on the highs.

▶その他の大半のマーケットは月末まで徐々に回復し，高値圏で同月の取引を終えました。

6【高値圏】 As such, more than half of the S&P 500 companies were within their 52-week highs.

▶このため，S&P500種構成銘柄の半数以上が52週高値圏内で推移しました。

7【史上最高値】 The price of silver has been reaching all-time highs largely because the value of the US dollar keeps falling to record lows.

▶銀価格が史上最高値に達している主な理由は，ドルが史上最安値に向けて下落を続けていることです。

8【史上最高値】 Nikkei eyes record highs

▶史上最高値をにらむ日経平均

9【年初来高値】 While zinc soared to an all-time high, aluminum was trading 17% below its high for the year in mid-July.

▶亜鉛が史上最高値にまで値上がりした一方で，アルミニウムは7月半ばの段階で年初来高値よりも17％下の水準で取引されている。

10【年初来高値】 Several sectors marked new highs on the year, including the Consumer and Financial sectors, as the market solidified the consensus that the Fed has indeed paused its rate hiking campaign.

▶米連邦準備理事会（FRB）が利上げ政策を本当に停止したとの見方が市場で固まると，消費や金融など複数のセクターで年初来高値を記録しました。

11【ピークを打つ】 The CPI inflation has already peaked out on high base effects and softening commodity prices.

▶高いベース効果とコモディティ価格の軟化を背景に，消費者物価指数（CPI）の上昇率はすでにピークを打った。

　🔍翻訳メモ　ベース効果は対前年比効果ともいいます。前年の水準が低い（高い）と対前年比の上昇率が高く（低く）なることです。

タカ派／ハト派　hawkish / dovish

☞ The CAD is supported by the renewed hawkish tone in the Bank of Canada (BoC), which is in stark contrast to the dovish tone of the RBA.

▶ カナダ・ドルは，カナダ中央銀行（BoC）がタカ派的な姿勢を再び打ち出していることに支えられている。オーストラリア準備銀行（RBA）がハト派的な姿勢を取っているのとは対照的だ。

確かに　admittedly / arguably / doubtless / more than likely

1【確かに】 The economic outlook is admittedly darker than it was last year.

▶ 景気見通しは確かに昨年より暗い。

2【おそらく～間違いない】 Arguably in refusing to push real rates back to the higher levels of the 1990s, bond markets have played an important part in stabilizing the global economy.

▶ 債券市場が実質金利を1990年代の高い水準に押し戻そうとしなかったことが世界経済の安定化に重要な役割を果たしたことは，おそらく間違いない。

　🔍翻訳メモ　arguable は①議論の余地がある，疑わしいという意味と，②有力な論拠となる（いずれもランダムハウス英和大辞典第2版より）というほぼ反対の意味があり得るので，文脈をよく見て判断します。

3【間違いない】 The introduction of ETFs for the majority of commodities has doubtless done much to speed up the escalation of commodity prices.

▶ 商品の大半にETFが導入され，商品価格の激化に拍車をかけていることは間違いない。

　🔍翻訳メモ　「間違いない」という訳語は金融機関のコンプライアンス部門から待ったがかかる可能性があるので，文脈をよく吟味し，顧客と相談して用いるようにします。

4【まず間違いない】 It is more than likely that the country is already in recession.

▶ この国がすでに景気後退に入っていることはまず間違いない。

ただちに   directly / urgent

1【ただちに】 The kind of economic organization that provides economic freedom directly, namely, competitive capitalism, also promotes political freedom because it separates economic power from political power, and in this way enables the one to offset the other.

▶経済面の自由をただちに実現するような経済体制，すなわち競争資本主義は，政治面での自由も促す。なぜなら経済の力を政治権力から切り離し，それでもって政治権力を抑制できるからだ。

出典　*Capitalism and Freedom,* p.9／『資本主義と自由』，p.40

2【喫緊の】 In an environment of slow growth in the Eurozone, inflation is unlikely to be an urgent problem.

▶ユーロ圏では成長が減速しているため，インフレは喫緊の問題にはなるとは考えにくい。

だぶつき   overhang / in surplus

1【オーバーハング】 Because the underperformance was being caused by a technical overhang, we started to accumulate a position in reflection of our positive longer-term thesis, and the overhang cleared.

▶株価低迷の原因は短期的なオーバーハング（潜在的な売り圧力）でした。当ファンドは同社を長期的には有望に見ていることから，ポジションの積み上げを開始しました。その後オーバーハングは解消されました。

翻訳メモ　①overhang は難しい単語で，「だぶつき」などと訳されます。何がだぶついているのかを見極めて訳語を決めていく必要があります。
②例文のケースは IPO 後に株式のロックアップ期間が切れそうになる時期の株価変動を説明したものです。

2【だぶついて】 In the recent period, the global oil market has been in surplus while the global copper market has been in deficit.

▶最近は世界の石油市場がだぶついてきているが，世界の銅市場は供給不足となっている。

3【過剰に積み上がった】 We will now proceed to explore some implications of the overhang of large domestic debt for external default and inflation.

▶次章では，過剰に積み上がった巨額の国内債務が対外債務不履行およびインフレにおよぼす影響について考察する。

出典 *This time is different*, p.118／『国家は破綻する』, p.192

短期的
in the short-term / in the near-term / over the short-term / near-term / in the foreseeable future / in the meantime

1【短期的には】 In the short-term, the recent pull back in inflation expectations gives the central bank some latitude.

▶短期的には，インフレ期待が最近低下していることで，中央銀行には一定の余裕が生じている。

翻訳メモ in the short run とも表現します。

2【短期的には】 Although inflation in the near-term will likely be held down by lower energy prices and other factors, the Committee judges that the likelihood of inflation running persistently below 2 percent has diminished somewhat since early this year.

▶インフレ率は，エネルギー価格の下落やその他の要因により短期的には抑制される可能性が高いが，当委員会はインフレ率が2％を下回ったままとなる可能性が今年初め以降でやや低下したと判断している。

出典 米連邦公開市場委員会（FOMC）声明（2014年10月29日）

3【短期的には】 As such, over the short-term, it may be possible that USD/KRW consolidates around 1,080.

▶したがって，USD/KRW は短期的には 1,080 近辺でもみ合いとなる可能性もある。

翻訳メモ KRW ＝韓国ウォン

4【目先の】 There is little doubt from an array of indicators that confidence has risen in the near-term US economic outlook.

▶一連の景気指標を見ると，米国の目先の経済見通しへの安心感が高まっていることはほぼ間違いない。

5【当面】 There is no risk-free alternative to the dollar, and it does not look like there will be one in the foreseeable future.

▶米ドルに変わる無リスクの通貨は存在せず，今後も当面は現れそうにない。

🔸翻訳メモ 「目先」ほど近くない，しかし「中期的」というほど長くない感じです。

6 【当面】 In the meantime, we expect the US economy to slow, but not severely contract.

▶ 当面，米国経済は減速が予想されるものの深刻な後退には至らないと見られる。

🔸翻訳メモ in the meantime は，前の文章でなんらかの状況が述べられた後に「その間は」という意味で使われる表現なので，必ずしも短期的な意味があるとはかぎりません。この訳語は文脈の中で「当面」としても問題ないと判断して当てられた訳語であることに注意してください。

中期的　over the medium-term / considerable time

1 【中期的に】 Inflation is anticipated to remain near its recent low level in the near term, but the Committee expects inflation to rise gradually toward 2 percent over the medium-term as the labor market improves further and the transitory effects of earlier declines in energy and import prices dissipate.

▶ インフレ率は，短期的には最近の低水準付近にとどまると予想されるが，FOMCは，労働市場がさらに改善し，それまでのエネルギーおよび輸入品の価格下落による一時的な影響が消えれば，インフレ率は中期的に2％に向かって徐々に上昇すると予測する。

出典 米連邦公開市場委員会（FOMC）声明（2015年6月17日）

2 【相当の期間】 The Committee anticipates, based on its current assessment, that it likely will be appropriate to maintain the 0 to 1/4 percent target range for the federal funds rate for a considerable time following the end of its asset purchase program this month, especially if projected inflation continues to run below the Committee's 2 percent longer-run goal, and provided that longer-term inflation expectations remain well anchored.

▶ 当委員会は，現時点での評価に基づき，特にインフレ率の予測が当委員会の長期目標である2％を今後も下回り，長期的なインフレ期待も十分に抑制された状態が続いた場合には，資産購入が今月終了した後も，0.0〜0.25％としているFF金利の目標誘導レンジを相当の期間維持することが適切になると予測している。

出典 米連邦公開市場委員会（FOMC）声明（2014年10月29日）

翻訳メモ ここでconsiderable timeは2014年3月の米連邦公開市場委員会（FOMC）声明から使われています。声明の発表後，就任後初の記者会見に臨んだイエレン議長は「相当の期間」とは「6ヶ月程度」と口走ってしまいました。その後，その発言を打ち消し，監視している雇用関連指標がリセッション（景気後退）前の水準を回復するまでは，利上げには踏み切らないと明言しました。

注目　focus on / keep an eye on

1【注力する】 In the face of slowing global demand and exports, the Chinese government focuses on stimulating domestic consumption.

▶世界中の需要と輸出が勢いを失っている現在，中国政府は国内の消費刺激に注力しています。

翻訳メモ focus onは金融関連の文章でよく出てきます。焦点を合わせるということをおさえた上で，文脈に合わせて「注目」「注力」「特化」といった表現を当てはめていきましょう。

2【注目する】 The Manager is also keeping an eye on how much earnings remain a function of cost cutting.

▶マネージャーは，利益のどの程度が経費削減によるものにとどまっているのかという点にも注目しています。

注文　market order / buy limit order

1【成り行き注文】 A market order is the most basic type of trade order. It instructs the broker to buy (or sell) at the best price that is currently available.

▶成り行き注文は最も基本的な注文方式で，その時点での最良の価格で買うように（または売るように）と証券会社に指示するものである。

2【買い指し値注文】 A buy limit order can only be executed at the specified limit price or lower.

▶買い指し値注文は指定した価格以下でしか執行されない。

翻訳メモ 売り指し値注文＝ sell limit order

長期的　long-term / for quite a while

1【長期的には】　We believe that the recent popularity of cyclical stocks is a good sign which signifies that the market is looking past the near-term towards long-term results.
　〇最近の景気循環株の人気は，市場が目先の業績から長期的な業績へと視点を移していることを示す良い兆候だと捉えています。

2【かなり長期にわたって】　If a central bank can convince markets that it will leave interest rates low for quite a while, allowing a faster recovery in the future than it might normally tolerate, then investors have an incentive to start investing more in the present so as to reap the benefits of that future bonanza.
　〇今後はかなり長期にわたって低金利が維持され，通常なら考えにくいほどの力強い景気回復も許容されそうだ。中央銀行が市場をそう納得させられれば，今度は投資家の側が，将来の果実を刈り取るために今のうちに多額の資金を投じておこうという動機をもつ。
　翻訳メモ　フォワードガイダンスとは，中央銀行が将来の金融政策の方針を事前に説明することです。
　出典　What "forward guidance" is, and how it (theoretically) works, http://www.economist.com/blogs/economist-explains/2014/02/economist-explains-7

徴候　sign / bode well / early warning sign

1【徴候】　During the Q2 2011 reporting season, Asian earnings momentum showed further signs of bottoming.
　〇2011年第2四半期の決算発表シーズンには，アジア企業の収益モメンタムが底打ちのさらなる徴候を示した。

2【兆し】　Although the housing sector has shown signs of improvement, housing activity remains at low levels and is contributing much less to the recovery than would normally be expected at this stage of the cycle.
　〇住宅部門には改善の兆しがみられるものの，住宅建設は低水準にとどまって

おり，回復への貢献度は景気サイクルのこの段階で通常予想されるよりもかなり小さい。

翻訳メモ housing activity を「住宅活動」などと訳さないようにしましょう。「住宅に関する経済活動」と理解し，文脈に応じて訳語を考えますが，「住宅建設」または「住宅投資」の意味で使われることが多いように思います。

3 【前兆】 US economic recovery and peaking JPY bode well for the Nikkei 225.

▶ 米国の景気回復と円の上げ止まりは日経平均にとって良い前兆である。

4 【危険な徴候】 If you can't figure out what you should stop doing, it might be an early warning sign that you don't know what your strategy is.

▶ もし何をやめるべきか見極められないとするなら，それは自分の戦略がわかっていないという危険な徴候かもしれません。

調達する　raise / borrow / refinance

1 The company will use the raised funds to repay bank loans.

▶ 同社は調達した資金を銀行融資の返済に使います。

2 Many investors have taken advantage of the low interest rates to borrow yen and invest in currencies with a higher rate of return.

▶ 多くの外国人投資家が低利を利用して円を調達し，高利回りの他通貨に投資してきた。

3 Refinancing remains the dominant theme in the new issue market.

▶ 発行市場では依然として既存債務の借り換えが主なテーマである。

つける　hit / back down to / touch

1 【つける】 The improvement in market sentiment was evident in the performance of the CBOE Vix volatility index, the so-called "fear gauge," which hit a three-month high of 35 today.

▶ 市場センチメントの改善は，CBOE VIX 指数に現れた。「恐怖指数」と呼ばれるこの指数が本日 3 ヶ月ぶりに 35 ポイントをつけたのである。

翻訳メモ VIX 指数とはシカゴ・オプション取引所（CBOE）が算出している指数で，

市場に対する恐怖心を反映する指数である恐怖指数と呼ばれています。

2【面合わせ】 Precious metals are back down to multi-year lows.
▶貴金属が数年来の安値に面合わせした。

🔍**翻訳メモ** 「面合わせ」とは，株価が以前の高値または安値と同じ水準になることです。

3【面合わせ】 Volatility declined to a low by mid-month as equities touched the highs for the year again set last May.
▶株式市場が5月につけた年初来高値に面合わせするなか，ボラティリティは月央までにボトムをつけた。

強い

strength / buoyant / resilient / strong / firm / on track / robust / solid / sound / well bid / persistent / continued / deep / lingering / bullish / constructive / feel strongly

1【力強く】 Our conclusion is that the strength of US risk assets year-to-date reflects an improved fundamental economic picture.
▶年初来，米国でリスク資産が力強く推移しているのは，経済のファンダメンタルズが改善しているからだ，というのが我々の結論である。

2【好調な】 Following the correction sustained last March, equity markets rebounded during the summer against a backdrop of reduced tension in the Middle East, lower pressure on oil prices and ever-buoyant corporate earnings figures.
▶株式市場は3月に調整を続けた後，中東の緊張緩和や原油価格に対する上昇圧力の低下，好調の続く企業収益を背景に，夏場には反発した。

🔍**翻訳メモ** レポートの書かれた時期によっては「直近の3月」という意味での last は訳さなくてもわかることが少なくありません。lower pressure on oil prices は，低下したのが上昇圧力か下方圧力かは文脈で決まります（この文だけでは決まりません）。

3【粘り腰がある】 Japanese equities remain surprisingly resilient.
▶日本株は引き続き驚くほどの粘り腰を見せている。

4【強固な】 The good news for investors is that the US corporate sector is stronger today than almost ever before.
▶投資家にとって幸いなことに，米国の企業セクターはかつてないほど強固である。

5 【堅調な】 Japanese consumers have experienced relatively strong positive real income growth in the past 12 months, which is expected to accelerate in the year ahead.

▶日本の消費者の実質所得は過去 12 ヶ月，比較的堅調に増加しており，今後 1 年でこの伸びはさらに加速する見込みである。

6 【安定した】 Firm business investment will thus partly relay residential investment at the global level for the time being.

▶当面は，安定した設備投資がグローバルレベルで一部住宅投資にも波及するものと思われる。

7 【順調に】 Fed Chairman Bernanke recently commented that "the economic expansion remains on track" and further tightening "will be increasingly dependent on incoming data."

▶バーナンキ FRB 議長は，先ごろ「景気は順調に拡大している」と述べ，追加の引き締め策を取るかどうかについては，「ますます今後入ってくるデータ次第となる」と述べた。

> **翻訳メモ** incoming data：今後入ってくるデータ，dependent on data：データ次第

8 【安定した】 The rating agency believes that several property bond issuers could be "caught out if the currently resilient market conditions turn quickly, leading to potential downgrades".

▶同格付機関は，不動産関連債券の発行体のいくつかは，「現在の安定した市場環境が急反転すれば苦境に陥り，格付けが引き下げられる」可能性があると考えている。

9 【底堅い】 We expect inflation to peak in mid-2008 due to accelerated monetary tightening and anticipate Asia's economic growth to stay resilient.

▶金融引き締めの加速でインフレ率は 2008 年半ばに天井を打つと見られ，アジアでは底堅い経済成長が続くと予想される。

10 【堅固な】 Its robust infrastructure enables us to provide our clients with high quality service.

▶当社は強固なインフラを背景に，高品質のサービスをお届けします。

11 【堅固な】 Solid fundamentals, an increasingly well-entrenched and self-sustaining recovery, and the onset and continuation of the monetary tightening cycle support both currencies.

○堅固なファンダメンタルズ，次第に定着してきた自律的回復，金融引き締めサイクルの開始と継続が両通貨を支えている。

12【堅調な】 Looking ahead, we expect continued robust consumer spending in Asia.

○先行きについては，アジアでは堅調な消費支出の持続を予想している。

13【好調な】 In the Eurozone, the euro continued to strengthen, rising 0.8% on a trade-weighted basis, as the European Central Bank (ECB) gave no hint that future monetary easing was on the horizon, while economic data for the region proved robust.

○ユーロ圏では，欧州中央銀行（ECB）が早期の金融緩和を示唆せず，域内の経済指標も好調だったことからユーロは上昇を続け，貿易加重ベースで0.8％上昇しました。

14【力強い】 Given the robust economic growth and low bond yields, global property stocks should be able to achieve moderate further gains.

○力強い経済成長と低い債券利回りを背景に，世界の不動産株は緩やかに続伸するはずだ。

15【堅調な】 Earnings growth is expected at 5 percent in 2011 and 6 percent in 2012, buoyed by solid domestic demand.

○堅調な国内需要を追い風に，企業収益は2011年に5％，2012年には6％の増加が見込まれる。

16【堅調な】 Consumption remains sound.

○個人消費は引き続き堅調です。

17【堅調に】 Credit markets continued to be well bid.

○クレジット市場は引き続き堅調に推移しました。

18【根強い】 Over the next twelve months low default rates, persistent demand from yield-seeking investors, and the expansionary policy of major central banks will continue to provide a good backdrop for US HY.

○今後12ヶ月については，低デフォルト率，利回りを求める投資家の根強い需要，主要国中央銀行の緩和政策が，引き続き米ハイイールド社債の力強い追い

風となろう。

19【根強い】 Shares of the European commercial bank declined 8% on continued concerns over the European sovereign debt issues.
▶その欧州の商業銀行の株価は，域内のソブリン債務問題に対する根強い懸念から 8％下落しました。
🔍翻訳メモ　continued は「持続する」という意味で使われることが多い単語です。ここでは文脈から「根強い」を当てました。

20【根強い】 Effective monetary policy is also supported by a deep demand for local-currency assets in Brazil.
▶ブラジルにおける自国通貨建て資産に対する根強い需要も効果的な金融政策を支えている。

21【根強い】 A surprising CPI at +2.5% MoM has silenced any lingering deflation concerns.
▶CPI が前月比＋2.5％と予想を上回ったことで，根強いデフレ懸念は沈静化した。

22【強気】 We are bullish on the company because it holds a net cash position on its balance sheet and has sold its less profitable businesses in an attempt to de-leverage.
▶私たちが同社に強気なのは，ネットキャッシュ・ポジションを維持しており，さらに負債を削減するために不採算事業を売却したからです。
🔍翻訳メモ　ネットキャッシュとは，現金残高と負債残高の差額であるキャッシュポジションがプラスの状態です。その逆がネットデット（net debt）です。なお，ネットキャッシュ・ポジションを維持しているのが貸借対照表上であることは明らかなので訳文では表現していません。訳抜けと言われないよう注意は必要かもしれませんが，無駄な言葉はなるべくそぎ落とすよう心がけることが肝心です。

23【強気】 Further notable gains included one manager who has held a generally constructive view on risk for some time and, therefore, benefited from the strong rally in risk assets over the month.
▶このほか，ここしばらくリスクに対し強気の見方を維持してきたマネージャーが当月のリスク資産反騰の恩恵を受けるなど，際立って高いリターンを上げました。

24【確たる意見をもつ】 The manager does not feel as strongly about its subsidiary.

提供する／低迷／出遅れる

▶マネージャーは子会社については確たる意見をもっておりません。

提供する　provide / furnish

1【提供する】　By accepting this material, the Recipient agrees not to distribute or provide this information to any other person.
▶本資料を受領したことにより，受領者は本情報をいかなる第三者にも配布または提供しないことに同意したことになります。

2【提供する】　This presentation is furnished on a confidential basis exclusively to the named recipient to this presentation (the "Recipient") and is not for redistribution or public use.
▶本資料は，その受領者として指定されている皆様（受領者）に限定して，守秘を前提に提供されるもので，再配布も公然の使用も禁じられています。
🔍翻訳メモ　「公然の」とは「不特定多数の人が知りうる様式で」という意味です。

低迷　subdue / weakness / lackluster

1【低迷】　The stock price is expected to remain subdued for the foreseeable future.
▶株価は当面低迷が予想される。
🔍翻訳メモ　remain subdued は「活動的でない，抑圧された状態がしばらく続く」という意味の日本語を当てます。低調，低迷，停滞と語感も少しずつ違いますが，文脈を見て適当な言葉を用いるようにしましょう。

2【低迷】　Continued weakness in the housing sector will remain a headwind while corporate investment should remain supportive.
▶住宅部門は低迷が続き今後も足かせとなるが，設備投資が引き続き支援材料となろう。

3【低調な】　Economic growth remains lackluster as base effect from last year's disruptions faded.
▶昨年の経済混乱に伴うベース効果が消え，経済成長率は低調なペースが続く。

出遅れる　fall behind / lag / laggard / behind the curve

1【後れを取る】 On the other hand, Malaysia imposed capital controls to avoid the brunt of the hit in 1998, never reformed its system, and is falling behind its neighbors.

▶一方，マレーシアは1998年のアジア通貨危機の直撃を免れようと資本統制を課し，制度改革をまったく行わず，いまや近隣諸国に後れを取っている。

2【出遅れる】 This phenomenon has been most notable in hard currency denominated assets, while local currency fixed income valuations have generally lagged fundamental macroeconomic improvements.

▶こうした現象はハードカレンシー建て資産で最も顕著で，自国通貨建て債のバリュエーションは，マクロ経済のファンダメンタルズの改善に比べるとかなり遅れていた。

▸翻訳メモ　「ハードカレンシー」とは国際決済通貨のこと。外国為替市場で他国の通貨と自由に交換できる通貨のことで，米ドル（USD），ユーロ（EUR），日本円（JPY），英ポンド（GBP），スイスフラン（CHF）など主要国通貨などが該当します。

3【出遅れ】 In fact, an equal-weighted basket of laggard stocks from the groups would have outperformed the S&P 500 by a compound annual rate of 12.5% since the end of 1997.

▶実際，このグループの中の出遅れ銘柄を集めた等金額加重のポートフォリオを作って1997年末以降のパフォーマンスを見てみると，S&P500種を年複利で12.5％アウトパフォームしている。

▸翻訳メモ　「アウトパフォーム」とはベンチマークや競合銘柄（ファンド）よりもパフォーマンスが良いという意味です。ちょっと慣れた人向けの表現なので，個人投資家向けのレポートであれば「S&P500種を年複利で12.5％上回った」でもよいかもしれません。ちなみにここでの12.5％とは厳密には12.5％ポイントのことなので注意してください。なお，パーセンテージポイント（PP）についてはp.169を参照のこと。

4【後手に回る】 FOMC is arguably far behind the curve in its easing policy.

▶米連邦公開市場委員会（FOMC）が金融緩和について大幅に後手に回っているのはほぼ間違いない。

手仕舞う　cover / close / exit / unwind / close

1【手仕舞う】 We covered our entire short position at $12.50, having shorted the stock initially between $19.30 and $22.55.

▶当ファンドは1株あたり19.30〜22.55ドルの間でショートしていたポジションをすべて同12.50ドルで手仕舞いました。

2【手仕舞う】 The Manager closed this position when it hit the price target.

　▶マネージャーは目標株価に到達したタイミングでこのポジションを手仕舞いました。

3【手仕舞い】 The Manager subsequently exited the position.

　▶マネージャーは，その後当該ポジションを手仕舞いました。

4【解消する】 The Manager exited the Company Group short position during the month of September.

　▶マネージャーは9月中に同社グループのショートポジションを解消しました。

5【解消する】 The unwinding of carry trades will add to pressure on the AUD.

　▶キャリー取引の解消もオーストラリアドル（AUD）の売り圧力になるだろう。

　翻訳メモ　①英語では通貨名を国名コードと通貨イニシャルを用いて表すことが多い（日本円ならJPY，英ポンドならGBP，米ドルならUSDなど）のですが，日本の読者にはなじみになっているとはいえないため，初出では通貨名を書き，後ろに通貨の略称コードを括弧書きするのがよいと思います（顧客と相談）。
②中国人民元の表記はCNY（オンショア人民元）とCNH（オフショア人民元＝ユーロ人民元の意味）があります。併記されている場合には「オンショア」「オフショア」と訳し分ける必要はあるでしょうが，国際決済システム上での人民元の表記は「CNY」に統一されていることもあり，併記されていない限り「（中国）人民元」でよいと思います。

6【巻き戻し】 Another factor is the unwinding of many "crowded trades."

　▶もう一つの要素は，多くの「クラウドトレード」の巻き戻しである。

　翻訳メモ　一般読者向けのレポートだと「クラウドトレード」といってもピンとこない可能性があります。そういうときには，たとえば顧客と相談して（極端に多数の投資家が特定の銘柄やセクターに同一のポジションを取ること）といった訳注を入れます。

7【契約を終了する】 The changes in contract values are recorded as unrealized gains or losses and the Trust recognizes a realized gain or loss when the contract is closed.

　▶契約価値の変動は未実現損益として計上され，契約の終了時に実現損益として認識される。

8【収束する】 The "Debt Supercycle" is now in the unwind phase.
> 「債務の超長期サイクル」は収束局面に入っている。

> **🔍翻訳メモ** supercycle は超長期の周期のことで「スーパーサイクル」というカタカナも定着しつつあるようです。「コモディティスーパーサイクル（コモディティ価格の長期上昇相場）」の終焉がここ数年叫ばれています。

同業他社　peers

1【同業他社】 The Company trades at a valuation discount to its global peers.
> 同社は海外の同業他社に比べバリュエーションが割安である。

2【同格付国】 Savings and investment rates are relatively higher than those of peers.
> 貯蓄率と投資率は同格付諸国に比べると高い。

> **🔍翻訳メモ** ソブリン格付に関する文章です。peers とは同格付諸国のこと。

動向　trajectory / behavior of the market / market event

1【動向】 Strategists forecast generally positive trajectory for the global financial market.
> 世界の金融市場の動向に関するストラテジストの予想は総じて前向きだ。

> **🔍翻訳メモ** 「世界の金融市場に前向きな軌道を予想する」からの意訳です。

2【市場動向】 In making decisions, be sure that you understand the behavior of the market.
> 意思決定をする際には，市場動向をしっかりと把握しなければなりません。

3【動向】 The information in this material is only as current as the date indicated, and may be superseded by subsequent market events or for other reasons.
> 本資料の情報は，記載された日の時点のものであり，今後の市場動向またはその他の理由で別の情報に置き換えられる場合があります。

投資する

invest / investment / allocate / go-to market / concentration / speculative investment / barbell strategy / reinvest, roll over

1 【投資する】 We invest our capital in a broad basket of assets, such as high-yield bonds, preferred securities and emerging market debts.
　▶当ファンドはハイイールド債，優先証券，新興国債券など幅広い資産に投資しています。

2 【投資】 An investment in a Hedge Fund should be discretionary capital set aside strictly for speculative purposes.
　▶ヘッジファンドへの投資は，投機的な目的のために，投資家の自らの判断に基づいて厳密に分別された資金でなければなりません。
　翻訳メモ set aside はリスクの高いファンドのために取り分けて確保しておく，という意味で「分別」と訳します。discretionary を「裁量的」と訳してもわからないので，ここは単語の意味に戻り "decided according to the judgement of a person in authority about what is necessary in each particular situation (Oxford Advanced Learner's dictionary, 8th edition)"，さらにファンドの内容も理解した上で訳例のように訳します。

3 【投じる】 Concurrently, greater integration of financial markets has meant that a larger share of the world's pool of savings is being deployed in cross-border financing of investment.
　▶同時に，金融市場のいっそうの統合とは，すなわち世界の貯蓄が，投資用の資金として国境を越えて投じられることに他ならなかった。
　翻訳メモ 2005年2月16日に行われたグリーンスパンFRB議長（当時）の議会証言から。

4 【資金を配分する】 Investors shrugged off the risk of US economic moderation and allocated funds into emerging market equities.
　▶投資家は，米国経済鈍化のリスクをものともせずに，新興国株に資金を配分しました。

5 【投資先】 Traditionally, the Swiss equity market's defensive characteristics – dominated by the Healthcare and Consumer Staples sectors – have made it an attractive go-to market in a volatile investment environment.
　▶スイス株式市場は，伝統的に（ヘルスケアと生活必需品セクターが圧倒的に高いという）ディフェンシブな性格をもつことから，以前から，変動の激しい

投資環境では魅力的な投資先となっていた。

6 【集中投資】 We believe that focused concentration on a smaller number of stocks should lead to greater understanding, and thus greater profits.
▶少数の株式への集中投資が大きな利益につながるというのが当ファンドの考え方です。

7 【投機的な投資】 The Fund represents a speculative investment and involves a high degree of risk.
▶当ファンドの投資は投機的で，高いリスクを伴います。
🖊翻訳メモ　ヘッジクローズによくある表現です。

8 【バーベル戦略】 The barbell strategy is frequently applied to bond portfolios, which is formed when a trader invests in long and short duration bonds, but does not invest in intermediate duration bonds.
▶バーベル戦略は債券ポートフォリオでよく用いられる手法で，トレーダーはデュレーションの長い債券と短い債券に投資し，中期の債券には投資しない。
🖊翻訳メモ　バーベル戦略は債券デュレーションの長短で用いられるのが一般的ですが，クーポンや時価総額など，デュレーション以外の要素が大きい銘柄と小さい銘柄の保有比率を高くする戦略に「バーベル」という言葉が用いられることもあります。

9 【再投資する】 The Committee is maintaining its existing policy of reinvesting principal payments from its holdings of agency debt and agency mortgage-backed securities in agency mortgage-backed securities and of rolling over maturing treasury securities at auction.
▶当委員会は，保有する政府機関債と政府機関保証の住宅ローン担保証券（エージェンシーMBS）の償還元本をエージェンシーMBSに再投資し，償還を迎える米財務省証券を入札時にロールオーバー（再投資）する現行の政策を維持する。
出典　米連邦公開市場委員会（FOMC）声明（2014年10月29日）

逃避　flight to safety / flight to quality

1 【安全資産への逃避】 The recent flight to safety, de-leveraging, and re-pricing of risk by market participants are natural responses to a market crisis.
▶最近の市場参加者による動き，すなわち安全資産への逃避，レバレッジ解消

の動き，そしてリスクの再評価は，市場危機に対する自然の反応である。

2【質への逃避】 In a flight to quality, value does tend to do well as investors look to increase the quality and safety of their holdings.

▶質への逃避が進む環境では，投資家が保有株の質と安全性を増やすべく動くので，バリュー株のパフォーマンスは比較的良好なものとなります。

トップダウン／ボトムアップ
top down / bottom up

1【トップダウン】 The Fund's underlying managers will successfully navigate the volatile market environment through compelling top down ideas and superior stock selection.

▶当ファンドの各マネージャーは，トップダウンアプローチに基づく魅力的な投資アイデアと優れた銘柄選択能力を駆使し，市場の激しい変動をうまく乗り切っていくでしょう。

2【ボトムアップ】 We remain bottom up in stock selection, taking advantage of market weakness to add position whenever appropriate.

▶銘柄選択に関してはボトムアップアプローチを維持し，市場が軟化する場面があれば適宜ポジションを積み増す方針です。

トップライン／ボトムライン
topline / like for like / same-store sales / gross profit / gross margin / operating profit / operating cost / ordinary income / extraordinary profit or loss / pretax profit / bottom line / pro forma

1【売上高】 The Company pulled back due to investor concerns about topline growth deceleration and increased competition.

▶同社は，売上高の伸びが減速し競争が激しくなったことが懸念され，株価が下落しました。

2【既存店売上げ】 Sales increased +44% YoY on 12% like for like growth, and gross margin increased to 15.7% from 14.5% in 2Q.

▶売上高は前年同期比で44％増加し，既存店ベースで同12％成長となった。粗利益は第2四半期の14.5％から15.7％へと上昇した。

3【既存店売上げ】 The company is expanding and same-store sales are expected to increase.
　◯同社の事業は拡大を続けており，既存店売上高は増加が見込まれています。

4【売上総利益率】 Every quarter, analysts predict the gross profit margin (i.e., sales minus cost of goods sold, divided by sales) for the company.
　◯アナリストは，四半期ごとに企業の売上総利益率（売上高から売上原価を控除し，売上高で除した数値）を予想する。

5【粗利益率】 The gross margin is the percentage of the price paid by the consumer that is retained by the store.
　◯粗利益率とは，顧客が支払った金額のうち，店舗側に留保される比率です。
　【翻訳メモ】　粗利益率とは売上総利益率のことです。つまり，gross profit margin = gross margin です。

6【営業利益】 The fundamental objective of depreciation is to reflect in operating profit the cost of using the assets (i.e. to charge a proportionate part of the asset consumed) which generate the income of the period.
　◯減価償却の基本的な目的は，計算期間中に収入を生み出す資産の使用にかかる費用を，営業利益に反映させる（つまり，消費される資産の価値を比例的に費用化していく）ことである。

7【営業費用】 General and administrative expenses include personnel and non-personnel operating costs of the administrative functions.
　◯一般管理費には，管理機能に関する人件費及び人件費以外の営業費用が含まれている。

8【経常利益】 We posted an operating income of ¥1.53 billion, an 18.1 percent decrease from ¥1.86 billion the last fiscal year, and an ordinary income of ¥1.23 billion, a 4.5 percent decrease from ¥1.28 billion the last fiscal year.
　◯営業利益は15億3千万円（前期18億6千万円に比べ18.1％減）となり，経常利益は12億3千万円（前年度12億8千万円に比べ4.5％減）となりました。

9【特別損益】 As for extraordinary profit or loss, we posted ¥80 million in losses from the disposition of fixed assets.
　◯特別損益につきましては，固定資産の処分損8千万円を計上いたしました。

10 【税引前利益】 On May 3, the company announced that annual pretax profit will beat the company's estimates.

◎5月3日，同社は通期の税引前利益が会社予想を上回る見込みだと発表した。

11 【純利益】 While top line fell 3% short of consensus estimates, EBITDA and bottom line beat expectations by 5%.

◎売上高はコンセンサス予想を3％下回ったものの，EBITDAと純利益は事前予想を5％上回った。

<翻訳メモ> EBITDAは金利（interest），税（taxes），有形固定資産の減価償却費（depreciation），無形固定資産の償却費（amortization）を引く前の利益（earnings）のことです。

12 【プロフォルマ】 We project pro forma EPS of our combined Spring growing at a 5-year CAGR of 20.6%, relative to projected growth of only 1.5% for the JET group.

◎再統合後のスプリングの，今後5年間の年平均EPS（経営者見積ベースの）成長率を20.6％と見込んでいるが，これはJETグループ予想平均成長率のわずか1.5％を大きく上回る。

<翻訳メモ> 「形式上の」「仮の」「試算される」「見積上の」と訳される，ちょっとわかりにくい概念です。要は会計原則に従った数値はともかくとして，経営陣が想定した条件に沿って産出した数値である，という意味。「プロフォルマ・ベース」と訳すこともあります。なお，ここでCAGRとはcompound annual growth rate，つまり年複利成長率のこと。この文章ではそこを含意しているとして訳出はしませんでした。

トレンド　trend / uptrend

1 【基調】 The upward trend is likely to continue, although it should become less steady.

◎上昇基調は続く見通しだが，不安定さが増すだろう。

2 【上昇気運】 We expect a short-term consolidation in early March before the market resumes it uptrend towards the month end.

◎3月は初旬に短期的な調整を経た後，月末にかけて再び上昇気運に乗るだろうと予想しています。

<翻訳メモ> 1と2の文章はトレンド，気運いずれも使える例です。「上昇トレンドが再開する」でも同じです。

[な行]

何よりも
most importantly / first and foremost / most significantly / notably / not least because

1 【何よりも】 Most importantly, the PMI rose significantly to 52.5 in September from 50.9 in August.
▶ 何よりも，9月の購買担当者景気指数（PMI）が，8月の50.9から52.5へと大幅に上昇した。

2 【第一に】 First and foremost, the evidence points to the fact that investors seek advice and that they are willing to pay for it.
▶ 第一に，このことは投資家が助言を求めており，それに対価を払うこともいとわないという事実を示している。

3 【特筆すべきは】 Most significantly, by 2004 inflation (in Turkey) had fallen into the single digits for the first time in thirty years, after averaging 75 percent in the 1980s and more than 50 percent in the 1990s.
▶ 特筆すべきはインフレ率の改善だ。トルコのインフレ率は1980年代には平均して75％，90年代も50％を超えていたが，2004年には30年ぶりに1桁台まで低下した。

4 【とりわけ】 A sharp upward adjustment to global bond yields triggered by inflation fears could trigger a hard landing for global consumer, notably in those countries where household leverage is high.
▶ インフレ懸念を引き金とする世界的な債券利回りの急上昇は世界中の消費者，とりわけ家計の負債比率が高い諸国の消費者動向を急速に冷え込ませる可能性がある。

5 【～なだけに】 Ultimately, they will have to endure some turbulence, not least because the European discussion is here to stay and is set to provide further cause for market volatility.

○欧州問題をめぐる議論が長引き,さらなる市場の波乱要因になりそうなだけに,最終的にはある程度の混乱に耐えなければならなくなるでしょう。

入手可能な　available

1【入手可能な】　Prices for issues and redemptions are based on the latest available preceding valuation.
○発行および買い戻しにかかる価格は,直近の入手可能な評価額に基づく。
翻訳メモ　前後関係がないのでわかりにくいのですが,ここで valuation は市場価格を意味しています。
出典　Harvest RMB Fixed Income Fund　http://www.harvestglobal.com.hk/upload/Attach/mrbj/10857369.pdf

2【閲覧できる】　More information, including historical long/short exposure, performance attribution and sector allocation is available at our web site.
○過去のロング／ショートのエクスポージャー,パフォーマンス特性,セクター配分などの詳しい情報については,当社ウェブサイトで閲覧いただけます。

値動き　price action / price move / fluctuation

1　It is not clear that this price action marks the beginning of a downtrend for commodities.
○今回の値動きが商品価格の下降トレンドの始まりを示しているのかどうかは明らかではない。

2　These price moves were strong enough to push markets beyond key technical marks.
○こうした値動きには勢いがあり,テクニカル上の重要な節目がいくつも破られる結果となった。

3　Commodity prices have also been more volatile as a result of the inflation and slowdown scare, with wild fluctuations in industrial metals prices prominent.
○インフレと景気減速への懸念からコモディティ価格の変動が激しくなってきており,特に工業用金属の荒っぽい値動きが目立っている。

値固め　firming / consolidation / well-established / locked

1 【値固めをする】 Earlier plans to restructure subsidy programs could be sidelined with food and global oil prices firming.
  ◯食品価格と国際原油価格が値固めをするなか，補助金制度を見直すこれまでの計画は棚上げされる可能性がある。
  📝翻訳メモ　sideline は「中心から外す」という意味から，ここでは「棚上げ」。「見送り」「様子見」の項（p.206, 217）も参照。

2 【下値固め】 We believe that US equities will end their relative bear phase compared to Europe, which started in early 2003, and should soon enter a consolidation phase.
  ◯米国株は 2003 年初めにはじまった欧州株に対する軟調な局面を脱し，間もなく下値固め段階に入るものと判断している。

3 【長らく維持されてきた】 With USD/SGD holding steady near the bottom of the well-established 1.10 to 1.20 trading range, this implies that there may be more weakness ahead for the SGD/MYR cross.
  ◯USD/SGD が長らく維持されている 1.10 ～ 1.20 取引レンジの下値付近で安定しているため，SGD/TWD は今後さらに弱含むことも考えられる。
  📝翻訳メモ　SGD：シンガポールドル，TWD：台湾ドルです。「USD/SGD が下値付近で安定」とはシンガポールドルで見た米ドルが安い＝シンガポールドルが高い，ということなので，対台湾ドルに対してはシンガポールドル高が続くと言っているのです。

4 【膠着状態となる】 For the week ahead, the EUR/USD remains locked in the well-established immediate trading range of 1.33 to 1.35.
  ◯今後 1 週間を見通すと，EUR/USD はこのところ定着している 1.33-1.35 のレンジで引き続き膠着状態となろう。

年度　FY / 1H, 2H / the first half / the second half / quarter

1 【年度】 FY2014 capex forecasts will likely be revised downward as a result of increased economic uncertainty.
  ◯2014 年度（2015 年 3 月期）の設備投資予想は，経済の不確実性の高まりで下方修正されそうだ。
  📝翻訳メモ　FY は "fiscal year" のことです。会計年度，財政年度，事業年度，営業

年度を意味します。米国の財政年度は 10 月 1 日～翌年の 9 月 30 日です。日本の場合「2015 年度」といえば「2016 年 3 月期」と「～年度」の年は開始月の年のことですが，米国で Fiscal year 2016（FY2016 ＝ 2016 年度）とは終了する年，つまり 2016 会計年度（2015 年 10 月～ 2016 年 9 月）のことですので注意してください。日本の財政年度は 4 月－ 3 月です。インドも同じ。

2 【上（半）期，下（半）期】 China's economic growth should remain relatively sturdy in the 1H due to massive stimulus, with stabilization in the 2H.
▶ 中国の経済成長率は大規模な景気刺激策を受けて上期に比較的堅調に推移した後，下期には安定するとみられる。

3 【上半期】 Corporate bond issuances net of redemptions amounted to over $50 billion in the first half.
▶ 上半期の社債発行額（償還分を差し引いた純額）は 500 億ドルを上回った

4 【下半期】 We anticipate continued choppiness and believes the market could stabilize during the second half of the year.
▶ 市場の変動は今後も継続し，安定に向かうのは下半期になる可能性があるとみています。

5 【四半期】 Japan's first-quarter real GDP came in at 4%, and auto sales are strong.
▶ 日本の 1 － 3 月期の国内総生産（GDP）は 4 ％で，自動車販売は好調である。
🔍 翻訳メモ　日本は財政年度が 4 月－ 3 月なので混乱する可能性があるため，例えば内閣府は国内総生産を発表するときには必ず 1 － 3 月期や 4 － 6 月期と表示しています。外国人のアナリストは無意識のうちに 1Q，2Q と書いていることが多いので，そのまま第 1 四半期，第 2 四半期と訳さないよう注意しましょう。

6 【四半期】 The company reported strong 3Q results and remains active on the external growth front.
▶ 同社の第 3 四半期業績（4 － 6 月期）は堅調で，引き続き高い外部成長への意欲を示しています。
🔍 翻訳メモ　同様に，第 1 四半期＝ 1Q，第 2 四半期＝ 2Q，第 4 四半期＝ 4Q。

乗り換える　switch / rotate

1 【乗り換える】 At the beginning of the quarter we increased our underweight position in the materials sector and switched into telecoms.

▶当ファンドは今四半期の期初にあたって，アンダーウェイトとなっている素材セクターの保有比率をさらに引き下げ，通信セクターに乗り換えました。

　🔍翻訳メモ　「アンダーウェイト」とはベンチマークと比べて保有比率が低いことです。

2【乗り換える】 Many believe convertibles could be attractive for investors looking to rotate out of credit into equity and equity-linked securities.

▶転換社債は，社債から株式や株絡み証券への乗り換えを検討している投資家にとって魅力的な投資対象になりうるとの見方は多い。

　🔍翻訳メモ　convertibles は convertible bonds の略です。

[は行]

背景
against a backdrop of / due to / as a result of / in this context / prompt

1【～を背景に】 The BoJ is taking on a more hawkish tone against a backdrop of stronger economic fundamentals.
○日銀は，力強い経済ファンダメンタルズの改善を背景にタカ派的な姿勢を強めている。
🔍翻訳メモ　"against a backdrop of" は "on the back of" や単に "on" でも表現できます。

2【～を背景に】 Shares appreciated during the month primarily due to record high commodity prices and rising demand from China.
○コモディティ価格が過去最高値を記録したことや中国からの需要拡大などを背景に，株価は前月比で上昇しました。

3【～を背景に】 Shares declined 7% during the month as a result of falling natural gas and commodity prices.
○天然ガスをはじめとするコモディティ価格の下落を背景に，株価は前月比で7％下落しました。

4【こうした状況の下】 In this context, the Nikkei index ended up down 15.3% for the month.
○こうした状況の下，日経平均は結局この1ヶ月で15.3％下落しました。

5【～を受けて】 Historically, the EUR/GBP is trading at low levels and the strength of GBP and economic weakness in the Eurozone has already prompted the BoE to cut interest rates.
○ユーロ（EUR）／英ポンド（GBP）は過去の水準に比べると低く，英ポンド高とユーロ圏経済の低迷を受けて，イングランド銀行は利下げに踏み切った。
🔍翻訳メモ　already は「～を受けて」に含意。時間的流れを考えれば already はあっ

てもなくても同じ意味です。

波及

spill over / spread to / feed through / contagion / spillover effect / ripple effect / lagged effect / contagion risk / monetary transmission mechanism / financial contagion

1 【波及する】 The ECB seems convinced that the export driven recovery has the potential to spill over to the consumer.
　◯ECB は輸出主導型の回復が個人消費へ波及する可能性があると確信している模様である。

2 【広がる】 Even so, uncertainty could spread to other debt markets, especially Italy, if fiscal consolidation lags.
　◯それでも，財政再建が遅れれば，イタリアなど他の債務国にも不透明感が広がる可能性がある。

3 【浸透する】 There is increased evidence that the initially export-led recovery is beginning to feed through to domestic demand.
　◯当初は輸出主導で進んでいた景気回復が内需に浸透し始めていることを裏付ける証拠が増えている。

4 【伝播】 The uncertainty centers on the contagion risks to other oil-producing countries.
　◯最も不透明なのは，他の石油産出国への伝播のリスクである。

5 【波及効果】 Uncertainty remains very high, with the exact spillover effects from the financial markets to the real economy unknown.
　◯不確実性は依然としてきわめて高く，金融市場から実体経済への波及効果が具体的にどのようなものになるのかわかっていない。
　　[翻訳メモ] 実体経済と実物経済は同義です。

6 【波及効果】 The markets are concerned about growth in the US and the ripple effect this may have on the rest of the world.
　◯市場では米国の景気とそれが世界各国に及ぼしうる波及効果が懸念されています。

7 【遅延効果】 The lagged effects of upward food price pressure are becoming visible in inflation readings of some emerging economies.

○食料品価格上昇の遅延効果が一部の新興国のインフレ率に目立つようになってきている。

8【波及リスク】 However, the contagion risks remain difficult to assess.
○しかし，波及リスクを評価するのは依然として難しい。

9【金融政策の波及メカニズム】 The monetary transmission mechanism describes how policy-induced changes in the nominal money stock or the short-term nominal interest rate impact real variables such as aggregate output.
○金融政策の波及メカニズムとは，政策に誘発された名目マネーストックまたは短期の名目金利の変化が，総産出量をはじめとする実質変数にどのような影響を及ぼすのかを説明するものである。

10【ファイナンシャルコンテイジョン】 The low probability but possible case of a Greek euro exit remain key risks for financial markets, with renewed deposit flight and financial contagion possible.
○ギリシャのユーロ離脱という確率は低いもののありえなくもないシナリオが，引き続き金融市場の主要リスクとなっており，取り付け騒ぎとファイナンシャルコンテイジョン（金融危機の他国への波及）が再び起きる可能性がある。

翻訳メモ ①金融危機の際に起きる財政上の伝染や連鎖反応のことを「ファイナンシャルコンテイジョン」といいます。
②取り付け騒ぎの英語表現としては，ほかに bank runs があります。

拍車 intensify / spur / gear up / add to / accentuate / fuel / amplify / compound / speed up / accelerate

1【拍車がかかる】 While Asian markets equities have lagged their developed market peers since the beginning of the year, the underperformance has intensified over the past month.
○アジアの株式市場は年初来で先進国市場に大幅に出遅れてきたが，先月はそのマイナスに拍車がかかった。

2【拍車がかかる】 These developments should be spurred along by the continued removal of excess liquidity by the Fed, BOJ, and ECB.
○FRB，日銀，ECB が過剰流動性を縮小し続けるなか，こうした展開には拍車がかかるとみられる。

3【拍車がかかる】 Competition for limited resources is likely to gear up

in quarter two of 2009.
◉ 2009年第2四半期は，限られた資源の争奪戦に拍車がかかるだろう。

4 【拍車をかける】 The persistent imbalances of the global economy, and notably the US external deficit, further add to the fragility of the situation.
◉ グローバル経済の根強い不均衡，特に米国の対外赤字が状況の脆弱さに拍車をかけている。

5 【拍車をかける】 The stock market decline was accentuated by a fall in the Turkish Lira of close to 20% against the dollar.
◉ トルコリラが対米ドルで20％近く下落したことも株式市場の下落に拍車をかけました。

6 【拍車をかける】 Shifts in positioning risk fueling a rapid sell-off in CHF
◉ ポジショニングの変更がスイスフランの急落に拍車をかけるリスクも
翻訳メモ 記事のタイトルです。CHF＝スイスフランです。

7 【拍車をかける】 This squeeze on margins is further amplified by the lack of pricing power that most sectors still suffer.
◉ そうした利益率の低下にいっそう拍車をかけているのが，ほとんどのセクターに依然としてみられる企業の価格決定力の弱さである。

8 【拍車をかける】 Recent geopolitical developments in Asia and the Middle East as well as questions surrounding Bernanke's perceived credibility are compounding the confusion.
◉ 最近のアジアと中東における地政学上の最近の動きに加え，バーナンキFRB議長の信頼性をめぐる疑念が，混乱に拍車をかけている。

9 【加速する】 The introduction of Exchange Traded Funds (ETFs) for the majority of commodities has doubtless done much to speed up the escalation of commodity prices.
◉ 大半のコモディティにETFが導入されたことが，商品価格の上昇加速に大きく寄与したことは間違いない。

10 【加速する】 In 2004 and 2005, the trend accelerated with XX Times losing more than 8% of its subscribers two years in a row.
◉ 2004年と2005年はこうした傾向が加速し，XXタイムズ紙は2年連続で8％以上の購読者を失いました。

パーセンテージポイント
percentage point

☞ The country's FDI as a share of GDP spiked from 13% to 27% from 1987 to 2001, and only increased an additional 2 percentage points by 2012.

▶ 同国の対外直接投資（FDI）の対 GDP 比率は，1987 年から 2001 年の間に 13％から 27％まで急上昇したが，その後 2012 年までは 2 ポイントしか伸びなかった。

翻訳メモ additional 2 percentage points とは 27％が 29％になったということです。ここで増えた分を「2％」と訳すと，それは「27％×2％」分増えて 27.54％になったことを意味するので注意してください。実際には「％ポイント」あるいは「ポイント」と訳すべきところ慣習的に％（パーセント）と訳している例もあります。政策金利の上げ下げです。たとえば FF 金利が 2％から 2.5％になったときには「0.5％の利上げ」とは言いますが，「25％（2.5％は 2％から 25％アップです）の利上げ」とは言いません。一方，1％の 100 分の 1 は「ベーシスポイント」といいます。p.16 参照。

破綻処理

resolution / default / default rate / maturity extensions / debt restructuring / rescheduling / haircut / bail-out / bail-in / write down / write-down / loss-absorbing / living will

1【破綻処理】 The "Resolution Regime" is a set of tools to restructure a financial institution to ensure the continuity of its functions, protect depositors and minimize risks to financial stability.

▶「破綻処理制度」とは，金融機関の事業を再編してその機能の継続性を確保し，預金者を守り，金融の安定性へのリスクを最小化させる一連のツールのことである。

2【債務不履行（デフォルト）】 In general, until June of 2006 the high yield bond market continued to be aided by a very low default rate, solid earnings and stable long-term interest rates.

▶ 2006 年 6 月以前のハイイールド債市場は，極めて低いデフォルト率，堅調な企業業績，安定的な長期金利など，おおむね好環境が続いていました。

3【債務不履行（デフォルト）率】 Financial institutions have historically shown lower default rates than general corporates.

◉従来，金融機関のデフォルト率は一般企業よりも低い水準を維持してきました。

4【償還延長】 While default volume increased to $4 bn, default rates remained low as active maturity extensions during the recent high yield boom paid off.

◉債務不履行（デフォルト）の金額は40億米ドルに増加したものの，デフォルト率はハイイールド債ブーム期間中の積極的な償還延長の効果で低水準にとどまった。

5【債務再編（リストラクチャリング）】 Debt restructuring aims to make the debt burden manageable again.

◉債務再編は，債務負担を再び管理可能にすることを目指す措置である。

6【リスケジューリング】 We expect that there is going to be some form of debt rescheduling or restructuring sooner or later.

◉債務のリスケジューリング（繰り延べ）かリストラクチャリング（再編）が何らかの形で早晩行われるのではないかと予想している。

翻訳メモ ①借り手の返済能力が厳しくなってきたときに，貸し手と交渉し，支払い期限の繰り延べや利払いの軽減，元本削減などを通じて支払い条件を緩和してもらうことを意味します。
②rescheduling と restructuring はカタカナで書かれることも多いですが，まだ慣れていない読者もいるので日本語の意味も書いておく，という処理をしています。これも顧客と要相談です。なお，restructuring には業務再編の意味もあるので注意してください。

7【ヘアカット】 Suggestions for restructuring range from prolonging maturities and cutting interest rates to reducing debt outright, commonly called a "haircut."

◉再編案としては，償還年限の延長や金利の引き下げから債務の元本を削減するいわゆる「ヘアカット」までさまざまである。

翻訳メモ 「ヘアカット」とは本来，担保掛け目（担保としての有価証券を評価する際に差し引く一定割合）のことですが，この例文にあるように，債務再編の一貫として「債務金額を減額すること」もヘアカットと呼ぶようになりました。

8【ベイルアウト】 The insurance group was near collapse and had to receive a bail-out loan of $85 billion from the US government.

◉その保険会社グループは破綻の危機に瀕し，やむなく米国政府から850億ドルのベイルアウト（緊急融資）を受け入れました。

翻訳メモ 「ベイルアウト」とは，公的資金導入による金融機関の救済のことです。

日本では 1990 年代に山一証券，北海道拓殖銀行，日本長期信用銀行などに多額の税金がつぎ込まれたことを覚えている方も多いでしょう。2008 年に深刻化した世界金融危機でも，アメリカ政府によって公的資金が導入されました。

9 【ベイルイン】 It is being discussed whether there will be a bail-in of Spanish banks, i.e. whether bondholders will have to face losses on their bank subordinated debt, thus reducing the taxpayer burden of bank recapitalization.

▶スペインの銀行のベイルインがあるのかどうか，つまり銀行の資本増強に伴う納税者負担を減らすために，債券保有者が劣後債の損失を負わされるべきかどうかが議論されている。

翻訳メモ ベイルインとは，債券保有者の損失負担による救済のことです。具体的には元本削減（ヘアカット）あるいは債券のエクイティへの転換などです。2008 年，いわゆるリーマンショック後の金融危機時に莫大な税金が使われて銀行救済（ベイルアウト）が行われ，債券保有者の権利は守られたわけですが，なぜ民間企業の救済に税金が使われなければならないのか，なぜ投資家が損失を負わないのか？ という批判も高まり，ベイルインによる破綻処理制度が導入されることになったのです。

10 【償却する】 In an extreme scenario, the only solution is to write down sovereign debt; but this is undesirable.

▶極端なシナリオでは，ソブリン債務の償却が唯一の解決策ですが，これは望ましいことではありません。

11 【償却】 Small US banks will not be able to sell the loans on their books at the prices they anticipate and will therefore have to take major write-downs.

▶米国の中小銀行はバランスシートに計上しているローンを目論見通りの価格で売ることができず，多額の償却損を計上せざるを得なくなる。

12 【損失吸収】 European senior bank bonds become bail-in eligible (loss-absorbing) on 1/1/2018; earlier maturities not affected.

▶欧州の銀行シニア債は 2018 年 1 月 1 日からベイルイン適格（損失吸収資本）となる。なお，それ以前に満期を迎える債券は影響を受けない。

13 【生前遺言（リビングウィル）】 The objective of a properly organized "living will" is to forestall these deeper capital concerns from ever happening.

▶適正に作成された「生前遺言」の目的は，こうした深刻な資本上の懸念を未然に防ぐことにあります。

> **翻訳メモ** living will とは,元々は「末期症状になった際に延命治療をせずに尊厳死を求めることを文書化する行為を表す」言葉ですが,破綻処理という文脈では,金融機関が自身の経営破綻を想定して策定する計画のことです。米国では,2010年に成立した金融規制改革法(ドッド・フランク法)によって各行に義務付けられています。

ハードデータ

hard data / soft data / GDP / first estimate / second estimate / final revision / preliminary / flash / PCE index / new car sales / factory orders / initial (jobless) claims / nonfarm payrolls / discouraged worker / housing starts / industrial output / industrial production / capacity utilization / existing home sales / S&P/Case-Shiller 20-city composite / orders for durable goods / productivity / Li Keqiang index

1 【ハードデータ/ソフトデータ】 Economists have typically been suspicious of data generated by mail and telephone surveys and interviews, or "soft" data and have idolized measured "hard" data.
▶ 経済学者は,郵便や電話での調査やインタビューで収集された「ソフト」データをあまり信用せず,測定結果である「ハード」データに心酔する傾向があった。

2 【ハードデータ】 Hard data including Q2 GDP, industrial production, inflation and retail sales will provide a glance into China's economic health.
▶ 第2四半期の国内総生産(GDP),鉱工業生産,インフレ率,小売売上高といったハードデータで中国の経済状態を垣間見ることができる。

3 【GDP】 The average revision of GDP growth data between the first advance estimate and the next preliminary estimate during the 20-year period 1983-2003 was +0.1% with a standard deviation (without regard to sign) of 0.4%.
▶ GDP成長率の最初の速報値から次の暫定値への修正の程度を過去20年間にわたって調べてみると,平均が+0.1%,標準偏差(平均からの乖離幅であるため絶対値表示)が0.4%だった。

> **翻訳メモ** ハードデータの代表が国内総生産(GDP)です。米国では商務省経済分析局(BEA)が当該四半期末の翌月末に速報値(advanced estimate),翌々月に暫定値または改定値(second estimate),3ヶ月後の月末に確定値または確報値(third estimate)を発表します。この表記は商務省に依っていますが,報道等では改定値は preliminary estimate,確定値を final estimate と表記することが多いようです。なお,比較対象は前

期比年率，日本（内閣府発表）も前期比年率，中国（国家統計局発表）は前年同月比となっています。

4 【速報値】 Please be aware that the first GDP estimates are prone to revision as they are based on the first two months' data with an estimate for the third month.

▶ GDPの速報値は当初2ヶ月の実数値と3ヶ月目の推定値を基に算出されるため，改定されることが多い点は要注意である。

翻訳メモ GDPの成長率は速報値か，改定値か，確定値が発表されます。例えば米国の1－3月期のGDPは速報値が4月頃，改定値が5月頃，確定値は6月頃に発表されます。なお，運用レポートの書き手であるファンドマネージャーは必ずしも速報値か改定値か確定値かを明示しないで書く場合がありますので，翻訳に出すかどうかは別として（文脈で判断）確認することをお薦めします（書いている時期でわかりますが）。

5 【改定値】 Real GDP grew at an annual rate of 2.3% in the second quarter of 2011 according to a second estimate.

▶ 2011年4－6月期の実質GDP成長率の改定値は前期比年率2.3％となった。

翻訳メモ 改定値は，他に second release という言い方もします。

6 【確定値】 The final revision of 4Q02 annualized GDP growth remained unchanged at 3.3%, as expected.

▶ 2002年第4四半期（10－12月期）の国内総生産（GDP）成長率の確定値は予想通り改定値と同率の前期比年率3.3％だった。

7 【速報値】 The company reported a preliminary net profit of EUR 150m for 2012, below management guidance of EUR 180m.

▶ 同社は2012年の純利益の速報値を1億5,000万ユーロと発表。会社予想の1億8,000万ユーロを下回った。

8 【速報値】 In 10Q3 the French economy did not grow at all (according to the flash estimate of GDP released last week).

▶ 2010年第3四半期（7－9月期）のフランス経済は（先週発表されたGDP速報値によると）ゼロ成長であった。

9 【個人消費支出物価指数】 We expect the core PCE index, which is closely watched by the Fed, to move slightly above the Fed's comfort range over the coming quarters.

▶ 米連邦準備理事会（FRB）が重要視しているコア個人消費支出物価指数は，これから数四半期はFRBが安心できる範囲を若干上回る見込みだ。

> 🔍翻訳メモ　①個人消費支出物価指数は，名目個人消費支出を実施個人消費支出で除して算出します。「PCE デフレーター」とも呼ばれています。なお，PCE は Personal Consumer Expenditure の略です。p.20 を参照。
> ②個人所得，個人支出，個人消費支出物価指数は翌月末～翌々月はじめに商務省経済分析局から発表されます。

10【新車販売台数】 US new car sales increased 3.9% in June over a year earlier, and hit an adjusted annual selling pace of 17.16 million vehicles.

▶ 6月の新車販売台数は，前年同月比3.9％増加し，季節調整済みの年率換算で1,716万台となった。

> 🔍翻訳メモ　アメリカの新車販売台数は，毎月，月初めにアメリカの調査会社「オートデータ」から前月分が発表されます。

11【製造業受注】 Factory orders advanced 1.8 percent in June, the Commerce Department reported Tuesday.

▶ 火曜日に米商務省が発表した6月の製造業受注は前月比1.8％増だった。

> 🔍翻訳メモ　米国の製造業受注は，毎月，翌々月の第1週に商務省から発表され，設備投資の先行指標として注目されています。

12【新規失業保険申請件数】 The initial jobless claims, one of the best leading indicators, is well on its way back to 400K and should continue improving.

▶ 最も優れた景気先行指標の一つである新規失業保険申請件数は，40万件への道のりを再び着実に歩んでおり，今後も改善し続けるはずだ。

> 🔍翻訳メモ　米国の新規失業保険申請件数は毎週木曜日に労働省から発表されます。

13【非農業部門雇用者数】 Nonfarm payrolls also disappointed investors, rising by a mere 105,000 in November, although there were significant upward revisions in September and October figures and the overall unemployment rate fell to 4.7%.

▶ 非農業部門の雇用者数，11月はわずかに105,000人の増加と投資家を失望させましたが，9月と10月分が大幅に上方修正されており，全体的な失業率も4.7％まで低下しました。

> 🔍翻訳メモ　米国の雇用統計は毎月第1金曜日に労働省労働統計局から発表される，きわめて注目度の高い指標です。

14【就業意欲喪失者】 The labor market participation rates continue to fall as discouraged workers stop looking for jobs.

▶就業意欲喪失者が職探しを止める動きが広がっており，労働参加率は下がり続けている。

15【住宅着工件数】 Numbers for both building permits and housing starts were much lower in January than in December while housing completions were up.

▶1月の住宅建設許可件数と住宅着工件数はいずれも12月を大幅に下回ったが，完成件数は増えた。

> 翻訳メモ　米国の住宅建設許可件数と住宅着工件数はともに毎月中旬に商務省センサス局から発表されます。

16【鉱工業生産】 March industrial output rose 13.9% year on year, 5.5% above consensus, while retail sales shot up 23.2% year on year versus forecasts of 13.4%.

▶3月の鉱工業生産は前年同月比で13.9％上昇と，コンセンサス予想を5.5％上回りました。小売売上高は前年同月比で23.2％増加と，13.4％だったコンセンサス予想を上回っています。

> 翻訳メモ　米国の鉱工業生産指数は，設備稼働率ともども毎月中旬にFRBが発表します。小売売上高は毎月第2週に商務省センサス局から発表されます。

17【鉱工業生産】 Industrial production and exports are strong and profits could be up 25%.

▶鉱工業生産と輸出は好調で，企業収益も25％の増益となる可能性があります。

18【設備稼働率】 Industrial Production went up to 2.3% in February from the low of 1.4% in summer last year, and capacity utilization continued to stay at a healthy 80-82% for the last 3 years.

▶2月の鉱工業生産指数は前年同月比の伸び率が2.3％と昨年夏の底である1.4％から上昇しており，設備稼働率も過去3年間にわたり80～82％と健全な水準を維持しています。

19【中古住宅販売件数】 NAR existing home sales plummeted in June to a seasonally adjusted annual rate of 4.49 million units from a downwardly revised 5.49 million units in May.

▶6月の米不動産業者協会（NAR）中古住宅販売件数（季節調整済み）は年率449万戸と，下方修正された5月の同549万戸から大幅に減少した。

> 翻訳メモ　中古住宅販売件数は毎月25日頃に発表されます。前月比が注目される景気先行指標です。

20 【ケース・シラー住宅価格指数】 The S&P/Case-Shiller 20-city composite seasonally-adjusted data was down slightly for the month and is now up only 3.1% over the last 12 months.

▶ S&P ケース・シラー 20 都市住宅価格総合指数（季節調整後）は前月比で若干下落し、過去 12 ヶ月間で上昇率もわずか 3.1％となった。

翻訳メモ S&P ケース・シラー住宅価格指数は米国の住宅価格指数で、民間の指標としては最も注目されている数値の一つです。10 都市圏指数、20 都市圏指数、大都市圏指数は毎月最終火曜日に先々月分が、全米住宅価格指数は 3 ヶ月ごとに先々月までの四半期分が公表されます。

21 【耐久財受注】 New orders for durable goods rose a seasonally adjusted 3.4% in June from a month earlier, the Commerce Department said.

▶ 米商務省が発表した 6 月の耐久財新規受注額（季節調整済み）は、前月比で 3.4％増えた。

翻訳メモ 米国の耐久財受注は毎月月末近くに商務省から前月分が発表されます。生産、設備投資の先行指標として製造業（約 4000 社）の出荷、在庫、新規受注、受注残高で構成されています。

22 【労働生産性】 Productivity in the US non-farm business sector was reported last week as up 3% p.a. in Q4 compared to Q3, but in the previous two quarters the growth of this highly volatile aggregate was only 0.5% p.a. (on average).

▶ 先週発表された昨年第 4 四半期の非農業部門労働生産性指数（季節調整済み、1992 年＝ 100）は前期比年率 3.0％の上昇となったが、この指数は極めて振れが大きく、それ以前の 2 四半期の伸び率はわずか年率 0.5％（平均）であった。

翻訳メモ 米国の労働生産性は四半期ベースの指標で、速報値（2, 5, 8, 11 月）と改定値（3, 6, 9, 12 月）が労働省から発表されます（毎月上旬）。併せて単位労働コスト（unit labor cost）も発表されます。

23 【李克強指数】 Premier Li once spoke about the use of railway cargo volume, electricity consumption and bank loan growth to gauge economic activity.

▶ 李克強首相はかつて、経済状況の測定を目的とする鉄道輸送量、電力消費量、銀行融資残高の伸びの使用について話したことがあります。

翻訳メモ 中国の公式な統計ではなく、李克強首相が注目する指標として海外メディアがつけた通称のことです。日本では李克強指数、英語では Li Keqiang index とも表記されます。中国の経済統計の中では、電力消費量、鉄道貨物輸送量、銀行融資残高の 3

つが比較的信用できるといわれています。(『文藝春秋』2015年10月号「バブル崩壊とAIIBの吉凶」船橋洋一，デイヴィッド・ピリング，原文の出典：China economic data: A reality check, Tai Hui, Grace Tam and Ian Hui, October 2014　https://www.jpmorganmf.com/GTMA/MI-WP_ChinaData_201410.pdf）

歯止め　keep a lid on / break / limit downsides

1【歯止めがかかる】　However, market apprehension about traction in the global recovery should help keep a lid on yields for a bit longer.
▶しかし，グローバルな景気回復の勢いをめぐる市場の懸念から，利回り上昇には今しばらく歯止めがかかるはずだ。

2【歯止めがかかる】　The stabilization and strengthening of many currencies since May has helped to break a vicious circle whereby weakening exchange rates were raising the burden of private-sector foreign-currency debt and exacerbating economic and financial stress, and further undermining currencies.
▶5月以降，多くの通貨が安定化および上昇したことで，通貨安が民間セクターの対外債務負担を重くし，経済上，財政上の苦境を悪化させ，通貨をさらに下落させるという悪循環には歯止めがかかった。

3【下値を支える】　On balance, healthy profit developments, robust Chinese growth and gradual US recovery should limit downsides before sovereign risk concern resolves itself.
▶全体としては，企業収益の堅調な動き，中国の力強い経済成長，米国の緩やかな景気回復が，ソブリン・リスク懸念が解消されるまでの間，下値を支えると思われます。

ハードランディング　hard landing / soft landing

1【ハードランディング】　Chinese GDP growth below 6% would be considered a hard landing.
▶中国の国内総生産（GDP）成長率が6％を下回るようなことがあれば，それはハードランディングとみなされよう。
　翻訳メモ　「ハードランディング」とは航空機の着陸時の様子から転用された言葉で，

177

景気が急激に落ち込んで市場や経済状況が混乱に陥ることをいいます。

2【ソフトランディング】 China, which is a key export partner of Australia, appears on track for a soft landing.

▶ オーストラリアの重要な輸出先である中国はソフトランディングに向かっている模様である。

🖉翻訳メモ　ソフトランディングは「軟着陸」，つまり大きな混乱なく景気が穏やかに低迷していくことを意味します。

バブル
frothy / froth / create a bubble / move into a bubble / wealth effect / prick a bubble / bubble burst / buble pop / negative wealth effect

1【浮ついた】 Current frothy markets can turn choppy again.

▶ バブルの芽のような現在の浮ついた市場が再び不安定な動きを見せるかもしれません。

2【ミニバブル】 At the moment, there are plenty of signs of froth.

▶ 現時点で，ミニバブルの兆候があちこちに見えている。

出典▶　"Plenty of signs of froth in equities," *Financial Times*, November 25, 2013

3【バブルを引き起こす】 The massive stimulus package after the Lehman failure in 2008 created a credit bubble in China.

▶ 中国では，2008年のリーマン破綻後の大型景気刺激策が信用バブルを引き起こした。

4【バブルが発生する】 There is absolutely no concern about the German real estate market moving into a bubble state, say, two years from now.

▶ ドイツの不動産市場がバブルに陥る懸念は，少なくとも今後2年間はまったくない。

5【資産効果】 Higher house prices may boost GDP growth through a combination of the wealth effect and construction spending.

▶ 住宅価格が上昇すると，資産効果と建設投資によってGDP成長率を押し上げる可能性がある。

🖉翻訳メモ　家計の保有する資産価格が上昇すると人々が豊かになったと考えて消費や投資を増やし，その結果マクロ経済が刺激される現象を資産効果といいます。

6【バブルをつぶす】 We know that the Bank of Japan pricked the bubble in 1989. We have also found, strangely, that it was the Bank of Japan whose actions prolonged the recession.

◯ 我々は日本銀行が 1989 年にバブルを潰したことを知っている。そして奇妙なことに，日本の景気後退を長引かせたのも，やはり日銀の政策行動だったのだ。

出典 *Princes of the Yen: Japan's Central Bankers and the Transformation of the Economy*. Richard Werner, Routledge, 2003, p.126

7 【バブルが弾ける】 When the housing market bubble finally burst, the unthinkable happened.

◯ 住宅バブルがついに弾けると，考えられないようなことが起こった。

8 【バブルが弾ける】 Most investors love bubbles — until they pop.

◯ ほとんどの投資家はバブルが大好きだ—それがはじけるまでは。

9 【逆資産効果】 The negative wealth effect and a compulsory shift from net spending to net savings by US consumers are likely to swing the pendulum further.

◯ 米国の消費者が逆資産効果に襲われ，消費過多から貯蓄重視へと消費行動を変更せざるを得なくなると，（景気縮小への）振り子がさらに振れる可能性が高くなっています。

翻訳メモ 逆資産効果は reverse wealth effect ともいいます。

バリュエーション

valuation / P/E / earnings multiple / multiple / price-to-book / P/BV / forward P/E / cyclically adjusted price-earnings ratio

1 【バリュエーション】 We note that valuations remain within fair value ranges.

◯ バリュエーションはフェアバリューの範囲内に留まっている。

翻訳メモ 株式投資におけるバリュエーションとは，個別銘柄（あるいはその集積である株式指数）の株価が，本来の企業価値に比べて相対的に割安か割高かを判断する基準のことです。相対的というのは同業他社や市場全体との場合もあれば，その銘柄の過去実績と比較される場合もあります。具体的には，株価収益率（PER），株価純資産倍率（PBR），配当利回りなどがあります。

2 【バリュエーション】 Nonetheless, valuations remain attractive with 12-mth FWD P/E trading at 15% discount to its peers.

◯ 12ヶ月予想ベースの株価収益率（PER）で見ると他市場に比べ 15% 割安と，バリュエーションは依然魅力的である。

> 🔍**翻訳メモ** 市場全体のバリュエーションについて述べた文章です。peers とは「仲間」「（能力や地位が）自分に匹敵する人」という意味の単語ですが，金融や経済英語では同業他社，競合会社，あるいはこの例文のように他市場を意味することがあります。

3【バリュエーション】 Markets recovered very strongly as investors reacted positively to the battered valuations and cut in US interest rates.
　▶ バリュエーションの著しい低下と米国の利下げを投資家が好感し，市場は急反発しました。

4【株価収益率（PER）】 The Index is trading a little below its long-term average P/E.
　▶ 株価収益率（PER）の長期平均を若干下回る水準で取引されている。
> 🔍**翻訳メモ** 日本では，株価収益率の略語として PER（price-to-earnings ratio），株価純資産倍率の略語として PBR（price-book value ratio）を用いますが，英語では前者を P/E，後者を P/BV と表記することも少なくありません。

5【株価収益率（PER）】 The manager mentioned that it has an attractive dividend yield and is trading at a low earnings multiple.
　▶ マネージャーは，配当利回りが魅力的で株価収益率（PER）も低いと指摘しています。

6【株価収益率（PER）】 At 15.5x 2008 earnings, the share price is below the average 10 year valuation for the sector.
　▶ 2008 年利益ベースの PER は 15.5 倍と，当セクターの過去 10 年間の平均を下回っています。
> 🔍**翻訳メモ** 確認は必要ですが，運用レポートの場合，何の注釈もなくたとえば「15.5x」と見たらまず「PER15.5 倍」を指すことがほとんどです。

7【株価収益率（PER）】 As markets started to build in expectations of a 'soft-landing', the environment was ideal for Equity markets as multiples expanded and fears of a severe economic downturn receded.
　▶ 市場が景気の「ソフトランディング」への期待感を織り込み始めたため，投資環境は株式市場にとって理想的なものとなりました。つまり PER が拡大する中で，景気悪化に対する恐れが後退したのです。
> 🔍**翻訳メモ** multiples は株価バリュエーションを表現する「各種倍率」ですが，ここでは文脈から PER（株価収益率）が適切と判断し，そう訳しています（multiples は PER の意味で使われることが多いです）。

8【株価純資産倍率（PBR）】 Japan remains the only major market that we believe can actually become cheaper as it rallies given its cheapness

on a price-to-book and price-to-sales basis.
 ◯ 日本は引き続き主要市場で唯一，値上がりしても割安になりうる市場である。株価純資産倍率（PBR）や株価売上高倍率（PSR）で割安感があるためだ。

9 【PBR】 In deciding which deals to support, investors cite cash flow and valuation based on P/E, P/BV and other earnings ratios as the top two financial criteria by some margin.
 ◯ 投資対象を決定する際の財務上の基準として投資家が特に重視しているのは，キャッシュフローとバリュエーションの2つです。バリュエーションには株価収益率（PER）および株価純資産倍率（PBR）その他の収益率が用いられます。

10 【予想株価収益率】 On forward P/E valuation, the QQQ appears cheap at around 16% below its long-term average.
 ◯ 予想株価収益率で見たバリュエーションでは，QQQ 社は長期平均に対して16％前後割安となっている。
 ▸ 翻訳メモ　予想株価収益率とは，予想1株当たり利益をベースにした株価収益率という意味です。

11 【景気循環調整後 PER】 Using a 10-year cyclically adjusted price-earnings ratio, Europe does indeed appear to be c.35% cheaper than the US.
 ◯ 実際，10年間の景気循環調整後 PER を用いると，欧州株式市場は米国に比べおよそ35％も割安に見える。
 ▸ 翻訳メモ　これはシラー式 PER，あるいは cyclically adjusted price-earnings の頭文字をとって CAPE ともいわれています。シラー式 PER では，株価や1株当たり利益を消費者物価指数で割って実質化し，しかもその実質株価を実質1株当たり利益の10年平均で割って求めます。こうすることで単年度の効果をなるべく排除し，長期的に株価の割高，割安を見ようというわけです。"c." は circa（およそ）を意味しています。

反対に　inversely / in the opposite direction of / inverted

1 【反対に】 The dividend yield moves inversely to the price of the stock.
 ◯ 配当利回りは株価と逆方向に動く。

2 【反対に】 Bond prices move in the opposite direction of rates.
 ◯ 債券の価格は金利とは反対に動く。

3 【反転】 US unemployment rate inverted (R. H. Scale)

◉米国の失業率（反転，右軸）

翻訳メモ　グラフの凡例です。inverted はグラフの上下が反転している（例えば上に行くほど数字が小さくなる）場合に表示されます。R. H. は right hand の略，L. H. なら light hand で左軸となります。「右軸」を和英辞典で引くと right axis ですが，略語としては圧倒的に R. H. になっています。

判断する　judge / believe

1【判断する】　The Committee judges that there has been a substantial improvement in the outlook for the labor market since the inception of its current asset purchase program.
◉当委員会は，現行の資産購入プログラムの開始以降，労働市場の見通しが著しく改善したと判断する。
出典　米連邦公開市場委員会（FOMC）声明（2014 年 10 月 29 日）

2【判断する】　We believe that the audit evidence we have obtained is sufficient and appropriate to provide a basis for our audit opinion.
◉当監査法人は入手した監査証拠が監査意見の根拠として十分かつ適切であると判断している。
翻訳メモ　独立監査人の監査報告書に見られる一般的な表現です。

反転する　reversal / reverse / correct / bounce back / rebound / rally / pullback / pull back

1【反転】　Trend-less and choppy markets and sharp intraday reversals are not unusual.
◉市場がトレンド性のない不規則な動きを見せたり 1 日の間に急反転したりすることは，それほど珍しいことではありません。
翻訳メモ　「反転」とはそれまで続いてきた傾向が逆転するという意味で，上昇してきたものが下落に転じた場合は「反落」，下落していたものが上昇に転じた場合は「反騰」「反発」となります。そのため，この動きを説明する（訳す）時には前後関係からその動き（傾向）を確認することが必要不可欠となります。それは文章の中でわかることもあればわからないこともあります。前後関係を見てもわからない場合は，グラフや表など手に入るあらゆる物を調べた上で，「反発」か「反落」かあるいは「反転」にするかを決めていきます。

2【転じる】　The rise in US yields of recent weeks reversed last week.

▶ 米国債利回りはここ数週間上昇してきたが，先週になって低下に転じた。

3 【調整する】 After a strong start, commodity prices corrected for most of the third quarter.
▶ 第3四半期のコモディティ価格は堅調なスタートを切ったものの，その後はほぼ一貫して調整した。

4 【盛り返す】 Following mixed performance in October, November saw global macro strategies bounce back, generating modestly positive results.
▶ グローバルマクロ戦略は，10月にまちまちの展開となった後11月は盛り返し，若干のプラスリターンとなりました。

5 【回復】 Commodity prices increased sharply on expectations of a rebound in demand.
▶ コモディティ価格は需要回復期待から急騰した。

6 【持ち直す】 After a slight decline in US comparative store growth during 1H 2011, they expect a rebound in 2H.
▶ 米国の既存店売上高の伸びは2011年前半にやや低下した後，年後半には持ち直すと予想しています。

7 【反発する】 Shares rallied after the company reported better-than-expected earnings.
▶ 株価は予想を上回る収益を発表したため反発しました。
🔖翻訳メモ　rallyは「反発（する）」が本来の意味ですが，単に「上昇する」の意味で使われることも多いので，訳す時には価格の動きを確認してから決めることをおすすめします。

8 【切り返す】 The most difficult aspect was the market volatility and sharp reversals throughout the quarter, which made it difficult for our managers to capitalize on the July and September month-end rallies.
▶ 最も厳しかったのは，四半期を通じて市場の変動幅が大きく，切り返しも急だったことで，それによって当ファンドのマネージャーたちも7月と9月の月末の上昇局面にはうまく乗り切れませんでした。

9 【反落】 The manager is concerned about the possibility of a pullback in the short-term.
▶ マネージャーは短期的な反落の可能性を懸念しています。

10 【反発する】 The pound fell as low as $1.53 against the dollar before pulling back to $1.5455, down 0.2 percent on the day.

▶英ポンドは対米ドルで 1.53 ドルまで下げた後，1.5455 ドルまで反発し，前日比 0.2％安でこの日の取引を終了した。

🗒翻訳メモ　before の訳し方に注意。

11【反落】　The reversal of the JPY helped the Japanese equity market to recover.

▶円の反落は日本の株式市場の回復を後押しした。

🗒翻訳メモ　reversal は「反転」でもよいのですが，この文脈では「反落」の方が読者に親切でしょう（日本の株式市場の回復は円安に支えられているとの理解に基づいています）。

〜を控えて　ahead of / heading into / before

1 USD/JPY could trade side-ways ahead of this meeting.

▶米ドル（USD）／日本円（JPY）は政策決定会合を控えて横這いで推移する可能性がある。

🗒翻訳メモ　USD/JPY とは円建てでみた 1 ドルの値段。たとえば「USD/JPY=115」は「1 ドル＝ 115 円」のことです。したがって，USD/JPY の上昇は，円建てでみたドルの価格が高くなる＝ドル高／円安になることを意味します。

2 Some investors appear hesitant to add much risk heading into the year-end.

▶年末を控え，さらに多くのリスクを積極的には取りたがらない投資家もいるようだ。

3 Most investors are unwilling to add risk before year-end.

▶年末を控え，一部の投資家はさらに大きなリスクを取りにいこうとしないようだ。

引き上げる

increase / upgrade / rate increase / lift / raise / rate hike / revalue / monetary tightening / passive tightening / tighten / increased regulation / tighten control / put forward stricter rule

1【引き上げる】　To curb excessive liquidity the PBOC also increased the Required Reserve Ratio (RRR) by 0.5%.

○中国人民銀行（PBOC）は，過剰流動性を抑えるために預金準備率（RRR）も0.5％引き上げました。

2【引き上げる】 The international rating agency upgraded India's foreign and local currency rating to investment grade.

○その国際格付機関は，インドの外貨建ておよび自国通貨建ての信用格付けをそれぞれ投資適格へと引き上げました。

3【利上げ】 Despite the rate increases by the main central banks, monetary conditions remain accommodating.

○主要国の中央銀行による利上げをよそに，金融緩和状況が続いている。

4【利上げ】 Recent indications of a tight labor market from Tankan Survey suggest the Bank of Japan may lift rates prior to September.

○最近の短観では労働市場の逼迫の兆候が指摘されており，日銀が9月よりも前に利上げを行う可能性を示唆している。

翻訳メモ　lift はこの文脈なので「利上げ」と訳している点に注意してください。

5【利上げ】 However, several MPC members reiterate that they see no need to raise interest rates this year.

○しかし，英金融政策委員会の複数のメンバーは，年内利上げの必要性を認めないと改めて強調した。

翻訳メモ　① raise はこの文脈なので「利上げ」と訳している点に注意してください。② MPC はイングランド銀行が毎月開催する Monetary Policy Committee（金融政策委員会）のことで，政策金利などを決定します。金融政策を決定する会合（policy meeting）は国によらず「政策決定会合」と訳すことも多いのですが，日本語で定着していると思われる訳語は以下の通りです。政策委員会・金融政策決定会合（日本）／連邦公開市場委員会（FOMC）（米）／金融政策委員会（英）／政策理事会（ECB）

6【利上げ】 The Fed's "dot plot" report shows that 15 of 17 voting members want a rate hike of some amount this year.

○FRB の「ドットプロット」（FOMC 参加者による FF 金利の予測分布図）を見ると，議決権をもつ17名の委員のうち15名が今年中に利上げをすべきだと考えていることがわかります。

翻訳メモ　dot plot は dot chart（ドットチャート）とも呼ばれます。日本語としてはまだなじみが薄いので訳注をつけました。

7【切り上げ】 Henry Paulson's nomination to become Treasury Secretary provides hope that the US will be more persuasive in forcing China to

revalue its currency.
　⊙ヘンリー・ポールソン氏の財務長官への指名は，米国が中国に対して通貨の切り上げを説得できる可能性が高まる憶測を呼んでいます。

8【金融引き締め】 The BoJ's monetary tightening can be interpreted as confirmation that the Japanese economy has moved out of deflation.
　⊙日銀の金融引き締めは，日本経済がデフレを脱却したことを裏付ける動きと解釈できる。

9【受動的な金融引き締め】 The damage done by a passive tightening is no different than that of an overt tightening.
　⊙受動的な金融引き締めの悪影響は，明白な引き締めと何ら変わるところがない。
　■翻訳メモ　「受動的な引き締め」とは，市場メカニズムによって資金需要が高まり，あるいは資金供給が減っているにもかかわらず金融当局がその状態を見逃し，結果として金融引き締め政策を採っているのと同じ結果になることです。

10【財政政策を引き締める】 Many emerging markets have benefited from progress on reforms in recent years and in some cases have tightened fiscal policy further despite the economic downturn.
　⊙新興市場国では，ここ数年の改革の進展による恩恵を受けたところも多く，景気の落ち込みをよそに財政政策を一段と引き締めた国もあります。

11【規制強化】 Shares dropped -10.5% due to increased regulation within Switzerland and renewed concerns over European banks.
　⊙スイス国内の規制強化と欧州の銀行をめぐる懸念の再燃を背景に，株価は10.5％下落しました。

12【規制を強化する】 The authorities could tighten controls on imports and capital flows to reduce the potential for an abrupt FX adjustment.
　⊙政策当局は，急激な為替調整の可能性を減らすために，輸入および資本移動に対する規制を強化することもできよう。
　■翻訳メモ　FX（Foreign eXchange）：外国為替

13【規制を強化する】 Following the financial crisis of 2008, regulators put forward a broad range of stricter rules for banks under the Basel 3 framework.
　⊙2008年の金融危機の後，規制当局はバーゼルⅢの枠組みに基づき，広範囲にわたって規制を強化した。

引き金 trigger / catalyst / spark / catalyst / ignite

1 【引き金】 An optimistic start to the month drove the early market rally; but by mid-month, concerns over weakening Chinese growth data and renewed fears on Europe triggered a sell off.
▶ 当月は楽観的な市場センチメントで取引が始まり，前半は上昇しましたが，月半ばに入ると中国の経済成長データの鈍化に対する懸念と欧州への不安が引き金となって，市場は急落に転じました。

2 【引き金】 The excessively easy monetary policy was the key catalyst to the real estate bubble which subsequently formed.
▶ あの行き過ぎた金融緩和政策がその後発生した不動産バブルの大きな引き金であった。

3 【震源】 While the collapse of the bubble in the US housing market sparked the crisis, it quickly spread to almost every sector of the global financial system.
▶ 今回の危機は米国の住宅市場のバブル崩壊が震源ではありますが，すぐに世界の金融システムのほぼすべてのセクターに広がりました。

4 【（何かの動きを強く）促す材料】 Positive economic data, supportive comments from Ben Bernanke, and a strong M&A market all provided catalysts for the gains.
▶ 好調な景気指標やバーナンキ FRB 議長の楽観的な見解，力強い M&A 市場の活況など，株式市場の上昇を促す材料には事欠きませんでした。

　翻訳メモ　そのまま「カタリスト」と訳す場合もあります。「引き金（になる）」としては，他に cause や drive も当てはまるでしょう。

5 【引き起こす】 Consumer confidence slipped to a nine-month low in April, reflecting worries that rising gasoline prices could ignite inflation and slow economic growth.
▶ 4 月の消費者信頼感指数は 9 ヶ月ぶりの低水準となりましたが，これはガソリン価格の上昇がインフレを引き起こし，経済成長を鈍化させるのではないかとの懸念を反映したものです。

引き下げる

downgrade / lower / interest rate cut / reduce / ease / cut / accommodative policy / zero-rate policy / additional monetary easing / negative interest rate / devalue / devaluation / internal devaluation

1【引き下げる】 In recent years, credit rating agencies concerned about the country's growth potential and macroeconomic stability have downgraded the country's credit rating outlook from 'stable' to 'negative'.

▶ ここ数年,同国の成長力とマクロ経済の安定性に懸念を抱いた信用格付機関が,その格付見通しを「安定的」から「弱含み」へと引き下げた。

翻訳メモ downgrade は「格下げ」つまり信用格付けの引き下げにも用いられます。

2【下げる】 We would be looking beyond that to see how the economy evolves and we could either raise or lower our pace of purchases going forward.

▶ 我々はその先に目を向け,経済がどう進展するかを見極めようとするだろう。その上で資産購入のペースを上げるかもしれないし,下げるかもしれない。

翻訳メモ いわゆる「テーパー癇癪」の引き金となったバーナンキ FRB 議長(当時)による議会証言からです(2013 年 5 月 22 日)。

3【利下げ】 Further interest rate cuts are likely as we move into the new year and the inflation outlook improves.

▶ インフレ見通しが改善していることから,新年に向けて追加の利下げも十分に考えられます。

4【利下げ】 Those countries where interest rates were reduced further saw their currencies fall against the yen.

▶ 追加利下げが実施された国の通貨は対円で下落しました。

5【利下げ】 The central bank has only very recently started to cautiously ease interest rates.

▶ 中央銀行は最近になってようやく慎重に利下げを始めた。

翻訳メモ ease はこの文脈なので「利下げ」と訳している点に注意してください。

6【利下げ】 SNB cuts target range for 3M Libor to 0.00–0.25% and aims to keep Libor as close to zero as possible.

▶スイス国立銀行（中央銀行）は政策金利である3ヶ月物ロンドン銀行間取引金利（LIBOR）の誘導目標レンジを 0.00–0.25％に引き下げて，LIBOR を可能な限りゼロに近い水準に維持することを狙っている。

🔍翻訳メモ　政策金利は国により異なります。スイス国立銀行は LIBOR の誘導目標を設定しています。cut はこの文脈なので「利下げ」と訳している点に注意してください。

7【利下げ】 Swiftly falling inflation should see significant further easing.

▶インフレ率の急落で，さらに大幅な利下げ余地が生じている。

🔍翻訳メモ　easing はこの文脈なので「利下げ」と訳している点に注意してください。

8【金融緩和政策】 The European Central Bank began an accommodative monetary policy.

▶欧州中央銀行は金融緩和政策を採り始めた。

9【ゼロ金利政策】 In terms of monetary policy, rate hikes from the Fed compared to a continuation of the zero-rate policy from the BoJ will favour the dollar.

▶金融政策の観点では，日銀がゼロ金利政策を継続する中でFRBが利上げをすれば，ドル高要因となろう。

10【追加の金融緩和策】 We increased our position in Japanese equities after the news of additional monetary easing from the BoJ.

▶日銀による追加金融緩和策発表を受けて，日本株をオーバーウェイトに引き上げた。

11【マイナス金利】 Swiss National Bank (SNB), has introduced a negative interest rate on deposit accounts.

▶スイス国立銀行（SNB）は預金口座にマイナス金利を導入した。

🔍翻訳メモ　SNB は 2014 年 12 月に中銀に預ける要求払い預金にマイナス金利を導入すると発表し，翌 2015 年 1 月 15 日からマイナス 0.75％の金利の適用を開始しました（発表時はマイナス 0.25％を予定していました）。と同時に，それまで 3 年間続けてきた 1 ユーロ＝ 1.20 スイスフランに設定していたスイスフランの上限（ユーロの下限）を撤廃したのです。

12【切り下げる】 The fact that Greece cannot devalue its currency because it is on the euro is a big concern.

▶ギリシャがユーロ採用国であるために自国通貨の切り下げを行えないという事実が大きな懸念となっています。

13【（通貨）切り下げ】 Brazil's caution stems from its history of financial crises, in which overspending produced debt, humiliating defaults and embarrassing devaluations, culminating in a disaster that is still recent enough to be fresh in every adult's memory.

▶ ブラジルの慎重さは，金融危機をくり返した経験に由来している。過剰な支出が債務を膨らませ，屈辱的な債務不履行（デフォルト）に陥り，みっともない通貨切り下げを経験し，その結果，国家破綻寸前にまで追い込まれた。この記憶は，ブラジルの成人の脳裏には今でも生々と残っている。

出典 *Breakout nations*, p.61／『ブレイクアウト・ネーションズ』, p.114

14【内的減価】 In a crisis, nations that can't let their currencies fall in value will face what economists call "internal devaluation."

▶ 危機の際，自国通貨の価値を切り下げられない国は経済学者が「内的減価」と呼ぶ状況に直面することになる。

翻訳メモ 内的減価とは，自国通貨を切り下げられない国が，景気悪化と賃金カットによるデフレで実質為替レートを切り下げて競争力を回復させていく政策のことです。ユーロ圏各国の経済が苦境に陥った時に取り得る措置ですが，リスクの大きい苦肉の策です。

低い very low interest rates / record lows

1【超低金利】 One crucial factor in offsetting heavy indebtedness is very low interest rates.

▶ 重い債務を相殺する非常に重要な要因は超低金利である。

2【過去最低水準】 JGB yields fell to near record lows.

▶ 日本国債の利回りは過去最低水準まで低下した。

翻訳メモ 「過去最高」ならば "record highs" となります。

逼迫 constraint / strain / tight / stressed

1【逼迫】 Coal companies all rallied during the quarter as natural disasters such as floods in Australia, power outages in South Africa and snow in China have disrupted transportation and created supply constraints.

▶ オーストラリアの洪水，南アフリカの電力供給停止，中国の降雪といった自

然災害による輸送障害で石炭供給が逼迫したため，石炭会社の株価は前期比で軒並み上昇しました。

2【逼迫】 Interbank funding strains rose meaningfully for the first time since prior to Lehman Brother's collapse.
▶インターバンク市場の資金逼迫の度合いは，リーマン・ブラザーズ破綻直後以来の規模へと大幅に上昇した。

3【過度に引き締まる】 Financial conditions are too tight to allow the "periphery" to emerge from recession.
▶金融環境が引き締まりすぎて，「欧州周辺国」は景気後退から立ち直れない。

4【逼迫する】 Moreover, credit conditions still remained stressed, meaning that credit has remained harder to get for consumers.
▶さらに，信用状況は逼迫し続けており，消費者の融資条件はますます困難になっていきました。

不安定
choppy / volatile / fragile / ambiguous / highly uncertain / uncertainty / concern / worry / jitter / credit concern

1【不安定な】 Market conditions were very choppy and were led by policy news flow, mainly from the US.
▶市場環境はきわめて不安定で，米国を中心とする政策関連のニュースに引きずられました。

2【不安定な】 Until economic scenarios become clearer equity markets are likely to remain volatile.
▶景気の先行きが明らかになるまで，株式市場は不安定な動きを続ける可能性が高い。

3【不安定な】 The market sentiment will remain fragile as market participants look for evidence that the economic recovery will continue.
▶市場参加者は景気回復が続くとの証拠を探しており，市場センチメントはしばらく不安定な状況が続くだろう。

4【あいまいな】 The evidence regarding the growth performance of countries with fixed, versus those with flexible, exchange rates remains ambiguous.
▶固定相場制の国と変動相場制の国との間で経済成長率に差があるのか，とい

う点については現在も確たる証拠が挙がっていない。

5 【予断を許さない】 While the recent coordinated central bank intervention has helped to ease some of the funding stress in money markets, conditions remain highly uncertain.
▶ 最近の各国中央銀行による協調行動により，短期金融市場における資金調達圧力は一部緩和されたものの，状況はいまだ予断を許さない。

6 【不透明感】 Despite more optimistic equity markets, we feel that economic uncertainty will slowly feed through to more volatile results.
▶ 株式市場では楽観論が広がっていますが，当ファンドでは景気に対する不透明感が徐々に浸透してより不安定な結果をもたらすのではないかと考えています。

7 【懸念】 The euro suffered from concerns at the periphery.
▶ ユーロは欧州周辺国への懸念から大幅下落した。

8 【不安】 After worries about the global crisis started to ease, these markets performed very well.
▶ 世界金融危機に関する懸念が後退しはじめると，これらの市場は素晴らしいパフォーマンスを達成するようになりました。

9 【不安感】 The impending consumption tax hike has increased uncertainty among investors.
▶ 消費税率の引き上げが迫るにつれ，投資家の不安感が高まりました。

10 【不安】 The recent softness in economic data coupled with market jitters, following their downgrades to junk status, have pushed bond yields lower in recent weeks.
▶ 最近の軟調な経済指標と投資不適格級への格下げを受けた市場の不安から，ここ数週間の債券利回りは低下圧力を受けてきた。

11 【信用不安】 We believe that market volatility will continue due to the weak dollar, credit concerns, recessionary fears and inflation scares.
▶ 米ドル安，信用不安，景気後退とインフレへの懸念で市場の不安定な動きは続くと予想しています。

include / contain / such as / including, but not limited to

1 【含まれる】 Forward-looking statements may include words such as "expects," "anticipates," "plans," "intends," "projects," "indicates," and similar expressions.

⦿将来予想に関する記述には，「期待」「予想」「予定」「意向」「計画」「示唆」等々の表現が含まれている場合があります。

🔍翻訳メモ　翻訳の目的にもよりますが，ここで言いたいことは将来についての記述が含まれる（がそれは絶対に起きる保証はない）ということなので，一語一語について訳語を当てはめる必要はないかもしれません。

2【記載する】 The information contained herein should be treated in a confidential manner and may not be reproduced or used in whole or in part for any other purpose.

⦿本資料に記載されている情報は機密として扱うべきもので，その全体または一部を本資料とは別の目的で複製または使用することはできません。

3【含まれる】 An audit also includes evaluating the appropriateness of accounting policies used and the reasonableness of accounting estimates made by management, as well as evaluating the overall presentation of the financial statements.

⦿監査には，経営者によって採用された会計方針の適切性および経営者によってなされた会計上の見積りの妥当性の評価，ならびに財務諸表の表示全般の評価が含まれる。

🔍翻訳メモ　独立監査人の監査報告書に見られる一般的な表現です。

4【〜などがある】 Institutional products include market making, execution services and direct market access.

⦿機関投資家向けサービスには，マーケットメイキング，注文執行サービス，DMA などがあります。

🔍翻訳メモ　マーケットメイキング（値付け業務）は金融機関が有価証券の売買気配値を出して顧客からの注文に応じることです。市場の流動性を保つために重要な業務。注文執行サービスは文字通り顧客の注文を市場で執行すること。迅速さと正確さが必要。DMA とは，証券会社が自社の発注システムを投資家に貸し出し，直接注文ができるようにするサービスのことです。

5【〜といった】 There are still risks such as the fiscal cliff negotiations in the USA or negotiations over the next bailout tranche for Greece in the EU.

⦿米国での「財政の崖」を巡る交渉や欧州連合における対ギリシャ融資の次の

トランシェについての交渉といったリスクはなお残っている。

6【~等】 The fees charged to advisory clients by our Company may differ depending upon a number of factors including, but not limited to, the particular strategy, the size of a portfolio being managed and the asset class involved.

▶当社が投資アドバイザリーのお客様に課す手数料は、特定の戦略、運用管理しているポートフォリオの規模、資産クラス等さまざまな要因によって異なります。

🔍翻訳メモ 「including 以下を含むが、それに限らない」という意味です。including, without limitation も同じ意味。including はそもそも「それ以外もある」ことを含意しているわけですが、契約書では念には念を入れてということなのでしょう。契約書の基本用語については巻末の参考文献を参照してください。

不思議ではない　unsurprisingly / no wonder

1 Because commodity prices are a cause of higher inflation, unsurprisingly they show a positive correlation with inflation.

▶コモディティ価格は高インフレの原因にもなることから、インフレ率と正の相関を示すのも不思議ではない。

🔍翻訳メモ unsurprisingly や not surprisingly は「驚くにはあたらない」というよりは「不思議ではない」「ある意味で当然である」というニュアンスで使われることが多いので文脈をよく見て判断してください。

2 No wonder the financial industry's reputation was in tatters.

▶金融業界の評判が地に落ちたのも不思議ではない。

節目　hurdle / key levels / resistance line / support line / moving average / pivotal mark / upward break / price floor

1【節目】 For instance, USD 1,900 is the critical hurdle to overtake for gold, which we think will ultimately be broken to the upside.

▶例えば金価格の場合、1,900 ドルが重要な節目だが、いずれ上抜けするだろう。

🔍翻訳メモ 節目とは、相場のターニングポイント（転換点）となる価格水準です。過去の高値や安値のほか、切りの良い価格水準であることが多く、チャートを見る上での重要なポイントとなります。そこを抜けるかどうかが一つのカギとなることから、投資家の多くが意識します。

2 【節目】 EUR/JPY has broken several key technical levels in recent weeks and the pair has strong technical upward momentum.
▶ ユーロ（EUR）／日本円（JPY）は，ここ数週間でテクニカル上の節目をいくつか抜けており，テクニカルな上昇モメンタムは強い。

> 翻訳メモ　日本の一般的な報道では円が主役ですが，ファンド等の業者向けレポートでは必ずしもそうとは限りません。この文章もユーロの価格変動について述べたものであることに注意してください。ユーロの「上昇モメンタム」とは，ユーロが上昇／円が下落するという意味合いです。

3 【レジスタンスライン】 Starting in mid-October, the S&P has rebounded again and is now trying to break through resistance line at 1300 to the upside.
▶ S&P500 種指数は 10 月中旬から再び反発しており，現在はレジスタンスラインである 1,300 ポイントの突破を試す展開となっている。

> 翻訳メモ　レジスタンスラインを「上値抵抗線」ともいいます。

4 【サポートライン】 Since the stock price has found support line above the 200-day moving average, the uptrend remains intact.
▶ 株価は 200 日移動平均線の上がサポートラインとなっており，上昇基調に変更はない。

> 翻訳メモ　サポートラインを「支持線」「下値抵抗線」ともいいます。

5 【移動平均】 Using a 12-month moving average is a relatively simple way to determine the current trend of each asset class.
▶ 12 ヶ月移動平均は，資産クラスごとの最新のトレンドを把握する比較的単純な方法です。

6 【重要な節目となる】 CVC is about to break above the pivotal USD 33 mark.
▶ CVC は重要な節目である 33 ドルを上に抜けようとしている。

7 【節目の突破】 This upward break had important implications for the gold price outlook.
▶ 今回の節目の突破は，金価格の今後を占う上で重要な意味合いをもっている。

8 【下値が堅い】 We see a strong Brent price floor in the range of USD 90 to 95/bbl.
▶ 当社はブレント原油価格の 1 バレル当たり 90 〜 95 米ドルのレンジは下値が堅いとみている。

払拭する　eliminate / remove / sell

1【払拭する】 This strategy has resulted in an easier monetary policy in Japan, but one not yet sufficient to eliminate Japan's deflation.
　◯この戦略により，日本ではさらに緩和的な金融政策がとられたが，デフレを払拭するには至っていない。

2【処分する】 This position has been removed as it reached its stop loss level.
　◯株価がストップロスの水準に達したため，このポジションを処分しました。
　　翻訳メモ　ストップロスとは，あらかじめ損失率（たとえば10％）を決めておいて，その水準に達したらポジションを解消（処分）する注文のことです。ファンドの運用ルールでそう決めているファンドもあり，「ストップロス・ルール」「損切りルール」とも呼ばれています。

3【売却する】 This presentation is not intended to be, and should not be construed as, an offer to sell, or the solicitation of an offer to buy, any securities or other financial products.
　◯本資料は，有価証券またはその他の金融商品の売却の申し出，または購入申し込みの勧誘を意図したものではなく，またそのように解釈されるべきものではありません。
　　翻訳メモ　金融商品のパンフレットなどでよく見かける文言です。

物色する　seek / look at / look for / hunt for

1 Equity investors should remain prudent, seeking companies with high, sustainable dividend yields.
　◯株式投資家は慎重なスタンスを維持した上で，高水準の配当利回りを維持できる企業を物色すべきである。

2 The shares shot up after the company announced that it is in the process of looking at acquiring companies in India.
　◯同社はインドで買収先を物色中であると発表し，これを受けて株価は上昇しました。

3 In the low interest rate environment, fixed income investors are looking for more profitable alternatives.

○ 低金利環境下を受けて，債券投資家は収益性の高い別の商品を物色している。

4【追求】 Solid corporate fundamentals, low supply and hunt for yield trades should continue to underpin credit markets.
○ しっかりとした企業ファンダメンタルズ，供給不足，利回り追求の取引が引き続き信用市場を下支えするだろう。
翻訳メモ "hunt for yield" は「利回り物色」とも訳せます。supply は「供給量が低水準であること」ですが，文脈からここは「供給不足」と意訳しています。

分散　diversify / diversification

1【分散させる】 We encourage investors to diversify at least part of their portfolio into CAD.
○ 投資家には，ポートフォリオの少なくとも一部をカナダドルに分散させることを推奨したい。
翻訳メモ CAD＝カナダドル

2【分散】 Regional diversification in equities did not matter as all indices dropped.
○ すべてのインデックスが急落したため，株式の地域分散投資はほとんど機能しませんでした。
翻訳メモ indices は index の複数形です。

3【多角的に】 The company is a diversified financial services company providing retail services, corporate banking and business banking to the UK financial markets.
○ 同社は多角的にビジネスを展開する金融サービス業者で，リテールサービス，コーポレートバンキング，ビジネスバンキングなどのサービスを英国の金融市場で提供しています。

ベンチマーク　benchmark / benchmark rates

1【ベンチマーク】 The portfolio underperformed the benchmark in July.
○ 7月のポートフォリオはベンチマークのパフォーマンスを下回りました。
翻訳メモ 「ベンチマーク」とは，相対パフォーマンスを測定する基準として各ファンドが定めている基準のことです。

2【政策金利】 The central bank kept benchmark rates unchanged for the month.

▶中央銀行は当月の政策金利を据え置いた。

翻訳メモ benchmark rates は通常は「金利」ですが、「政策金利」を意味する場合もあります。政策金利に相当する語としては、この他に policy rates, interest rates などがあります。

3【指標銘柄の利回り】 The two year Treasury note yield fell 15 bp to 1.12%, the ten year benchmark rate dropped 20 bp to 3.22%.

▶米 2 年国債利回りは 15 bp 下がって 1.12％をつけ、指標銘柄の 10 年国債利回りは 20 bp 下げて 3.22％となりました。

翻訳メモ この意味では benchmark yield も用いられます。

補完財／代替財 complementary products / substitution / substitute currency

1【補完製品】 Complementary products (such as PC hardware peripherals or software applications) are often essential to make software and hardware platforms (such as the Intel-Window PC) successful.

▶補完製品（PC のハードウェア周辺機器やアプリケーションソフトウェアなど）は大抵の場合、ソフトウェアやハードウェアのプラットフォーム（インテル内蔵のウィンドウズ PC など）の成功に不可欠である。

2【代替製品】 The two products will not be complementary in any way, and there will not be any substitution from one to the other.

▶2 つの製品に補完関係は一切なく、互いに代替の関係もありません。

翻訳メモ 代替財：substitutes，補完財：complements

3【代替通貨】 Many market participants see precious metals as a kind of substitute currency.

▶多くの市場参加者が貴金属を一種の代替通貨と見ています。

保証 guarantee / assurance / warranty / representation

1【保証】 Past performance should not be taken as an indication or guarantee of future performance and no representation or warranty, express or implied, is made regarding future performance.

◎過去の実績は将来の成果を示唆または保証するとみなされるべきではなく、さらに将来の成果に関する表示または保証は、それが明示的なものか黙示的なものかにかかわらず、一切行われておりません。

翻訳メモ 証券投資に関する目論見書やパンフレットなどで必ず見かける「過去のパフォーマンスは将来を保証するものではない」という意味の典型的な表現です。express or implied といった表現は契約ではよく見かけますので『英文契約書の基礎知識』(宮野準治ら著、ジャパンタイムズ)などで基本を学んでおきましょう。

2【保証】 Those standards require that we comply with ethical requirements and plan and perform the audit to obtain reasonable assurance about whether the financial statements are free from material misstatement.

◎この監査基準により、当監査法人は倫理的要件に従い、財務諸表に重大な虚偽表示がないかについて合理的保証を得るために監査を計画し実施することが求められている。

翻訳メモ ①独立監査人の一般的な監査報告書の一節です。
② those standards とは、この前文で国際会計基準の定義を指しています。
③ここで合理的保証とは、「絶対的な保証よりその程度が低いものである。保証業務リスクをゼロまで減少させることは…ほとんど不可能であるか、コストに見合わない(出典:過去財務情報の監査又はレビュー以外の保証業務、日本公認会計士協会、http://www.hp.jicpa.or.jp/specialized_field/pdf/01055-003374.pdf)」とされています。

3【保証】 No representation or warranty can be given with respect to the accuracy or completeness of this information.

◎本情報の正確性または完全性に関するいかなる表明または保証をも提供できません。

翻訳メモ 投資家向けの免責事項の文章でよく見られる表現です。

4【保証】 Information has been obtained or derived from sources believed by the firm to be reliable, but the firm makes no representation as to their accuracy or completeness.

◎情報は当社が信頼できると判断した情報源から入手しておりますが、当社はその正確性や完全性を保証するものではありません。

翻訳メモ make no representation は「特定の事実の状態を表明しない」という意味です。そこから投資家向けの日本語として「(正確性や完全性を)保証しない」と訳しています。

保有比率　overweight / underweight / neutral

1【オーバーウェイト】 Overweight to consumer staples hurt performance.
- 生活必需品セクターのオーバーウェイトがパフォーマンスを悪化させる要因となった。

> **翻訳メモ** 投資判断に関する用語です。投資対象資産の中で，配分比率が基準を上回ることを「オーバーウェイト」，下回ることを「アンダーウェイト」，基準並みが「ニュートラル（中立）」といいます。個別銘柄では「買い推奨（buy）」「売り推奨（sell）」，「持続（hold）」という言い方もありますが，これはポートフォリオの中での相対的な配分比率ではなく，絶対的な行動（推奨）のことです。

2【アンダーウェイト】 Our underweight positions in Materials and Utilities were key contributors while overweight position in Consumer Discretionary and Financials also contributed.
- 素材と公益事業セクターのアンダーウェイトの貢献が最も大きく，一般消費財と金融セクターのオーバーウェイトもパフォーマンスに寄与しました。

> **翻訳メモ** 投資信託の運用報告書等では，世界産業分類基準（Global Industry Classification Standard: GICS）の10セクターが使われています。10セクターは以下の通りです。Energy（エネルギー），Materials（素材），Industrials（資本財・サービス），Consumer Discretionary（一般消費財・サービス），Consumer Staples（生活必需品），Health Care（ヘルスケア），Finance（金融），Information Technology（情報技術），Telecommunication services（電気通信サービス），Utilities（公益事業）。一般のレポートではこれを基本に顧客と相談して採用している例が多いようです。

3【ニュートラル】 We stay neutral on AUD/USD. Risks are increasing for a break of parity if global growth expectations are further scaled down.
- 豪ドル（AUD）／米ドル（USD）については中立姿勢を維持する。世界経済の成長予測がさらに引き下げられれば，パリティ（等価）が崩れるリスクが高まる。

> **翻訳メモ** 「豪ドル（AUD）／米ドル（USD）については中立姿勢」とは，この2通貨間ではどちらかをオーバーウェイトとしない，ということです。パリティとは1対1（1豪ドル＝1米ドル）になるということです。

ボラティリティ　volatility / standard deviation / variance, covariance / volatile

1【ボラティリティ】 During July, volatility in the interest rates markets rose as increasing concern over the weakness in the US economy took hold.

▶ 7月は，米国経済の弱さに対する懸念が本格的に高まり，金利市場のボラティリティ（変動率）が上昇しました。

翻訳メモ volatility を注釈なしで「ボラティリティ」と訳すのは（2015年夏時点では，とりわけリテール向けのレポートでは）まだ早いと思います。「ヒストリカルボラティリティ」や「インプライドボラティリティ」のような専門用語として定着しつつある用語以外はなるべくカタカナを使わず，使うときには訳注をつけた方がよいと思います。

2【標準偏差】 Since inception, the Fund's volatility (as measured by annualized standard deviation) is 2.3%.

▶ 当ファンドの設定以来の（年率標準偏差で測定した）ボラティリティは 2.3% です。

3【分散と共分散】 Variance measures the deviation of a return from its expected value, while covariance measures the degree to which two asset class returns move together.

▶ 分散は期待値からの収益率の乖離の程度を測定するのに対し，共分散は2つの資産クラスの収益率がどの程度同じ方向に動くのかを測定する。

翻訳メモ "expected value" は期待値と訳しましたが，リターンの平均値のことです。

4【荒い】 In the commodity space, returns were mixed as markets proved volatile.

▶ コモディティ市場では，各市場の値動きが荒く，リターンはまちまちとなりました。

5【乱高下した】 The stock declined sharply during a very volatile month.

▶ 当月の株価は乱高下の末，急落しました。

6【不安定な】 We expect European equities to remain volatile and the path taken by risk assets could be more data-dependent.

▶ 欧州の株式市場は今後も不安定な展開が続く見込みで，リスク資産の行方は各種データに左右される度合いが高まろう。

本格的
meaningful / in earnest / full-blown / full-fledged / fully / sustainably / be committed to / take hold / materialize

1【本格的な】 Any more meaningful yield normalization will likely re-

quire a big improvement in Asian sentiment or some dramatic policy intervention.
▶利回りの本格的な正常化には，アジアにおけるセンチメントの大幅な改善か大規模な政策介入が必要だろう。

2【本格的な】 In 1988 the market increase began in earnest.
▶1988年には本格的な上げ相場が始まった。

3【本格的な】 The ECB is likely to embark on full-blown quantitative easing in the first half of next year.
▶欧州中央銀行（ECB）は来年前半に本格的な量的緩和に乗り出す可能性が高い。

4【全面的な】 The main question now is when such a full-fledged debt default would occur.
▶そうなると，次の大きな問題はそのような全面的なデフォルトがいつ起きるのか，ということになる。

5【本格的に】 Our Legal Dept. is fully involved in this new issue.
▶当社の法務部はこの新たな問題に本格的に取り組んでいる。

6【本格的に】 Whether Japan can sustainably overcome deflation remains to be seen.
▶日本がデフレを本格的に乗り越えられるかどうかは，現時点ではまだわからない。

　　翻訳メモ　sustainable は「持続可能な」と訳すのが最も安全です。その意味で，これは文脈を考えて訳した方がよい例。同じ意味で in a sustainable way も使えます。

7【本格的に取り組んでいる】 These results are disappointing and we are committed to taking the difficult steps needed to return to long-term profitability.
▶こうした結果は遺憾であり，当社としては，長期的に利益を出していくのに必要となる困難な課題に本格的に取り組んでいます。

8【本格化する】 The markets in Europe and in the US are dependent on central bank life support more now than ever since the credit compression began to take hold in the aftermath of the sub-prime crisis.
▶サブプライム危機の余波で信用圧縮が本格化し始めて以来，欧州と米国の市場は中央銀行による生命維持装置への依存度をかつてないほど高めています。

9 【実現する】 Against this backdrop, a recovery in housing starts and prices is materializing as well.

▶以上を背景に，住宅着工件数と住宅価格の回復も本格化している。

翻訳メモ materialize は「実現する」という意味です。「実現しようとしている」→「本格化している」と訳しました。

[ま行]

まずまずの

decent / modest / reasonably well / healthy / benign / sound / suitable / positive / on a firm footing / encouraging / remain intact / encouragingly

1【まずまずの】 Led by equity hedge, the majority of strategies posted decent returns in July.
▶エクイティ・ヘッジ戦略を牽引役に大半の戦略が7月にはまずまずのリターンを記録した。

2【そこそこの】 Developed European markets held up best, helped by modest positive returns in Germany and France.
▶欧州先進国市場は，ドイツとフランスがそこそこのリターンとなったことが手伝い，最もよくもちこたえました。

3【それなりに】 The Manager noted that the portfolio tends to perform reasonably well in down markets.
▶マネージャーはポートフォリオが下げ相場でそれなりに健闘する傾向にあると指摘しています。

4【健全な】 This would be a healthy phenomenon, which would help prolong the current bull market.
▶これは健全な動きであって，現在の強気市場の継続に一役買うことになろう。
　🔍翻訳メモ　bull market＝強気市場

5【良好な】 US economic data were relatively benign, if not reasonably optimistic.
▶米国の経済データは，楽観的と断定できるほどではないにせよ，比較的良好だった。

6【安定した】 Since establishment, we have delivered sound perfor-

mance backed by a disciplined and conservative investment philosophy.
▶設立以来，規律のとれた保守的な投資哲学を背景に，安定的なパフォーマンスを実現してきました。

7【適している】 An investment in the Fund is not suitable for all investors.
▶当ファンドへの投資はすべての投資家に適しているわけではありません。

8【好調な】 Shares continued to increase during the next trading day because of the positive revenue announcement.
▶株価は好調な業績発表を受け，翌取引日も上昇を続けました。

9【明るい】 Expectations for base metals demand growth also remain on a firm footing as global economic growth expectations remain robust.
▶世界経済の成長予測は依然として明るく，ベースメタルの需要の伸びも引き続き底堅いものと予想される。

🔍翻訳メモ　ベースメタルとは，鉄，アルミニウム，亜鉛など産出量が多く，精錬が簡単な金属。「卑金属」と表記されることもよくあります。

10【明るい】 The global outlook is also encouraging.
▶グローバルな見通しも明るい。

11【揺るぎない】 The CEO still has one year left and they believe that the positive long-term prospects for the company remain intact.
▶CEOの任期はあと1年残っており，同社の良好な長期的見通しは揺るぎないと考えています。

12【幸いなことに】 Encouragingly, domestic demand growth remained robust, as private consumption expanded by 4.2% from 1.2% in the third quarter, and investment growth shot up to 13%.
▶幸いなことに，内需の伸びは引き続き力強く，個人消費は7－9月期の前期比年率1.2%から同4.2%へと拡大し，設備投資の伸び率は13%に跳ね上がった。

まちまち　mixed

1【まちまち】 The performance of the European stock markets were mixed.

▶欧州株式市場は強弱まちまちとなった。
2【まだら模様】 US labor market data has been mixed but more solid job gains are likely in the coming months.
　▶米国の労働市場統計はまだら模様だが，今後数ヶ月は雇用の堅調な伸びが予想される。

マネーサプライ　money supply / money multiplier

1【マネーサプライ】 Currency in circulation is part of both the monetary base and the money supply, but bank reserves aren't part of the money supply.
　▶通貨流通高はマネタリーベースとマネーサプライに含まれますが，支払準備金はマネーサプライに含まれません。
　🔍**翻訳メモ**　「マネーサプライ（貨幣供給量）」と「マネタリーベース（またはベースマネー，ハイパワードマネー）」を混乱しないように，基本的な考え方を抑えておきましょう。

2【貨幣乗数】 The money multiplier is the ratio of the money supply to the monetary base.
　▶貨幣乗数は，マネタリーベースに対するマネーサプライの比率のことです。

見送り　postpone / be sidelined / be shelved / delay / kick the can down the road / hold off / postpone / not choose

1【見送る】 The Bank of England (BoE) has postponed a first interest rate hike due to slow growth.
　▶イングランド銀行は低成長を理由に最初の利上げを見送った。

2【見送られる】 GSE securities received good demand from foreign central banks after being sidelined for several weeks during the US government shutdown.
　▶政府系住宅金融機関（GSE）債は，米国の一部政府機関が閉鎖されていた数週間は見送られていたものの，その後は外国の中央銀行からの需要が高まった。
　🔍**翻訳メモ**　GSE とは government sponsored enterprise の略語で，文字通り訳せば「政府支援機関」。したがって住宅建設以外の機関も含まれるのですが，ここでは米国の連邦住宅抵当公社（ファニーメイ）と米連邦住宅貸付抵当公社（フレディマック）の

ことを指しているので、訳語を絞っています。

3【延期される】 An increasing number of initial public offerings (IPOs) have been shelved.
▶株式の新規公開（IPO）が延期されるケースが増えてきている。

4【先送りする】 Should consolidation measures slow the economy more sharply than expected, rate hikes might be delayed.
▶財政健全化措置による経済の減速が予想より急激なら、利上げは先送りされるかもしれない。

5【先送りする】 Eurozone finance ministers have yet again kicked the can down the road.
▶ユーロ圏各国の財務相は、またもや決定を先送りした。

🔍**翻訳メモ** 量的緩和策第3弾（QE3）の時の「いつ終了するのか？」というレポートでよく使われていました。日本では2015年に明らかになった新国立競技場のデザインをめぐる迷走劇が、まさに kick the can down the road といえるかもしれません。

6【見合わせる】 The policy board is likely to hold off on further stimulus until it can get a good read on Q3 economic data.
▶政策委員会は追加刺激策の実施を見合わせ、第3四半期（4－6月期）での景気指標を見極めることとなろう。

7【引き延ばす】 Considering the cyclical downside risks that would result from a premature consumption tax hike, the government has postponed its final decision until November.
▶機が熟していないタイミングでの消費増税による景気悪化リスクを勘案し、政府は最終判断を11月まで引き延ばした。

8【見送る】 The Fed didn't choose to taper due to a lack of sustained improvement in key data points.
▶主要経済指標に持続的な改善が見られなかったことから、量的緩和策の縮小は見送られた。

🔍**翻訳メモ** この「見送る」は、FRBは量的緩和をするだろうと書き手（と読み手）が予想していたが、それをしなかった、という文脈から出てきた訳語。「期待していたことをしなかった＝見送る（見送られる）」というわけです。

見極める　identify / see

1 Regional and country-specific differences remain key in identifying viable investment opportunities.
  ▶地域や国ごとの違いは，有望な投資機会を見極める上で引き続き重要な要素である。
2 We are constantly speaking with the management to see if the company will pay a substantial dividend, institute a buyback or save money for acquisitions.
  ▶大幅な配当，自社株買い戻し，買収のための資金確保の可能性を見極めるべく，同社の経営陣と常に対話を行っています。

水を差す　dampen / hamper / derail / derailment

1【水を差す】 Over the last three years, the strong fiscal austerity implemented by the government dampened the economic recovery.
  ▶この3年間は，政府が実施した厳しい財政緊縮が経済の回復に水を差した。
2【水を差す】 Japan's wages fell unexpectedly fell for a third month, hampering a recovery in consumer spending that's being fueled by job growth.
  ▶日本における賃金の伸びは予想外に3ヶ月連続の下落となり，雇用の伸びで加速されつつある個人消費の回復に水を差すかたちとなりました。
3【腰折れさせる】 The fiscal issues will not derail the economic recovery in our view.
  ▶この財政問題は，景気回復を腰折れさせないと当社はみている。
4【腰折れ】 The key risk is derailment of the consumer through a lagged negative wealth effect from housing price deterioration and higher inflation.
  ▶主要リスクは，住宅価格の下落とインフレ率の上昇後に時間を置いて現れる負の資産効果による消費支出の腰折れである。

無頓着な　complacent

1【無頓着な】 We should not underestimate or become complacent about the complexity of the interactions of asset markets and the economy.

▶私たちは資産市場と実体経済との複雑な相互作用を過小評価すべきではなく，それに無頓着になってもいけません。

出典 1996年12月5日に行われたグリーンスパンFRB議長（当時）の「根拠なき熱狂」演説。p.37を参照。

2 【慢心】 Erstwhile stars such as Brazil, Indonesia, and Russia are now fading thanks to bad or complacent management.

▶かつては燦然と輝いていたブラジル，インドネシア，ロシアといった国々は，国家運営の稚拙さや慢心がたたり，今やその輝きを失おうとしている。

目立つ notably / meaningful / particularly / low profile / less significant

1 【目立つ】 For the quarter, financial and export oriented sectors were notably weak while defensive sectors, food and utilities, showed their safety features and produced positive returns.

▶四半期全体で見てみると，金融および輸出関連セクターの弱さが目立つ一方，食品や公益事業といったディフェンシブ銘柄がその安全性を発揮し，プラスのリターンをもたらした。

翻訳メモ 「著しい」「目覚ましい」「顕著な」という表現も使われます。

2 【目立つ】 With the intra-month broad market rally, there was meaningful company-specific activity as well.

▶月中には市場が幅広く上昇しましたが，企業ごとの活動にも目立った動きがありました。

3 【目立って】 The drivers have been stronger global markets and lack of any particularly bearish news domestically.

▶世界の株式市場が堅調だったことや，国内で目立った悪材料が出なかったことが（市場を）牽引した。

4 【目立たない】 GPIF appears to focus almost exclusively on maintaining a low profile and minimizing costs.

▶年金積立金管理運用独立行政法人（GPIF）は，目立たないことと，コストの最小化にほとんど全精力を傾けているように見える。

5 【目立たない】 Our long short managers played a less significant role

this quarter, posting small gains.
▶ 株式ロング／ショート・マネージャーは当期はそれほど目立たず，わずかにプラスの結果となりました。

もたつく
stumble / tepid / lag / limp along / halt / slow crawl / mark time

1 【もたつく】 The company's shares stumbled due, in part, to the food scandal in China.
▶ 同社の株価は，中国での食品スキャンダルもあってもたついた。

2 【もたつき】 India faces tepid growth and funding challenges.
▶ インドは成長のもたつきと調達難に直面している。

3 【追いつかない】 Worldwide demand for aluminum continues to accelerate, while meaningful increases in production will lag for many years.
▶ アルミニウムに対する世界的な需要が加速し続ける一方で，増産が追いつかない状況が何年も続く見込みです。

▸ 翻訳メモ "meaningful" は明示的に訳していませんが「増産が追いつかない」という文脈に含意されています。

4 【もたつく】 Given that the Eurozone economy would limp along because of ongoing austerity, the output gap would diminish only very slowly.
▶ ユーロ圏経済は緊縮財政の下でもたつくとみられることから，GDP ギャップの縮小はなかなか進まないと思われる。

5 【足踏み】 We expect a resumption of the upmove after the current halt and a challenge of the key trendline resistance from 2006 (see dashed line in weekly chart).
▶ 現在の足踏み状態を脱し，抵抗線となっている 2006 年からのトレンドライン（週足チャートの破線）を突破すれば，上昇基調が再開されると予想する。

6 【足踏み】 We see the US economy as being in a "slow crawl" mode.
▶ 米国経済は「足踏み状態」にあると見ている。

7 【足踏み】 Bonds have essentially marked time in real terms.
▶ 債券は実質ベースで事実上足踏みしていたことになります。

持ちこたえる

hold up / endure / muddle through / withstand / last / manage to stay / get through / resilient

1 【持ちこたえる】 Our global convertible bond index held up reasonably well during the recent correction.
▶当社のグローバル転換社債指数は，最近の調整期間中もよく持ちこたえた。

2 【底堅く推移する】 The GDP of the Western African nations held up well through 2009 with domestic demand.
▶西アフリカ諸国の国内総生産（GDP）は，内需を支えに 2009 年を通して底堅く推移した。

3 【持ちこたえる】 He noted that European equity markets have endured outflows over the past two years.
▶彼は，欧州株式市場が過去 2 年にわたって資金流出に持ちこたえてきたと指摘しています。

4 【何とか切り抜ける】 Our conclusion is that the Japanese economy will muddle through, and equities will come back.
▶日本経済は（苦境を）何とか切り抜けて株式市場は持ち直す，というのが我々の結論です。

5 【耐える】 This stability in the CNY seems to have helped Asian currencies withstand the volatility of recent JPY weakness.
▶人民元のこの安定のおかげでアジア各国の通貨は最近の急激な円安に耐えられたようだ。

6 【持ちこたえる】 The capital infusion by the investment bank is a big positive and provides the company with enough cash to last for two years even without doing any securitizations.
▶投資銀行による資本注入も大きなプラス材料で，証券化を実施しなくても 2 年間持ちこたえるだけの資金が提供されるものと思われます。
　翻訳メモ　securitization：証券化

7 【何とか維持する】 Poland despite estimates of large redemptions in mutual funds resisted the temporary downward pressure and WIG20 managed to stay above a significant level of 2500 points.
▶ポーランドでは，ミューチュアルファンドの大規模な償還が予想されていましたが，株式市場は一時的な下方圧力に耐え，WIG20 種指数は重要な節目であ

る 2500 ポイントを何とか維持しました。

　　翻訳メモ　redemption：償還

8【乗り切る】　While the market may get through the upcoming reporting season without testing previous lows, we do not see it decisively breaking out of its established trading range of 1270-1400 (on the S&P 500).

▶市場は今度の決算発表シーズンを以前の下値を試すことなく乗り切ることができるかもしれないが，このところ定着している（S&P500 種株価指数で）1270-1400 というレンジを明確に抜け出せるとも思えない。

9【持ちこたえる】　While hedge funds have been more resilient than the rest of the industry to capital outflows, redemptions accelerated sharply in Q4.

▶ヘッジファンドは業界のほかのセクターよりも資金の流出に持ちこたえているものの，第 4 四半期は償還請求が急激に加速した。

基づいて　based on / depend on / report / in accordance with / dependent on / focused / subject to

1【基づいて】　Our responsibility is to express an opinion on these financial statements based on our audit.

▶当監査法人の責任は，当監査法人が実施した監査に基づいて，本財務諸表に対する意見を表明することである。

　　翻訳メモ　独立監査人の一般的な監査報告書の一節です。

2【基づいて】　The procedures selected depend on the auditors' judgment, including the assessment of the risks of material misstatement of the financial statements, whether due to fraud or error.

▶監査手続きは，当監査法人の判断により，不正または誤謬によるかを問わず，財務諸表の重大な虚偽表示のリスクの評価に基づいて選択され，適用される。

　　翻訳メモ　独立監査人の一般的な監査報告書の一節です。

3【によると】　Based on a July 9 Bloomberg note, copper stockpiles dropped for the 20 weeks in a row in London, pushing copper equities higher.

▶7月9日のブルームバーグの記事によると，ロンドンでは銅の在庫が20週連

続して減少し，それが銅関連会社の株価を押し上げています。

4 【によると】 The company reported a net profit that was lower than the prior year but higher than the prior quarter.

　▶ 同社の発表によると，純利益は前年同期を下回ったものの，前期は上回った。

5 【準拠して】 We conducted our audit in accordance with International Standards on Auditing.

　▶ 当監査法人は，国際監査基準に準拠して監査を実施した。

　　翻訳メモ　独立監査人の一般的な監査報告書の一節です。

6 【〜で決まる】 Details on the size of the buffer are dependent on the results of the stress test and any efforts to sell assets into either the market or the public-private partnership.

　▶ 資本バッファーの規模に関する詳細は，ストレステストの結果や資産を市場または官民パートナーシップに売却する取り組みの行方によって決まってくる。

　　翻訳メモ　ストレステスト（金融機関の健全性審査）とは，最悪の経済シナリオを想定した場合に，各金融機関がそのときに生じる損失を埋めるだけの十分な資本をもっているかどうかという経営基盤の健全性をみる審査です。2008年の金融危機を受けて，米国規制当局が2009年に実施してよく知られるようになりました。欧州では，2010年のギリシャ危機を受けて欧州債務危機が深まってから欧州銀行監督委員会（CEBS）が2回行っています（2015年9月現在）。

7 【左右される】 Commodity markets reflect this shift, but domestic-focused Asian equities have yet to do so.

　▶ こうした変化は商品市場には反映されているが，国内要因に左右されやすいアジアの株式市場にはまだ表れていない。

　　翻訳メモ　focused は「with your attention directed to what you want to do; with very clear aims（明確な目的をもって，自分がしたいと思っていることに注意を向けて：*Oxford Advanced Learner's Dictionary, 8th Edition*）」という意味の日本語を文脈に合わせて訳していくとよいと思います。

8 【されることがある】 The information contained herein is subject to change without notice.

　▶ 本書に記載の情報は予告なく変更されることがあります。

9 【したがう】 All uses of the Trademarks shall be subject to prior written approval by the Company.

　▶ 本件商標の使用はすべて，本件会社による事前の書面承認を条件とする。

　　翻訳メモ　契約書の基本的な用語です。

安い
lows / bottom (out) / trough / floor / find a base / bedrock / double-dip / new year lows / record low

1 【安値圏】 The USD has rallied off this year's lows as a result, and its direction in the near term is now likely to be determined again by investors' risk appetite.
▶ その結果，米ドルは今年の安値圏から一気に上昇したが，目先の方向性は再び投資家のリスク選好度に左右されるだろう。

2 【底打ち】 Hong Kong's office rental market is likely to bottom out in the next months after four years of deterioration.
▶ 4年間にわたって低迷していた香港の賃貸オフィス市場は今後数ヶ月で底打ちする可能性が高い。
　🔍翻訳メモ 「底打ちする」「底入れする」の最も一般的な表現です。out はあってもなくても訳語は「底打ち」で同じ。

3 【底打ち】 A wide range of commentators and market participants are now backing the view that the bottom has been reached.
▶ いまや多くの経済評論家や市場参加者が市場は底を打ったという見解を支持している。

4 【底入れ】 Chinese GDP growth is set to find a trough in Q3.
▶ 中国の国内総生産（GDP）の成長率は第3四半期に底入れする見通しである。

5 【底打ち】 If housing prices find a floor, then the US economy should stand a good chance of recovering with minimal fallout.
▶ 住宅価格が底打ちすれば，米国経済は副次的な影響を最小限に抑えながら回復を遂げる可能性が高い。

6 【下げ止まる】 We are of the view that the recent decline in the NZD has likely found a base, with most of the negative news already priced in.

▶悪材料がほぼ出尽くしたことから，ニュージーランド・ドルは下げ止まった可能性が高いとみている。

7【大底】 Japanese equity valuations have essentially reached bedrock with associated yields easily surpassing those of JGBs.

▶日本の株式市場のバリュエーションは事実上の大底をつけており，配当利回りは日本国債の利回りを優に上回っている。

翻訳メモ これは，株式の yields なので配当利回りです。

8【二番底】 The question at the time was whether the US would experience a double-dip recession.

▶当時の論点は，米国の景気が二番底に陥るのかどうか，という点であった。

翻訳メモ 二番底とは，景気や相場が一度底を打って好転（上昇）した後，再び悪化（下落）して底を打つことです。

9【年初来安値】 Markets sold off with the Dow reaching new year lows on further credit worries and inflationary pressures.

▶信用市場へのさらなる懸念にインフレ圧力が加わってダウ平均が年初来安値をつけるなど，株式市場は大幅に下落しました。

10【史上最安値】 Having hit a record low in July, the pound regained some semblance of stability against the euro in the ensuing months.

▶英ポンドは7月に対ユーロで史上最安値をつけたが，その後数ヶ月は安定を取り戻した。

翻訳メモ 同じ意味の語としては他にも historic low, all-time low などがあります。

有利な　be well positioned / be well placed

1【有利な】 The Manager believes the company is well positioned for market share capture.

▶マネージャーは同社が市場シェアを獲得する上で有利な立場にあると考えています。

2【有利な】 Only those in a position to pass on the rising costs of commodities in the form of higher prices are well placed in an environment of rising inflation.

▶インフレ上昇期には，コモディティ価格の上昇を値上げという形で転嫁できる会社だけが有利な立場に立てるのです。

215

歪み　distortion

☞ Central banks across the globe adopted quantitative easing measures leading to a distortion of prices.
▶ 世界各国の中央銀行が量的緩和措置を採用したため，（債券）価格に歪みが生じました。

緩やかな　moderate / modest / ease

1【緩やかな】 The Committee expects that with appropriate policy accommodation, economic activity will expand at a moderate pace with labor market indicators and inflation moving toward levels the Committee judges consistent with its dual mandate.
▶ 当委員会は，適切な政策措置を施すことで経済活動は緩やかなペースで拡大し，労働市場関連は FOMC がその二大責務（デュアルマンデート）と整合的と判断する状態に向かい続けると予測している。

🔖**翻訳メモ**　連邦準備法（Federal Reserve Act）では FRB の政策目的（statutory objectives）を「雇用の最大化（maximum employment）」「物価の安定（price stability）」「緩やかな長期金利の維持（moderate long-term rates）」と定めていますが，声明等では前者 2 つを二大責務（dual mandate）として掲げられることが多いです。policy accommodation は「適切な政策措置」の意味ですが，この文脈では金融緩和政策のことを指しています。

📘**出典**　米連邦公開市場委員会（FOMC）声明（2014 年 10 月 29 日および 2015 年 6 月 17 日）

2【緩やかな】 Australian house prices are likely to continue to increase at a very modest rate.
▶ オーストラリアの住宅価格は，きわめて緩やかなペースで上昇を続けるだろう。

3【沈静化】 The European debt crisis, which had eased in October, flared yet again this month and bullied markets.
▶ 欧州債務危機は 10 月にいったん沈静化したものの，今月には再燃し市場を痛めつけた。

要因分析　attribution analysis / factor analysis

1【要因分析】 A summary of Fund performance and attribution analysis will be provided on 17 November 2015.
- 当ファンドの運用結果および要因分析の概要は 2015 年 11 月 17 日に発表する予定です。
- 翻訳メモ　"attribution analysis"、または "attribution" の 1 語で「要因分析」。

2【リスク要因分析】 Risk factor analysis focuses on the portfolio's sensitivity to movements in equity prices, currencies, and interest rates.
- リスク要因分析においては、株価、通貨、金利の変動に対するポートフォリオの感応度に注目します。

様子見　on the sidelines / play a waiting game / wait-and-see / remain sidelined / opportunistic

1【様子見】 Trading volumes were low as many market participants elected to remain on the sidelines.
- 多くの市場参加者が様子見を決め込んだことから、商いは低調でした。
- 翻訳メモ　sit on the sidelines ともいいます。

2【様子見】 Though firms may be tempted to play a waiting game, they should in fact already be taking steps to ready themselves for the demands of Basel III.
- 各行ともじっくりと様子見を決め込みたいところかもしれないが、実際にはバーゼルIIIの基準を満たすための備えをすでに始めているはずだ。
- 翻訳メモ　バーゼルIIIとは、銀行の資本基盤の強化、過度なレバレッジ抑制、流動性リスク管理の強化を目的に、バーゼル銀行監督委員会がバーゼルII（新BIS規制）を見直して 2010 年に合意した新たな枠組みのことで、①自己資本比率規制、②レバレッジ比率規制、③流動性規制（流動性カバレッジ比率と安全調達比率）を骨子としています（参考：『2015 年版金融時事用語集』、p.190）。

3【様子見】 However, the central bank seems to be in a wait-and-see mode.
- しかし、同国の中央銀行は様子見を決め込んでいるらしい。

4【模様眺め】 Many still remain sidelined with high levels of cash in their portfolios because of the persistent range trading in key markets.
- 主要市場でレンジ取引が続いているため、多くの市場参加者がポートフォリオにおける現金比率を高め、模様眺めを決め込んでいる。

5【日和見】 Outside North America, investment in hedge funds so far is less strategic and more opportunistic.
　▶北米以外では，ヘッジファンドへの投資は戦略的というよりは日和見主義的な傾向が見られます。
　　🔖翻訳メモ　オポチュニスティックという訳語を選択する顧客もいます。

横ばい　unchanged / flat / flatten / sideways / level off / a range trading pattern / range bound

1【横ばい】 Meanwhile, the Consumer Sentiment Index was unchanged at 101.0 in August.
　▶一方，8月の消費者信頼感指数は前月比横ばいの101.0となった。

2【横ばい】 Commodities and bonds contributed to performance on the month while equities were flat.
　▶コモディティと債券は収益に貢献した一方で，株式は横ばいとなりました。

3【横ばい】 Now, earnings have flattened while stock markets have risen.
　▶現在は，企業収益が横ばいとなる中で，株式市場が上昇しているのです。

4【横ばい】 Agricultural commodities have traded sideways recently and this could persist for some time.
　▶農産物は最近横ばいで推移しており，このような状況はしばらく続くかもしれない。

5【横ばい】 We believe the exchange rate ratio should level off at about 1.55 dollars against the Euro.
　▶米ドルは対ユーロで1.55ドル近辺で横ばいに推移するだろうとみています。

6【ボックス圏】 Most markets are now caught in a range trading pattern.
　▶今では大半の市場がボックス圏から抜け出せない状況となっている。
　　🔖翻訳メモ　「一定レンジ内から抜け出せない」でもわかりますが，日本語では「ボックス圏」が一般的です。

7【ボックス圏】 The Manager expects the market to be range bound and plans on moving the net exposures around more frequently because he continues to believe politics within Europe will be a headwind.
　▶相場はボックス圏内で推移すると予想していますが，欧州の政治情勢が逆風

になるとの見方を維持しており，ネットエクスポージャーをより頻繁に調整する方針です。

予想する

project / extrapolate / expect / anticipate / projection / outlook / in line with expectations / in the pipeline / unanticipated / unexpected

1 【予想する】 We project that all G3 central banks will keep rates at their same, low levels through May 2012.

▶ 日米ユーロ圏の中央銀行はいずれも 2012 年 5 月末まで現行の低金利を維持することが予想される。

2 【推定する】 Clearly, it would be reckless to extrapolate the latest set of weekly data into a trend.

▶ もちろん，最新の週次データをもってトレンドを推定するのは無謀である。

3 【予測する】 Conversely, if progress proves slower than expected, then increases in the target range are likely to occur later than currently anticipated.

▶ 反対に，事態の進展が予測よりも遅れるようであれば，目標誘導レンジの引き上げは現時点で想定されているよりも遅くなるだろう。

翻訳メモ 「予想」と「予測」，日本語では後者の方に客観的なデータや根拠に基づいているニュアンスがありますが，ほぼ同義に用いられていると考えてよいでしょう。

出典 米連邦公開市場委員会（FOMC）声明（2014 年 10 月 29 日）

4 【想定する】 The Committee currently anticipates that, even after employment and inflation are near mandate-consistent levels, economic conditions may, for some time, warrant keeping the target federal funds rate below levels the Committee views as normal in the longer run.

▶ 当委員会は，雇用とインフレが責務と整合する水準に近づいた後も，しばらくの間は，FF 金利の誘導目標を当委員会が長期的に正常とみなす水準よりも低く維持することを正当化する経済状況が続く可能性があると，現在想定している。

出典 米連邦公開市場委員会（FOMC）声明（2014 年 10 月 29 日および 2015 年 6 月 17 日）

5 【見通し】 The country's budget surplus has reached 9.2% of GDP, as

budget revenues remain above projections.
> 同国の歳入は見通しを上回り，財政黒字は GDP の 9.2% に達した。

6 【見通し】 The Committee sees the risks to the outlook for economic activity and the labor market as nearly balanced.
> 当委員会は，経済活動の見通しと労働市場に対するリスクはほぼ均衡しているとみている。

出典 米連邦公開市場委員会（FOMC）声明（2014 年 10 月 29 日）

7 【予想通り】 In line with expectations, US Treasuries sold off and the 10 year yield rose by 10 bps.
> 米国債価格は予想通り急落し，10 年国債利回りは 10 bp 上昇した。

8 【予想されている】 Consumer spending is set to soften as a result of both an income effect and tighter fiscal policy in the pipeline.
> （負の）所得効果に加え，財政引き締め策も予想されることから，個人消費は減速に向かう見通しだ。

翻訳メモ in the pipeline は「予定が実現に向かって進行中」。例文は「予想」と訳しましたが，「政策の実行が予定されている（ただし書き手はあくまでも予想するにすぎない）」というニュアンスです。

9 【予想外】 For the moment, the broadly unanticipated behavior of world bond markets remains a conundrum.
> 今のところ，世界の債券市場で広くみられるこうした予想外の動きは謎のままである。

翻訳メモ 有名な「グリーンスパンの謎」証言です（2005 年 2 月 16 日）。フェデラルファンド（FF）金利の誘導目標は 2004 年 5 月までは 1% でしたが，6 月に 1.25% へと引き上げたのを皮切りに，この演説が行われた 2 月までに 5 回，2.5% まで引き上げられていました。にもかかわらず長期金利が上がらなかったため，その理由がわからず「謎」と議会証言で述べたのです。なお，FF 金利の誘導目標はその後も断続的に引き上げられ，2006 年 6 月の 5.25% に達しました。

10 【予期せぬ】 But how do we know when irrational exuberance has unduly escalated asset values, which then become subject to unexpected and prolonged contractions as they have in Japan over the past decade?
> しかし，「根拠なき熱狂」が資産の価格をいつ不当につり上げ，過去 10 年間にわたって日本が経験してきたような予期せぬ長期的な経済停滞につながるのかを，私たちはどのように判断できるのでしょうか？

> **翻訳メモ** irrational exuberance：根拠なき熱狂。1996年12月5日に行われたグリーンスパンFRB議長（当時）の「根拠なき熱狂」演説からの引用です。p.37を参照。

弱い　weak / weakness / skittish / soft / poor / weak note / bearish / negative

1 【弱い】 In the US, May's negative performance was a continuation of the weak market performance experienced in April.
▶米国市場は，4月の下落相場からの弱い地合いを引き継ぎ，5月に入ってもさえない展開となりました。

> **翻訳メモ** 「弱い」は「下がる」の項も合わせて確認してください。

2 【軟調】 While he added to some longs on market weakness there were no dramatic portfolio adjustments.
▶軟調な相場に乗じてロングポジションを積み増しましたが，大幅なポートフォリオ調整は行っていません。

3 【神経質な】 Developed world markets remained skittish, but a significant sell-off in emerging market assets and currencies did not materialize.
▶先進国市場は神経質な地合いが続いたものの，新興国の資産や通貨の急落は起きなかった。

4 【軟調な】 The private sector remains healthy, and recent soft data has been largely attributable to lower government spending and inventory destocking.
▶個人消費の基調となる民間セクターは健全な状況が続いており，最近の軟調なデータは，概して政府支出の減少と在庫取り崩しによるものと考えて差し支えあるまい。

> **翻訳メモ** soft dataはここでは「軟調なデータ」ですが，消費者信頼感指数や購買担当者景気指数などの調査統計を指すこともあるので，文脈で判断します（p.135参照）。

5 【軟調な】 The company reported a second quarter loss that was more than Street estimates due to bad weather, higher-than-normal resident attrition, a poor housing market and regulatory uncertainty according to the CEO.
▶同社が発表した4－6月期決算はウォール街の予想よりも大幅な赤字となったが，同社CEOによれば，その背景には悪天候，通常を上回る入居者の減少，

軟調な住宅市場，規制上の不透明感があった。

🔍**翻訳メモ** Street はここでは「ウォール街」と訳しましたが，日本でいう「兜町」が日本の証券業界や東京市場を意味するのと同様，「ニューヨーク市場」や「米金融界」と訳すこともあります。

6【弱い地合い】 EM corporate bonds have started the year on a weak note, with spreads rising.

▶新興国社債は弱い地合いで1年をスタートし，スプレッドは拡大基調をたどった。

7【弱気の】 The Manager is bearish on the company, believing that it will come under pressure when the stock lockup period expires on October 16.

▶10月16日にロックアップ期間（株式売却禁止期間）が終了すると株式が売り圧力にさらされるとの考えから，マネージャーは同社に対して弱気です。

🔍**翻訳メモ** 「ロックアップ期間」とは IPO 前の企業の株主が，上場以降の一定期間（数ヶ月〜1年），持株を売却しないことを取り決める制度のことです。

8【弱気の】 The Managers were shorting the stock as an expression of their negative view of the housing market.

▶マネージャーは住宅市場に対する弱気の見方を反映するトレードとして，この銘柄をショートしていました。

🔍**翻訳メモ** 「銘柄をショートする」とは，投資家が手元に保有していない有価証券を借りてきて売却する「空売り」のことです。

[ら・わ行]

利益確定　take profit(s) / lock in / realize gain / profit-taking / trim

1【利益確定】　The manager has partially trimmed the position to take some profits after its most recent gains.
　▶最近の株価上昇を受けて，利益を確定するためポジションを一部売却しました。

2【利益確定】　The market has corrected since then as investors rushed to lock in profits at year end.
　▶その後は投資家が年末に向けて利益確定に走ったため，調整に入りました。

3【利益確定】　The manager commented that the shares of the company had surged over 25% during the fourth quarter of 2014 and he feels that the slight decline in January was partially due to investors realizing gains after the rally.
　▶マネージャーは，同社の株価は2014年10－12月期に25％を超える急激な上昇を示したとして，1月の小幅下落の背景にはそうした急騰後の利益確定売りもあったのではないかとの見方を示しています。

4【利食い】　The European technology sector rebounded from the October profit-taking spree.
　▶欧州のITセクターは10月に利食い売り一色となりましたが，今月は反発に転じました。

5【利益確定】　The manager trimmed the position due to its recent price appreciation.
　▶最近の株価上昇を受けて一部のポジションについて利益確定売りを行い，ポジションを縮小しました。

　🔍翻訳メモ　trimは「削減する」という意味の動詞で，この語自体には「利益を確定する」という意味はありません。株価上昇を受けて一部の利益を確定したわけです。

履行する　perform / fulfill / satisfy

1 Financial liabilities are not recognized unless one of the parties has performed its obligation.
　▶金融負債は，当事者のいずれか一方が義務を履行しない限り認識されない。

2 A party will not use any Confidential Information of the other party except as necessary to exercise its rights and fulfill its obligations under this Agreement.
　▶いずれの当事者も，本契約に基づく自らの権利を行使し，義務を履行するのに必要な場合を除き，他方当事者の秘密情報を用いてはならない。

3 In satisfying its obligations under this paragraph, each party shall maintain the other's trade secrets and proprietary or confidential information in confidence.
　▶本項に基づく義務を履行するにあたり，各当事者は他方当事者の営業秘密および専有情報または秘密情報を秘密に取り扱うものとする。

リスク

risk profile / upside risk / downside risk / risk aversion / systemic risk / market risk / inflation risk / currency risk / interest rate risk / credit risk / counterparty risk / prepayment risk / default risk / rating transition risk / country risk / sovereign risk / longevity risk / geopolitical risk / contagion risk / tail risk / risk-on / risk-off / risk appetite / animal spirits / de-risk / re-risk / risk premium / inflation risk premium / downside protection / new issue premium / risk(less) asset / risk-free asset / safe haven / risk-free rate / risk assessment

1【リスク特性】 We initiated coverage on the stock with a "Buy" recommendation based on the company's profitability, attractive growth and low risk profile.
　▶我々は同社の収益力，魅力的な成長，低リスク特性を理由に「買い推奨」の投資判断でカバレッジを開始した。

　　　翻訳メモ　「リスク特性とは，銀行によるリスクエクスポージャーの性質及び規模を指す」（バーゼル銀行委員会，実効的な銀行監督のためのコアとなる諸原則，金融庁仮訳，2012年9月）とありますが，リスクの種類の程度と考えておけばよいでしょう。high/low risk profile「リスク特性が高い（低い）」という表現もあって，これは文脈にも

よりますがその主体がさらされているリスクの範囲が広い（狭い）か，リスク程度が高い（低い）ことを意味します。

2 【上方リスク】 Dynamic domestic demand, soaring bank lending and evidence of wage inflation all point to upside risks for inflation.
▶内需の高まり，銀行貸し出しの増加，賃金インフレなど，あらゆる要素がインフレの上昇リスクを示している。

3 【下方リスク】 Technicals indicate that downside risks are not over.
▶テクニカル要因は，下方リスクがなお残ることを示している。

4 【リスク回避姿勢】 Over the near term we are neutral on the greenback but in the second half of the year we are still concerned that the likelihood of renewed risk aversion will boost safe haven currencies like the USD and JPY again.
▶弊社では当面の米ドルの方向性に対しては中立な見方をしているが，年後半については，リスク回避の動きが再燃し，米ドル，日本円などの安全な避難先通貨が再び上昇する可能性をなお懸念している。

5 【システミックリスク】 Systemic risk refers to the possibility that the financial system as a whole might become unstable, rather than the health of individual market participants.
▶システミックリスクとは，個別の市場参加者の財務状況ではなく，金融システム全体が不安定になるかもしれない可能性を意味する。

出典　What Is Systemic Risk? Does It Apply to Recent JP Morgan Losses?, Edward V. Murph, May 24, 2012　https://www.fas.org/sgp/crs/misc/R42545.pdf

6 【市場リスク】 Short positions are an effective method of mitigating market risk and maintaining a balanced portfolio.
▶ショートポジションは市場リスクを緩和し，ポートフォリオのバランスを取る上で有効な方法です。

7 【インフレリスク】 The labor market may, therefore, be tighter than the Fed presumes, and inflation risks correspondingly higher.
▶したがって，雇用市場はFRBが想定しているよりも逼迫し，インフレリスクが高くなっているかもしれない。

8 【為替リスク】 Currency risks may result from exposures to changes in spot prices, forward prices and volatilities of currency rates.
▶為替リスクは，スポット価格，フォワード価格および為替レートのボラティ

リティの変動にさらされて生じることがある。

9【金利リスク】 Interest rate risk is the risk of loss arising from changes in the level of interest rates or changes in the shape of yield curves.
　◉金利リスクとは，金利水準またはイールドカーブの形状が変化して損失を被るリスクのことである。

10【信用リスク】 Credit risk is the risk that an issuer or counterparty to a financial instrument will fail to discharge an obligation or commitment that it has entered into with the Trust.
　◉信用リスクとは，金融商品の発行者または相手方当事者（カウンターパーティ）が当ファンドと締結した義務または約定を履行しないリスクである。
　　[翻訳メモ] 財務諸表の一般的な表現です。

11【カウンターパーティリスク】 An investment in physical gold bears no counterparty risk.
　◉金の現物投資ではカウンターパーティリスクは発生しない。
　　[翻訳メモ] カウンターパーティリスクとは，取引相手先の信用（債務不履行）リスクのことです。

12【期限前償還リスク】 Prepayment risks may flare back up with the recent drop in interest rates.
　◉最近の金利低下を受けて期限前償還リスクが再び高まるかもしれません。
　　[翻訳メモ] モーゲージ債（住宅ローンを担保に発行された証券）に特徴的にみられるリスクです。住宅ローンの借り手にはローンをくり上げ返済できる権利が付与されており，金利が低下すると住宅ローンの借り換え需要が高まります。つまり，住宅ローンを裏付け証券とするモーゲージ債はいつ，どの程度の期限前償還があるかが不確定なのです。このリスクを期限前償還（あるいは早期返済）リスクといいます。

13【債務不履行（デフォルト）リスク】 Your explanations remain mostly qualitative in nature and short of specific, quantitative explanations about default risk and international comparisons.
　◉貴社の説明は依然定性的であり，デフォルトリスクや国際比較についての具体的・定量的説明が不十分。
　　[翻訳メモ] 日本国債の格付けは1980年代以降すべての格付機関で最上級を維持していましたが，90年代末から格下げの動きが始まりました。
　　[出典] 財務省ホームページ，外国格付け会社宛意見書への回答に対する5月22日付再質問書（大要）について（2002年5月23日公表）

14【格付変更リスク】 Rating transition risk is a risk of changes in credit quality assessed by rating agencies when news affecting an obligor's credit quality is revealed.

◯格付変更リスクとは，債務者の信用度に影響を及ぼすような新たな材料が明らかになり，格付機関による格付評価が変更されるリスクである。

15【カントリーリスク】 At this time, we believe that the country risk is more than adequately priced into the stock.

◯現段階では，この国のカントリーリスクは同社の株価に十二分に織り込まれていると思われます。

16【ソブリンリスク】 Sovereign risk refers to that subset of country risk that specifically relates to the government in a foreign country refusing to make timely payments according to the loan agreement.

◯ソブリンリスクはカントリーリスクの一部で，具体的には，融資契約に定められた期日通りに支払いを拒否する外国政府に関するリスクのことである。

17【長生きリスク】 Therefore, retirees must face a significant degree of longevity risk—the risk that they will outlive their retirement assets—with a systematic withdrawal strategy.

◯したがって，退職者は資産を計画的に引き出す方針を立てることで相当程度の長生きリスク（生きているうちに退職時資産を使い果たしてしまうリスク）に向き合わなければならない。

18【地政学リスク】 Geopolitical risks are not trivial.

◯地政学リスクを甘く見てはいけない。

19【波及リスク】 A central question is the contagion risk to other Eurozone countries.

◯中心的な問題は，他のユーロ圏諸国への波及リスクである。

20【テールリスク】 The credit environment has improved and the tail risk seems to have dissipated.

◯信用市場の環境は改善し，テールリスクが次第に後退してきたように見受けられます。

翻訳メモ テールリスクとは，滅多に起きないけれどもいったん起きるととてつもなく大きな被害を及ぼすリスクのことです。テール（tail）とはリターンの確率分布曲線の一番左側のこと。逆に右側はヘッドといいます。21世紀に入ってからはテールリスクが頻発して「ファットテール」の状態になってしまいました。

21【リスクオン】 Euro strength over the last four months has been "risk-on," reflecting a Euro area economy returning to health.

▶ここ4ヶ月のユーロ高は、「リスクオン」、つまりユーロ圏経済が健全な状態に戻り、市場全体でリスクを取ろうという気運が高まっていることを示している。

翻訳メモ 翻訳しているときに、金融業界でかなり使われ、新聞やニュースでも見かけるものの、どの程度一般に広まっているかの判断がつきにくい言葉に出くわすことがあります。「リスクオン」「リスクオフ」もその一例。市場全体のリスクに対する投資姿勢を表現する用語ですが、訳注のようにして説明を入れてしまうのも一考。

22【リスクオフ】 Should USD/JPY fall below 90, the market would switch to "risk-off" mode.

▶仮にドルが1ドル＝90円を割り込んだ場合には、市場は「リスクオフ」、すなわちリスク回避モードへと転換するだろう。

23【リスク選好度】 The USD and JPY were impacted by improving confidence and the return of some risk appetite.

▶米ドルと日本円は、市場に安心感が広がり、リスク選好度が回復したことの影響を受けた。

翻訳メモ リスク選好度とは投資家や企業が受け入れてもよい（取ってもよい）と考えるリスクの大きさのことです。市場心理を表す表現として用いられます。

24【アニマルスピリット】 We have become so used to zero interest rates that we forget how powerful a stimulus they can be once animal spirits revive.

▶ゼロ金利に慣れきってしまった私たちは、アニマルスピリットがいったんよみがえればゼロ金利が消費にどれほど強力な刺激になるかを忘れているのです。

翻訳メモ 元々は、経済学者ケインズが、投資家がとってしまう合理的には説明できない主観的な期待のことを「アニマルスピリット（動物的衝動）」と呼んだことがきっかけになったそうです。

25【リスク回避】 We believe this transition period will last through the year, and so remain cautious on highly levered relative value strategies and anticipate that the de-risking and deleveraging process is far from complete.

▶今回のような投資環境の変動は年末まで続くと思われるため、当社では高レバレッジのレラティブバリュー戦略に対する慎重なスタンスを維持するとともに、リスク削減とデレバレッジ（債務削減）プロセスの完了にはまだ相当の時間がかかると予想する。

26【リスクの再構築】 Re-risking is the main theme.
- リスクの再構築が主なテーマです。
  - 🔍翻訳メモ　あまり見かけない表現ですが，見かけた時に戸惑わないために入れておきました。

27【リスクプレミアム】 Unfortunately, equity risk premiums are not easily measured.
- 残念ながら，株式のリスクプレミアムを測定するのは容易ではない。

28【インフレリスク・プレミアム】 The favorable inflation performance across a broad range of countries resulting from enlarged global goods, services and financial capacity has doubtless contributed to expectations of lower inflation in the years ahead and lower inflation risk premiums.
- 財，サービス，調達能力が世界的に拡大した結果，多くの国々でインフレ環境が良好となり，今後長期間の期待インフレ率と，インフレリスク・プレミアムの低下に貢献したことは間違いない。
  - 🔍翻訳メモ　グリーンスパンFRB議長（当時）による2005年2月16日の議会証言から。有名な「グリーンスパンの謎」発言についてはp.220を参照。インフレリスク・プレミアムとは，将来のインフレ率の不確実性に対して投資家が名目債券に要求するプレミアム（上乗せ利回り）のことです。

29【ダウンサイドプロテクション（下落への備え）】 While being nimble is important, the manager intends to maintain a level of downside protection.
- 市場の変動に迅速に対応することの重要性を認識しつつ，価格下落への備えも怠らない意向です。

30【新発債プレミアム】 The "new issue premium" is the incremental yield offered on a new issue to reduce execution risk.
- 「新発債プレミアム」とは，執行リスクを低下させるために新発債に上乗せされる利回りを意味する。

31【リスク資産と安全資産】 The efficient frontier and optimal portfolio allocation model illustrates that, when a risk asset is available, all investors would optimally choose a portfolio of the riskless asset and one particular portfolio of risk assets (the tangency portfolio).
- あらゆる投資家は，リスク資産を手に入れられる状況においては，リスク資

産の特定のポートフォリオ（接点ポートフォリオ）と安全資産の組み合わせから最適なポートフォリオを一つ選択するはずである。有効フロンティアと最適ポートフォリオ配分モデルはこの点を明らかにしている。

> 🔍翻訳メモ　ファイナンスの基本で扱われる有効フロンティアの考え方です。「安全資産＝無リスク資産」です。

32【無リスク資産】 Today, the traditional notion of risk-free assets doesn't hold any more.

▶ 無リスク資産に関する従来の概念は，今日ではもはや通用しなくなっている。

33【安全な逃避先】 The dollar has benefited from "safe haven" status.

▶ 従来，米ドルは「資金の逃避先」と位置付けられ，その恩恵を受けてきた。

34【安全通貨】 While the Yen was once a risk aversion currency, the extreme economic weakness has diminished optimism in the currency.

▶ 日本円はかつて安全通貨とされてきたが，経済の著しい低迷で円に対する楽観論は後退した。

▶ 🔍翻訳メモ　「リスク回避通貨」→「安全通貨」と訳しました。

35【リスクフリー金利】 According to our estimates, all else equal, a further increase of 40 bp in the risk-free rate would shave approximately 10% off equity valuations.

▶ 当社の試算によると，他の条件がすべて等しい場合，リスクフリー金利がさらに 40 bp 上昇すると，株式のバリュエーションはおよそ 10％低下する。

> 🔍翻訳メモ　「無リスク金利」でも同じです。

36【リスク評価】 In making those risk assessments, the auditor considers internal control relevant to the entity's preparation and fair presentation of the financial statements in order to design audit procedures that are appropriate in the circumstances, but not for the purpose of expressing an opinion on the effectiveness of the entity's internal control.

▶ 当監査法人は，これらのリスク評価の実施に際して，状況に応じた適切な監査手法を立案するために，当該法人の財務諸表の作成と適正な表示に関連する組織の内部統制を検討するが，それは，法人の内部統制の有効性についての意見を表明するためのものではない。

> 🔍翻訳メモ　独立監査人の監査報告書に見られる一般的な表現です。

リターン

gross / net of / relative performance / absolute performance / risk/reward tradeoff / risk-adjusted return

1【手数料等控除前の】 The short portfolio contributed +0.75%, also on a gross basis.

◎ ショートポジションはパフォーマンスに 0.75%（手数料等控除前ベース）貢献しました。

翻訳メモ ファンドのパフォーマンスは，グロス（手数料等控除前），ネット（手数料等控除後）で表示されます。

2【手数料等控除後の】 Performance is calculated net of fees (2% management fee, 20% performance fee).

◎ パフォーマンスは管理手数料（2%）およびパフォーマンス手数料（20%）控除後のベースで計算されています。

3【相対パフォーマンス】 Indeed, looking at the relative performance of bonds and equities, GBP-denominated assets stand out.

◎ 実際，債権と株式の相対パフォーマンスを見ると，英ポンド建て資産が抜きん出ている。

翻訳メモ 相対パフォーマンスまたは絶対リターンとは，基準とするインデックスに対する相対的なリターンのことです。GBP = Great Britain Pound（英ポンド）です。

4【絶対パフォーマンス】 The information technology sector hindered absolute performance for the month.

◎ 当月は情報技術（IT）セクターも絶対パフォーマンスを毀損しました。

翻訳メモ 絶対パフォーマンスもしくは絶対リターンとは，市場の変動と無関係の収益率のことです。

5【単位リスク当たりのリターン】 Our analysts are able to sift through the individual securities where the risk/reward tradeoff holds the most promise.

◎ 当社のアナリストは，単位リスク当たりのリターンが最も有望と思われる銘柄を選別することができます。

翻訳メモ risk/reward tradeoff は文字どおり訳すと「リスクとリターンのトレードオフ関係」です。リスクとリターンは「あちらを立てればこちらが立たず」ということなのですが，そのまま訳しても読者にはピンとこない可能性があります。ここは「リスク調整後リターン」または「単位リスク当たりのリターン」と訳すのが正解です。

6【リスク調整後リターン】 The Fed's purchase program would support

pricing and result in strong risk-adjusted return (annualized return / annualized standard deviation) potential.

◉ FRB の買い入れプログラムがこの市場の価格を下支えし，力強いリスク調整後リターン（年率リターン／年率標準偏差）を生み出すものと思われる。

>翻訳メモ　1つ前の「単位リスク当たりリターン」と同じです。

利回り　dividend yield / earnings yield / yield-to-maturity / yield to worst

1【配当利回り】 The dividend yield (annual dividend per share/price per share) is extremely high.

◉ 配当利回り（年間配当額／株価）はきわめて高い。

2【益利回り】 Since the inflation-driven 1970s, we have not entered a bear market with earnings yield below the long-term Treasury yield.

◉ インフレが進行した 1970 年代以降で，益利回りが長期債利回りを下回った状態でベア・マーケットに突入した事例はない。

3【最終利回り】 The average yield-to-maturity of the US high yield bonds is 5.5%.

◉ 米ハイイールド債の平均最終利回りは 5.5％ です。

>翻訳メモ　「最終利回り」とは債券を購入した日から償還期限まで保有した場合の利回り（年率）のことです。日本では利付債は単利，割引債は複利で計算されますが，海外ではすべて複利で計算されています。レポート等では「YTM」と略語が使われる場合もあります。

4【最低利回り】 Yield to worst is the lowest potential yield that a bond can generate without the issuer defaulting.

◉ 最低利回りとは，ある債券について，発行体の債務不履行（デフォルト）がない状況で想定しうる最も低い利回りである。

>翻訳メモ　デフォルトが起きなくても，発行体の判断で債券が期限前償還（コール）されてしまう場合があります（発行時の条件でコール条件が定められています）。投資家から見ると，たとえば残存期間が 10 年ある，クーポン 10％，額面 100 の債券を市場で 101 で購入したところ，1 年後に額面（100）でコールされてしまう可能性を考慮しておく必要があるのです。それを考慮に入れた利回りです。

理由

due to / partly because of / thanks to / help / allow / attributable to / largely owing to

1 【〜による】 The Manager noted that the company reported poor quarterly earnings due to higher-than-expected loan loss provisions.
○ 運用担当者は同社の四半期決算について，貸倒引当金が予想を上回ったために低調だったと述べています。

2 【〜もあって】 By then, the United States economy had improved (partly because of unseasonably good weather over the winter) and investors were optimistic.
○ その頃には，米国経済は（例年にない暖冬の影響もあって）改善し，投資家は楽観的になっていた。

3 【〜のおかげで】 Real exports started to recover gradually in July thanks to solid US economic growth and the weaker yen.
○ 米国経済の堅実な成長と円安のおかげで，実質輸出は7月から徐々に回復し始めた。

4 【〜のおかげで】 The monetary stimulus helped the developed world avoid plunging into a deep depression.
○ その金融緩和策のおかげで，先進諸国は深刻な景気後退に陥らずにすんだ。

5 【〜のおかげで】 This supports the banking sector's funding structure and has allowed Spanish banks to maintain lending activity throughout the crisis.
○ 預金が銀行セクターの調達構造を支えており，そのおかげでスペインの銀行は金融危機の間中も融資活動を継続できた。
　翻訳メモ　this は預金のことを指しています。

6 【響いて】 A bulk of the quarter's decline was attributable to negative performance in August as the stock posted gains in July and September.
○ 株価は7月と9月に上昇したものの，8月の下落が響いて10－12月期ではマイナスになりました。

7 【響いて】 Major equity markets in the Europe closed down in March, largely owing to sharp falls on the last day of the month.
○ 欧州の主要株式市場は，最終取引日の急落が響いて3月は月間でマイナスと

233

なりました。

流動性　liquid / liquidity risk

1【流動性】 The most liquid 15% of high-yield bonds represent over 90% of the average trading volume (i.e., the remaining 85% of the market is responsible for less than 10% of the trading).
▶ ハイイールド社債では，最も流動性の高い15％の銘柄が，平均売買高の90％を超えている（つまり，残りの85％は売買高の10％に満たない）。

2【換金性】 We would consider less liquid strategies, but we'll have to make sure we can analyze and value the strategies.
▶ 換金性の低い戦略も検討するかもしれませんが，まずはその戦略の分析と価値を測定できるようにしなければなりません。
　翻訳メモ　例文は投資対象である有価証券の売買量ではなく，ファンドのルールなどによる換金性について説明しています。

3【流動性リスク】 Liquidity risk arises when the Trust is not able to convert investments into cash to meet liquidity needs in a timely manner.
▶ 流動性リスクは，資金需要を満たすために当ファンドが資金を速やかに現金化することが不可能な場合に発生する。
　翻訳メモ　流動性リスクとは，投資家がファンドなり有価証券なりを換金しにくいリスクのことです。一般に流動性リスクというと，債券や株式などを換金しようと思ったときに，当該銘柄の売買代金が細ってしまって（あるいは売り一色になって）マーケットですぐに売れなかったり，また希望した価格で売れなかったりするリスクのことを指しますが，例文はちょっと次元が違います。（投資家としての）ファンドが市場の流動性リスクにさらされる結果，ファンドへの投資家が流動性（換金しにくい）リスクにさらされているわけです。

レバレッジ

financial leverage / leverage / debt-to-equity ratio / interest coverage / debt ratio / external debt ratio / deb service / deleveraging

1【レバレッジ】 Financial flexibility is very limited due to the company's size and high financial leverage.
▶ 財務の柔軟性は，同社の規模と高い財務レバレッジによりきわめて制限され

ている。

> **翻訳メモ** 「財務レバレッジ」とは総資産÷自己資本，つまり自己資本比率の逆数です。

2【借入比率】 Given the high degree of leverage of US households, a shock to US interest rates could trigger a hard-landing of the US consumer.
▶︎米国では家計の借入比率が高いため，国内金利に何らかのショックが加わると，それがきっかけとなって消費者が突如苦境に立たされかねない。

3【負債比率】 Despite weaker earnings, the total debt-to-equity ratio remained unchanged at 78% in H1 2006.
▶︎収益悪化にもかかわらず，2006年上半期の負債比率は78%と変わらなかった。

4【インタレストカバレッジ】 Interest coverage is a measure of the affordability of interest payments and defined as EBITDA/interest expense, where EBITDA is earnings before interest, taxes, depreciation and amortization.
▶︎インタレストカバレッジは，金利支払いの余裕度であり，EBITDA／支払利息と定義される。ここでEBITDAとは金利，税金，減価償却及び償却控除前利益を意味する。

> **翻訳メモ** 格付会社フィッチ・レーティングスの文書より。インタレストカバレッジの定義がスッキリとまとめられています。（Insurance Rating Methodology, by Fitch Ratings, 16 August 2010　https://www.fitchratings.co.jp/ja/images/RC_20100816_Insurance%20Rating%20Methodology_EN.pdf）

5【債務比率】 General government debt ratios exceed 'B' medians.
▶︎一般政府債務の対GDP比率は「B」格付諸国の中央値を超えている。

6【対外債務比率】 High external debt ratios — as with high public debt ratios — raise concerns over the "exit" to the crisis.
▶︎対外債務比率が高く，高水準の公的債務比率とともに，今回の危機「脱出」にあたっての懸念材料となっている。

7【債務返済】 The country's 'AAA' status is further underpinned by sound macroeconomic and public finance management, high income per capita, and an impeccable debt service record.
▶︎この国の「AAA」格付をさらに支えているのは，健全なマクロ経済と財政運営，高水準の一人当たり国民所得，そして非の打ちどころのない債務返済記録

である。

🔖**翻訳メモ** debt service とは「債務の元利を支払う」という意味で，債務元本そのものを減らす「債務削減（デレバレッジ）」とは異なるので混乱しないようにしてください。

8【債務削減】 Deleveraging pressures continue impacting currency and commodity markets.
▶債務削減圧力が通貨市場とコモディティ市場に影響を及ぼし続けている。
🔖**翻訳メモ** deleveraging は「レバレッジ解消」「デレバレッジ」などの訳語も当てられます。

連続　in a row / consecutive

1【～ヶ月連続】 Since then, we have witnessed an un-interrupted rally for 7 months in a row until the end of December.
▶その後は 12 月末まで 7 ヶ月連続の上昇となっています。
🔖**翻訳メモ** 3 日連続：3 days in a row, 5 週連続：10 weeks in a row

2【～四半期連続】 The firm has consistently reported above-consensus earnings for the past 40 consecutive quarters.
▶同社は，過去 40 四半期連続で事前予想を上回る利益を発表し続けている。

割り込む　fall below / dip below / break

1【割り込む】 When the market fell below support levels at USD 1,620, investors started to liquidate positions on a larger scale.
▶市場が下値抵抗線である 1,620 米ドルを割り込むと，投資家はポジション解消の動きを拡大し始めた。

2【割り込む】 Any price dip below this threshold should be used to start building some long positions.
▶この節目を割り込むような場面があれば，ロングポジションをある程度構築しはじめる好機ととらえたい。

3【割る】 In contrast to gold, platinum broke the support level.
▶金とは対照的に，プラチナは下値抵抗線を割った。

4【抜ける】 The Nikkei 225 has good prospects of breaking the 16,545

point barrier.
- ▶ 日経平均は 16,545 円の節目を抜ける可能性が十分にある。

割高な　expensive / overvalued / overbought / stretched / overstretched

1 On a valuation basis, we maintain the view that global bond markets remain fundamentally expensive, while equities are priced within normal ranges.

- ▶ バリュエーションに関しては，世界の債券市場がファンダメンタルズと比較して引き続き割高である一方，株式は正常なレンジにとどまっているとの見方を維持する。

翻訳メモ　有価証券のバリュエーションに関する文章で fundamentally という副詞がついていたら，まずは「ファンダメンタルズ面から」「ファンダメンタルズと比較して」という意味ではないかと考えて訳しましょう。

2 Copper is no longer overvalued, but the negative technical picture still suggests prices to trade lower from here.

- ▶ 銅はもはや割高ではないが，テクニカル面の環境の悪さが依然として今後の下落を示唆している。

3 The most overbought stocks are most vulnerable when market sentiment sours.

- ▶ 最も割高な銘柄は市場センチメントの悪化に最も弱い。

4 Over the month we took profits in some Indian stocks, whose valuations now look stretched after their rapid price appreciation.

- ▶ 今月は，急速に上昇し割高感が強まっているインドの一部銘柄で利益を確定しました。

5 The first signal to check is the price-to-earnings ratio. Many investors look to see if equity valuations are "overstretched."

- ▶ まず確認すべきは株価収益率である。多くの投資家は株式のバリュエーションが割高かどうかを見極めようとする。

翻訳メモ　stretched よりも overstretched の方が割高度が強い，といえるかもしれませんが，この文章ではそこを強調する必要はなさそうです。ここで「割高過ぎないかどうか」と訳してもこの文章のメッセージには影響を与えないと思われるからです。

割安な

undervalued / underpriced / cheap / attractively valued / deep value / interesting / good store of value / compelling / attractive

1 【割安な】 Whereas NOK is now fairly valued, SEK remains one of the most undervalued currencies in G10 space.

▶ ノルウェークローネ（NOK）はいまや適正水準にある一方，スウェーデンクローナ（SWK）は G10 諸国で最も割安な通貨の一つとなっている。

2 【割安な】 Investors around the world eye Europe's underpriced assets.

▶ 世界中の投資家が欧州の割安な資産に注目している。

3 【割安な】 The Manager believes that the company is trading at cheap attractive valuations.

▶ 現在の株価は割安で魅力的だと判断しています。

4 【割安な】 European small and mid-caps are attractively valued relative to US small and mid-caps and where the recovery is already more advanced.

▶ 株価の回復がすでに進んでしまっている米国の中小型株に比べ，欧州の中小型株は割安である。

5 【ディープバリュー】 They have put together a process that delivers consistent contrarian, deep value exposure in a variety of asset classes.

▶ 同社はさまざまな資産クラスにおいて本源的価値を大きく割り込んだ「ディープバリュー」の銘柄を保有する逆張り投資を一貫して行うという運用プロセスを作り上げた。

翻訳メモ 「本源的価値を大きく割り込んだ」は訳注を本文に挿入したものです。

6 【妙味がある】 Dollar bonds might be interesting for Eurozone investors.

▶ ドル建て債はユーロ圏の投資家にとって妙味のある投資先かもしれません。

翻訳メモ 以下 4 つの文章は「割安な」に入れましたが，これはあくまでもロングポジション（買い持ち）の場合であって，ショートポジションであれば interesting は「投資妙味がある」「割高」と訳しても問題ありません。

7 【妙味がある】 Given low real interest rates and rising food inflation in emerging markets, gold should be a good store of value.

❍新興国における低い実質金利と食品価格の上昇を勘案すると,金に投資妙味がある。

8【妙味がある】 Utility and industrial subsectors no longer offer compelling valuations, but the financial subsector has not yet reached fair value.
❍公益セクターと資本財セクターのバリュエーションにはもはや妙味はないが,金融セクターはフェアバリューに達していない。

9【妙味がある】 The Manager continues to run a more concentrated portfolio with a slightly reduced gross exposure in order to be able to add to positions at attractive levels.
❍投資先の絞り込みを続けるとともに,投資妙味のある水準でポジションを積み増せるようグロスエクスポージャーを若干縮小しました。

参考・引用文献

(1) 金融翻訳者を目指そうと思ったら
　実用英語検定1級と証券アナリスト1次レベル合格のための参考書類。金融翻訳者を目指すのならこの2つの試験に受かる程度の知識が最低限必要です。

(2) 業務上揃えておくとよい参考文献
ⅰ）勉強用：日々の勉強に使います。
- 『使える金融英語100のフレーズ』柴田真一著（東洋経済新報社，2013年）
- 『ビギナーのための経済英語』『ビギナーのための法律英語（第2版）』いずれも日向清人著（慶應義塾大学出版会，2013年／2012年（第2版））
- Milton Friedman, *Capitalism and Freedom*（Univ. of Chicago Pr, 2002）
- Carmen M. Reinhart, Kenneth S. Rogoff *This Time Is Different: Eight Centuries of Financial Folly*（Princeton Univ. Pr; Reprint, 2011）
- John B. Taylor *Getting Off Track: How Government Actions and Interventions Caused, Prolonged, and Worsened the Financial Crisis*（Hoover Inst Pr; new version 2009）
- John Kenneth Galbraith., *The Great Crash 1929*（Mariner Books, 1997）
- 以上の原書の訳書：『資本主義と自由』（2008年）『脱線FRB』（2009年）『国家は破たんする』（2011年）『大恐慌1929』（2008）（いずれも村井章子訳，日経BP社）：原文と訳文の書き写しまたは音読を強くお勧めします。

ⅱ）勉強／参照用：勉強でも，実務上の参照用としても使えます。
- 『経済学とファイナンス』大村，浅子，池尾，須田著（東洋経済新報社，2004年）
- 『金融英語入門』柴田真一著（東洋経済新報社，2011年）
- 『英文契約書の基礎知識』宮野準治・飯泉恵美子著（The Japan Times, 1997年）
- 『法令用語の常識』林修三著（日本評論社，1958年）

ⅲ）随時参照用：翻訳を進める過程で必要に応じて参照します。
- 『証券分析・投資運用用語辞典』日本証券アナリスト協会編（ときわ総合サービス，2012年）
- 『バロンズ英文会計用語辞典』J. G. シーゲル，J. K. シム著，堀内，佐々木，

- 濱田訳（プログレス，2008 年）
- 『英米法辞典』田中英夫編（東京大学出版会，1991 年）
- 『年度版金融時事用語集』金融ジャーナル社
- 『入門マクロ経済学』中谷巌著（日本評論社，2007 年）
- 『現代日本経済―バブルとポスト・バブルの軌跡』田中隆之著（日本評論社，2002 年）
- 『IFRS 国際会計基準の基礎（第 4 版）』平松一夫監修（中央経済社，2015 年）
- 『バーナンキの FRB』加藤出，山広恒夫著（ダイヤモンド社，2006 年）
- 『オルタナティブ投資のリスク管理』ラース・イエーガー著，みずほ信託銀行運用ソリューション室訳（東洋経済新報社，2005 年）
- 『実務者のための　プライベート・エクイティ・ファンドのすべて』ジェームズ・M・シェル著，前田俊一訳（東洋経済新報社，2001 年）
- 『バーゼル III は日本の金融機関をどう変えるか』藤田勉，野崎浩成著（日本経済新聞出版社，2011 年）
- Ruchir Sharma *Breakout Nations: In Pursuit of the Next Economic Miracles*（Penguin 2013）
- 『ブレイクアウト・ネーションズ：「これから来る国」はどこか？』ルチル・シャルマ著，鈴木立哉訳（早川書房，2015）

引用元一覧

①グリーンスパン FRB 元議長「根拠なき熱狂」演説
　http://www.federalreserve.gov/boarddocs/speeches/1996/19961205.htm
②グリーンスパン FRB 元議長「グリーンスパンの謎」発言
　http://www.federalreserve.gov/boarddocs/hh/2005/february/testimony.htm
③バーナンキ FRB 前議長の議会証言後の質疑応答から「テーパー癇癪」
　http://www.reuters.com/article/2013/05/22/us-usa-fed-bernanke-highlights-idUSBRE94L0O720130522
④FRB 声明 2014 年 10 月 29 日
　http://www.federalreserve.gov/newsevents/press/monetary/20141029a.htm
⑤FRB 声明 2015 年 6 月 18 日
　http://www.federalreserve.gov/newsevents/press/monetary/20150617a.htm

＊上記の原文と和訳は，以下の Web ページに資料として掲載しています。
　http://www.kspub.co.jp/book/detail/1556263.html

索　引

欧文索引

1H, 2H ······ 130, 163
1Q ······ 130, 163
above ······ 28
ABS ······ 116
absolute demand ······ 96
absolute performance ······ 231
absorb ······ 38, 132
accelerate ······ 168
accentuate ······ 168
accommodative ······ 58
accommodative policy ······ 189
accordingly ······ 107
account for ······ 37
accountability ······ 126
accounting information ······ 133
accredit investor ······ 102
accumulate a position ······ 141
achieve sufficient momentum ······ 66
across the board ······ 128
active management ······ 7
active market ······ 43
add ······ 2, 79, 119, 168
additional monetary easing ······ 189
admittedly ······ 140
advance ······ 5, 131

affirm ······ 123
after ······ 25
against a backdrop of ······ 165
agency debt ······ 156
agency mortgage-backed securities ······ 156
agricultural commodity ······ 218
ahead of ······ 184
allocate ······ 155
all-time high ······ 113, 139
alpha ······ 7
alternative ······ 39
ambiguous ······ 191
Americas ······ 127
amplify ······ 168
anchor ······ 96
anemic ······ 87
anticipate ······ 219
applicable ······ 42
appreciate ······ 3, 165
arguably ······ 140, 152
arise from ······ 63, 226
arm's length ······ 45
array of ······ 142
asset backed securities ······ 116
asset market ······ 209
asset purchase program ······ 107
assume liability ······ 125
assurance ······ 199

at auction ······ 156
at sizable level ······ 96
attractive ······ 239
attractively valued ······ 238
attributable to ······ 63, 233
attribute ······ 63
attribution analysis ······ 217
attrition ······ 221
audit ······ 108, 182
austerity ······ 77, 210
authorized ······ 100
available ······ 42, 161
back ······ 26
back down to ······ 147
back end ······ 16
backdrop ······ 96, 149
backing ······ 26
backwardation ······ 118
bad news ······ 38, 86
bail-in ······ 171
bail-out ······ 170
balance of payments ······ 46
balance sheet ······ 110, 128
balance sheet date ······ 43
bank overdrafts ······ 67
bank runs ······ 167
barbell strategy ······ 156
base effect ······ 139
base metal ······ 205
based on ······ 212
be accounted for ······ 44

Term	Page
be classified	44
be committed to	51, 202
be concerned about	166
be construed	125
be contained	34
be exacerbated	9
be exposed to	31
be funded	38
be jeopardized	133
be known	38
be measured	44
be on a firm footing	205
be on track	66
be out of line with	13
be recognized	44
be shelved	207
be sidelined	206
be sidelined with	162
be translated into	44
be undermined	133
be well placed	215
be well positioned	215
be well under way	66
bear flattening	15
bearish	134, 222
bearish news	209
beat	27
bedrock	215
behavior of the market	154
behind the curve	152
beige book	136
belly	16
benchmark	197
benefit from	33
benign	96, 204
beta	8
better-than-expected	27, 183
bode well	146
BoJ	80
bolster	33, 73
bond price movement	84
boom and bust	53, 131
boost	53, 130
borrow	146
bottom	214
bottom line	159
bottom up	157
bought back	65
bounce back	183
bourse	100
break	92, 177
break-even inflation	19
broad-based decline	95
broadening expansion	26
building permit	175
bulk up	131
bull flattening	15
bullish	150
buoyant	53, 147
buoyed by	33
burst	179
business cycle	71
business fixed investment	131
busy	53
buy ~ on dips	34
buy limit order	144
buy-and-hold	31
buy-side	126
by historic standards	112
by some margin	181
CAD	106
cancel	113
cap ~ upside	6
capacity utilization	175
CAPE	181
capital account	69
capital adequacy ratio	99
capitalize on	183
carried at	44
carry trade	17
Case-Shiller 20-city composite	176
cash and cash equivalents	67
cash generation	67
cash on hand	67
cash rate	16
catalyst	187
catch up	133
cautious in	120
cautiously optimistic	121
central banker	66
charge to	194
cheap	238
Chicago Fed national activity index	70
choppy	74, 178, 191
climb	3
climb higher	86
close	153
close ~ lower	90
coincide with	14
coincident	14
coincidental indicator	70
cold wind	30
collapse	92
come down	35
come off	91
come to terms with	37
commit to	51
committed capital	52
commodity	40

communication 117	conventional 111	deflate 20
compelling 239	convertible bond 47, 164	deflation 23
competitive currency devaluation 49	conviction 122	delay 207
	core inflation 19	deleverage 228, 236
competitive devaluations 24	correct 183	de-leveraging 6, 156
	correlation 57	demand 113
complacency 129	counterbalance 15	demand deposits 67
complacent 208	counterparty risk 226	dent 9
complementary product 198	country risk 36, 227	depend on 212
	cover 152	deploy 155
compound 168	crash 92	deposit flight 167
concern 192	create a bubble 178	depreciation 49, 95, 158
conduct 108	credit compression 202	derail 208
confidence 122	credit concern 192	de-rating 91
confidential information 224	credit crunch 129	derecognized 45
	credit cycle 72	deregulation 60
confidential manner 193	credit market 12	de-risk 76, 228
confirm 26	credit risk 226	destocking 221
consecutive quarters 236	creep 1, 106	deteriorate 9
considerable time 143	crowded trade 153	determined by 30
consistent 12, 18	currency risk 225	detract from 9
consolidation 162, 207	current account 69, 106	detractor 10
constitute 79	cut 188	devalue 91, 189
constraint 190	cut dividends 77	development 232
constructive 124, 150	cyclical 28, 34, 71	deviate 14
consumer confidence 9	cyclically adjusted price-earnings ratio 181	digest 38
consumer discretionary 84, 200		diminish 75
	damage 134	dip below 236
consumer sentiment index 135, 218	dampen 208	direct real estate investment 40
	debt 170, 235	
contagion 166, 227	decelerate 77	directly 141
contango 118	decent 204	disappoint 66
continental Europe 128	decision-making 12	discharge 226
contingent convertible bond 100	decline 91-93	discount 43, 86
	deep 150, 238	discouraged worker 174
continue 95, 107, 150	default 169, 170, 226	discretionary 155
contraction 77, 124	defensive 28, 73, 209	disinflation 22, 23
contribute 78	deferred tax asset 63	dispersion 50

Term	Page
dissipate	107
distortion	216
divergence	50
diversification	197
dividend yield	112, 232
DMA	193
do whatever it takes	108
doldrums	2
dollar bond	238
domestic demand	113
domestic driven	30
domestic plays	114
dot plot	185
double	5
double-dip	215
doubtless	140
dovish	14, 140
down	91
downgrade	56, 188, 192
downside protection	229
downside risk	225
downstream	119
downturn	71
drag	36
drawdown	94
drive	25, 74
driver	75
drop in profits	77
drop vertically	93
due diligence	108
due to	24, 165, 233
dwindle	75
early warning sign	146
earnings guidance	73
earnings multiple	180
earnings season	52, 73, 86
earnings upgrade	96
earnings yield	232
ease	58, 89, 188
easing policy	152
ECB	149
economic cooling	26
economic data	66
economic expansion	27
economic indicator	26
edge higher	55
effective interest method	43
effective job-to-applicant ratio	81
eligible investor	102
eliminate	196
EMEA	127
emerging market	127
employment figures	81
EMU	47
encourage	65, 86, 119, 205
end higher	4
endorse	26
ensure	31, 211
episode	120
equilibrium	101
equity market	5
erode	134
ethical requirement	199
Euro Area	121
European Central Bank	149
European single currency	35
Eurozone	126
EURUSD	48
event	15
event-driven	15, 33
evidence	27
evolve	188
exaggerate	80
excessive liquidity	184
exchange rate	44, 45
executing broker	98
execution service	193
exhibit	110
existing home sales	175
exit	153
exit from deflation	33
expand	131
expansionary	58
expect	219
expected life	43
expensive	237
experience	119
expire	113
export driven	166
export-oriented	30, 209
exposure	30, 161
external debt ratio	235
external demand	114
external growth	124
extraordinary profit or loss	158
extrapolate	219
face	31
factor analysis	217
factor in	36
factory orders	174
fade	11
fair value	42, 44, 63
fairly present	110
fall	93
fall behind	152
fall below	236
fall precipitously	93
falter	11
fare better than	98

favorable inflation 22	flight to safety 156	gain ground 3
fear gauge 147	floating exchange rate	gain momentum 10
Fed 2	system 46	gain traction 52
federal funds rate 109	flock to 97	gather pace 10
Federal Open Market	floor 214	GBP 232
Committee 106	fluctuation 161	GDP 20, 115, 172
feed through 166	focus 144, 213	gear up 167
feel strongly 150	following 25	general and administrative
fiat currency 47	FOMC 106	expense 158
fiduciary duty 125	for a weekly advance 13	generally accepted
fiduciary responsibility 125	for quite a while 145	accounting principles 41
final revision 173	for the year 54	geopolitical risk 227
financial asset 43, 63	forward curve 118	get through 212
financial contagion 167	forward guidance 118	give back ~ gains 133
financial leverage 234	forward P/E 181	given that 79
financial liability 63	forward-looking 117	global macro strategy 183
financial performance 110	fragile 191	global rebalancing 69
financial position 110	fragility 5	go up 3
financial repression 61	fragmentation 26, 67	going forward 76, 117
financial stability 169	fraud or error 212	gold standard 46
financial statement 199, 212	FRB 2	Goldilocks economy 22
find a base 214	free float 56	good store of value 238
firm 2, 33, 87, 148, 162	free up 54	goods and services 23
first and foremost 160	from a year earlier 129	go-to market 155
first estimate 173	front end 16	government spending 221
first print 84	froth 178	Great Moderation 72
fiscal balance 70	fuel 168	grind higher 1
fiscal cliff 193	fulfill 224	gross 231
fiscal consolidation 166	full employment 82	gross exposure 239
fiscal drag 77	full-blown 202	gross long exposure 76
fiscal position 133	full-fledged 202	gross margin 158
fiscal stimulus 59	fully 202	gross profit 158
fixed exchange rate regimes	functional currency 43	grow 131
45	fundamental 165, 184	growth potential 124
flash 173	furnish 151	growth stock 55
Flash Crash 95	future result 110	guarantee 198
flat 218	FY 162	haircut 170
flight to quality 157	G3 105	halt 210

hamper 208	ignite 187	indicate 26, 109
hard data 135, 172	impair 133	indiscriminate sell-off 94
hard landing 177	impetus 75	individual investor 102
hawkish 140	implement 108	industrial 175, 209
heading into 184	impressive 12	inflation compensation 18
headline inflation 18	improve 29	inflation expectation 19, 142
headwind 33, 151	in a contrarian way 34	inflation risk 225, 229
healthy 204	in accordance with 213	inflationary pressure 70
heavy trading 6	in anticipation of 64	inflation-linked bond 21, 60
hedge fund 39	in connection with 63	influenced by 30
help 78, 96	in deficit 141	information ratio 8
hesitant 120	in earnest 202	initial estimate 130
hiccup 88	in line with 92, 220	initial jobless claim 174
high flier 124	in no mood to 121	initial public offering 207
high for the year 139	in surplus 141	initial term 113
higher 3, 28	in the forecast time horizon 123	institutional investor 102
highs 139	in the foreseeable future 142	intensify 167
historic average 112	in the high 138	interaction 209
historical cost convention 42	in the low 138	interest coverage 235
hit 29, 97, 146	in the meantime 143	interest rate cut 188
hold 42, 121, 123, 207, 211	in the near-term 142	interest rate risk 226
home bias 110	in the opposite direction of 181	interesting 238
home equity 99	in the pipeline 220	internal devaluation 190
home sales 132	in the short-term 56, 142	International Financial Reporting Standards 41
hot spot 54	in this context 165	international reserves 46
household leverage 160	inception 182	intervene 50
household saving 37	include 193	intervention 50, 111
housing sector 131, 145	income effect 220	intra-month 209
housing starts 70, 175	income surplus 69	inverse 57
hover around 27	incoming data 148	inversely 181
hunt for 197	incorporate into 37	invest 155
hurdle 194	increase 3, 184	investor sentiment 129
hurt 9, 134	increased regulation 186	invisible hand 101
hybrid bond 100	index fund 8	involve 156
hyperinflation 21	indexed bond 21	IPO 207
identify 50, 208		
IFRS 41		

ISM manufacturing index ———— 136	leap ———— 4	macro prudential measure ———— 77
issuance ———— 53	leave on hold ———— 123	mainstay ———— 96
issue ———— 161	led by ———— 74	maintain ———— 96, 123
Japanese stock ———— 55	level of interest rates ———— 226	make up the short-fall ———— 65
JGB ———— 33	level off ———— 218	manage to stay ———— 211
jitter ———— 192	leverage ———— 235	managed floating exchange rate system ———— 46
job availability ———— 81	Li Keqiang index ———— 176	mandate ———— 108
job gain ———— 29	liability ———— 44	margin account ———— 98
job market ———— 81	liable ———— 125	mark ———— 98, 161, 210
job openings per applicant ———— 81	licensee ———— 63	market depth ———— 101
jobless rate ———— 82	lift ———— 185	market event ———— 154
jobs open for every applicant ———— 81	like for like ———— 157	market exchange rate ———— 49
joint venture ———— 125	limit downsides ———— 177	market expectations ———— 64
jolt ———— 85	limp ———— 210	market making ———— 193
judge ———— 182	lingering ———— 150	market mechanism ———— 101
jump ———— 4	linker ———— 21	market order ———— 144
junk status ———— 192	liquid ———— 234	market oriented ———— 101
justify ———— 132	liquidity ———— 9, 234	market participant ———— 102
keep a lid on ———— 177	living will ———— 171	market risk ———— 225
keep an eye on ———— 144	loan loss provision ———— 233	market value ———— 93
keep unchanged ———— 123	lock in ———— 223	MAS ———— 50
kick the can down the road ———— 207	locked ———— 162	material ———— 199, 200
labor market ———— 29, 62, 174, 182	lockup period ———— 222	materialize ———— 203
labor slack ———— 83	long exposure ———— 31	maturity extension ———— 170
lackluster ———— 87, 151	longevity risk ———— 227	maturity structure ———— 17
lag ———— 152, 167, 210	long-term ———— 145	maximum employment ———— 18, 82
lagged effect ———— 166	look at ———— 196	MBS ———— 116
lagging indicator ———— 70	look for ———— 196	meaningful ———— 201, 209
largely owing to ———— 233	looking back ———— 61	measure ———— 62, 121
last ———— 211	lose ———— 90, 91	meet with ———— 38
LATAM ———— 127	lose momentum ———— 10, 78	MENA ———— 94
later this year ———— 11	loss absorbing ———— 171	MER ———— 49
lead ———— 74	low profile ———— 209	mid-cap stock ———— 55
leading indicator ———— 70	lower operating income ———— 77	misleading ———— 79
	lower yen ———— 49	miss estimate ———— 66
	lower-than-expected ———— 65	
	lows ———— 214	

misstatement	212	
mitigate	76	
mixed	205	
moderate	78, 89, 106	
modest	204, 216	
MoM	130	
monetary asset	44	
monetary easing	59	
monetary expansion	59	
monetary phenomenon	18	
monetary stimulus	59	
monetary support	59	
monetary tightening	148, 186	
monetary transmission mechanism	167	
money multiplier	206	
money supply	206	
month-on-month	130	
months in a row	236	
more broadly	55	
more strength	1	
more than likely	140	
mortgage backed securities	116	
most importantly	160	
mount	131	
move into a bubble	178	
moving average	195	
MPC	185	
muddle through	211	
multiple	180	
muted	87	
MXN	127	
NAIRU	83	
NAR	175	
natural rate of unemployment	82	
near the bottom of	162	
near-term	19, 142	
negative	2, 222	
negative cycle	6	
negative development	86	
negative equity	99	
negative growth	124	
negative interest rate	189	
negative mark to market	98	
negative wealth effect	179	
net asset value	42	
net exposure	32	
net of	231	
net purchase	132	
net sales	132	
neutral	200	
neutralize	132	
new car sales	174	
new highs on the year	139	
new issue premium	229	
new job	132	
new year lows	215	
no wonder	194	
nominal bond	21	
nominal trade-weighted basis	48	
non-commercial investors	114	
nonfarm payroll	81, 174	
north of	28	
not choose	207	
not fully justify	133	
not immune to	30	
not least because	160	
notably	160, 209	
observer	103	
off-balance sheet	106	
offset	132	
on	165	
on a par with	65	
on a trade date basis	44	
on the back of	25, 165	
on the highs	139	
on the road to	12	
on the sideline	217	
on the week	13	
on track	148	
open interest	57	
operating	3, 158	
opportunistic	218	
opportunity	62	
orders for capital goods	70	
orders for durable goods	176	
ordinary bond	21	
ordinary income	158	
organic growth	124	
originate from	63	
originated in	63	
originator	116	
outlook	182, 220	
outperform	28	
output gap	115	
outright sale	76	
over the five day period	13	
over the medium-term	143	
over the short-term	142	
over the week	13	
overall	82, 128	
overbought	237	
overcome	132	
overdone	11	
overhang	141	
overreact	80	
overshadow	35	

overshoot	11	
oversold sentiment	129	
overstate	80	
overstretched	237	
overvalued	237	
overweight	200	
P/BV	181	
P/E	180	
parity	200	
participation rate	83	
partly because of	233	
passive investing	7	
passive tightening	186	
past performance	110	
pause	14	
pay-as-you-go	105	
payout ratio	112	
PBOC	184	
PBR	180	
PCE deflator	20	
PCE index	173	
peak	26, 138, 139	
peer	154	
peg	3	
pent-up demand	115	
PER	180	
per unit	42	
percentage point	169	
perform	108, 224	
peripheral Europe	127	
periphery	192	
persistent	13, 149	
physical demand	114	
pick up	29, 52	
pile into	97	
pivotal mark	195	
plateau	35	
play a waiting game	217	
plummet	93, 134	
plunge	35, 93	
PMI	135	
policy accommodation	59	
policy easing	60	
policy intervention	202	
policy maker	68	
poor	87, 221	
pop	179	
positive	2, 205	
positive carry	17	
positive driver	86	
positive news	86	
positively react	25	
post a loss	91	
postpone	206	
power	10	
PPP	48	
preferred share	100	
preliminary	135, 173	
prepayment risk	226	
presentation currency	43	
pretax profit	159	
prevailing	98	
price action	161	
price floor	195	
price into	36	
price move	161	
price stability	18, 84, 133	
price-to-book	181	
price-to-sales basis	181	
pricing mechanism	101	
prick a bubble	178	
primary balance	70	
primary market	53	
principal payment	156	
print	92	
prior written approval	213	
private equity	39	
private investor	102	
pro forma	159	
pro rata	57	
procyclical	72	
productivity	176	
profit forecast	117	
profit repatriation	95	
profit rise	4	
profit warning	56	
profit-taking	223	
pro-growth	58	
project	219	
projection	220	
prompt	119, 165	
propel	34	
property market	10	
proportionate share	43	
proprietary information	224	
proprietary trading	76	
provide	151	
PSR	181	
public debt ratio	235	
public spending	72	
pull back	142, 157	
pullback	34, 183	
purchasing manager index	135	
purchasing power parity	48	
push	34	
put back to	43	
put forward stricter rule	186	
QoQ	130	
qualified investor	102	
quantitative easing	60, 202	
quarter-over-quarter annualized	130	
quoted market price	43	

quoted price — 98	reiterate — 111	risk asset — 229
raft of — 98	relative demand — 96	risk aversion — 6, 225, 230
raise — 117, 146, 185	relative performance — 231	risk premium — 229
rally — 26, 53, 183	relative value — 6	risk profile — 224
range bound — 218	relaxation of — 60	risk scenario — 69
range of — 108	reluctant to — 120	risk-adjusted return — 232
range trading pattern — 218	remain concerned — 56	risk-free asset — 230
rate hike — 185	remain dull — 87	risk-free rate — 230
rate increases — 185	remain elevated — 138	riskless asset — 229
rating transition risk — 226	remain high — 12, 138	risk-off — 228
reaffirm — 51	remain sidelined — 217	risk-on — 228
real economy — 133	remain unchanged — 123	robust — 95, 148
real effective exchange rate — 48	remove — 196	rock — 85
real interest — 101, 120, 238	report — 213	roll over — 156
real money buyer — 114	reporting season — 73	rotate — 164
realize gain — 98, 223	represent — 31, 199	run below — 107
reassure — 122	reputational risk — 102	runaway inflation — 21
rebound — 14, 183, 223	required reserve ratio — 184	runup — 4
recapitalization — 171	re-risk — 229	safe haven — 230
receive — 38	rescheduling — 170	sales and earnings guidance — 73
recession — 71	residential construction — 52	same-store sales — 158
reckless — 219	residential investment — 148	seasonally adjusted — 175
record highs — 139, 190	resilient — 147, 212	second estimate — 173
record lows — 139, 190, 215	resistance line — 195	secular stagnation — 24
recover — 29	resolution — 169	securitization — 115, 211
redeem — 47, 115	restructuring — 170	security selection — 74
redemption — 42, 115, 161	results season — 73	see — 35, 208
reduce — 76	retail investor — 102	seek — 196
refinance — 146	retreat — 91	sell — 196
reflation — 23	revalue — 186	sell-off — 93
reflationary policy — 24	reversal — 182	sell-side — 126
reflect — 26, 36	revise down — 56, 84	sensitive — 30
regain momentum — 10	revise upward — 117	sentiment — 129
regulatory change — 60	ripple effect — 166	sequester — 77
regulatory easing — 60	rise — 3	service account — 69
reinforce — 67	rising demand — 114	set aside — 155
reinvest — 156	risk appetite — 214, 228	settle — 4, 92
	risk assessment — 230	

shadow banking system	49	
shake-out	94	
sharp break	94	
Sharpe ratio	8	
shave	90	
shed	89	
shore up	96	
short	78	
short exposure	32	
short-lived	105	
shrinking	124	
sideways	218	
SIFIs	103	
sift through	231	
sign	145	
significant	11	
single currency	47	
sink	90	
skittish	221	
slacken	89	
slide	90	
slight rally	29	
slip	90	
slow	10, 78	
slow crawl	210	
slowdown	72	
sluggish	82	
slump	94	
small-cap stock	55	
SNB	188	
soar	5	
SOE	79	
soft	89, 221	
soft commodity	128	
soft data	135, 172	
soft landing	91, 178	
soft patch	88	
solid	149	
solid job gain	29	
sophisticated investor	102	
sound	149, 204	
sovereign debt	133	
sovereign risk	227	
spare capacity	96	
spark	187	
speculate	64	
speculative investment	156	
speed up	168	
spike	5	
spill over	166	
spiral	6	
spread to	166	
spur	167	
stable	2	
stagflation	24	
start	55	
statement of financial position	110	
statement of operation	63	
state-owned enterprises	79	
statutory	18, 125	
steady	26	
steepening	15	
step in	49	
step-up bond	115	
sticky inflation	21	
stimulate	58, 72	
stock	1, 54	
stock picking	138	
stock selection	74	
stockpile	212	
strain	191	
strength	147	
strengthen	4, 67	
stressed	191	
stretched	11, 237	
strong	2, 52, 148	
structured product	116	
struggle to	68	
stubbornly high	138	
stumble	210	
subdue	87, 151	
subject	30, 213	
subordinated debt	171	
subprime	74	
subscription	42	
substantially	12	
substitute currency	198	
such as	193	
suffer from	192	
suggest	111	
suitable	205	
supply/demand equation	114	
support	26, 95	
support line	195	
supportive	33, 96	
surge	5	
surpass estimates	65	
surprise on the downside	66	
surprise on the upside	65	
sustainable	103, 202	
sustained	105	
switch	163	
systemic risk	225	
systemically important	103	
tail risk	107, 227	
tailwind	15, 32	
take a break	14	
take advantage of	54	
take hold	202	
take measure	108	
take on board	37	

take profit — 223	— 35, 149	unwilling to — 121
Tankan Survey — 136	traditionally — 112	unwind — 153
tap — 54	trajectory — 154	up — 4
taper — 37, 61, 76, 85	treading water — 55	upgrade — 185
target price — 25	trend — 159	upside potential — 5
target range — 109	trigger — 81, 187	upside risk — 225
tax credit — 63	trim — 76, 223	upstream — 119
technical recession — 71	trough — 214	uptrend — 159
tepid — 210	tumble — 94	upward break — 195
term structure — 16	turbulence — 85	upward trend — 159
terminate — 113	turn the corner — 68	urgent — 141
terrible news — 86	UK stock — 55	US jobs — 81
thanks to — 233	unanticipated — 220	US stock — 55
the first half — 163	uncertainty — 192	utility — 200, 209
the first quarter — 163	unchanged — 218	valuation — 161, 179, 215
the US currency — 3	unconventional — 112	value stock — 55
the window of opportunity — 62	under pressure — 19	value trap — 76
	underestimate — 81, 208	VAT — 14
thin — 6	underlying — 84	versus the Japanese yen — 13
thrive — 125	undermine — 134	vicious circle — 6, 177
through profit or loss — 43	underperform — 87, 89, 107	vigilant — 120
Tier-1 capital — 99	underperformance — 133	violent correction — 94
tight — 138, 191	underpin — 95	visibly — 12
tighten — 186	underpriced — 238	volatile — 191, 201, 209
time off — 66	underscore — 27	volatility — 5, 200
TIPS — 22	undertake — 108	wage — 82
top down — 157	undervalued — 34, 238	wage-price spiral — 20
top estimates — 65	underwater — 99	wait-and-see — 217
topline — 157	underweight — 200	warranty — 199
touch — 147	unemployment rate — 29	weak — 87, 221
tracking stock — 56	unexciting — 88	weak note — 222
trade balance — 69	unexpected — 220	weaken — 9, 89
trade down — 92	unit — 42, 112	weaker yen — 49
trade lower — 92	unit labor cost — 120	weakness — 34, 151, 221
trade on the firm side — 2	unitholder — 42, 113	wealth effect — 178
trade sideways — 38	unorthodox measure — 107	wealth management product — 49, 106
trademark — 213	unscathed — 134	
trade-weighted basis	unsurprisingly — 194	weather — 68

weigh on	35, 68
well bid	149
well-entrenched	149
well-established	162
well-supported	95
well-tested	123
wide-ranging	108
windfall gain	59
withdrawal	61
withstand	211
witness	26
WMPs	106
worry	192
worse	9
write down	171
year high	4
year low	48, 147, 215
year over year	129
year-to-date	147
yen's weakness	49
yield	198, 215
yield to worst	232
yields-to-call	115
yield-to-maturity	232
YoY	89, 130
YTM	232
zero-rate policy	134, 189

和文索引

あ行

相次ぎ	97
アウトパフォーム	28
明るい	205
明らかにする	50
悪材料	38, 86, 209
悪循環	6, 177
悪性インフレ	21
アクティブ運用	7
足かせ	36
足並みをそろえる	14
足踏み	55, 210
足元の	84
足をひっぱる	36, 68
悪化させる	9, 134
侮る	81
アニマルスピリット	228
荒い	201
アルファ	7
安全資産	156, 229
安全通貨	230
アンダーウェイト	200
安定した	148, 204
安定成長	33
安定的	2
勢い	10, 66, 161
行き過ぎる	11
意思決定	12
維持する	96
以前から	112
一時的鈍化	88
著しく	11
一連の	97, 142
一貫した	12
1週間で	13
1週間の上昇率	13
一進一退	38, 68
逸脱する	13
一致	14
一般消費財	84, 200
一般に公正妥当と認められた会計原則	41
一服する	14
移動平均	195
イベントドリブン	15, 33
異例の措置	107
インタレストカバレッジ	235
インデックスファンド	8
インフォメーションレシオ	8
インフレ圧力	70
インフレ環境	22
インフレ期待	19
インフレギャップ	115
インフレ指標	18
インフレ非加速的失業率	83
インフレリスク	225, 229
インフレ連動債	21, 60
浮き沈み	53
受ける	24, 30
薄商い	6
打ち消す	133
促す	119
うなずく	132
裏付ける	26
売上総利益率	158
売上高	157
売り切り	76
売り越し	132

うろつく	27	重い	35	家計貯蓄	37
浮ついた	178	思惑	64	家計の負債比率	160
上回る	27	及び腰	120	ヶ月連続	236
運用実績	110	織り込む	36	影の銀行	49
営業費用	3, 158	オリジネーター	116	過去最高	190
営業利益	158	オルタナティブ投資	39	過去最低水準	190
影響を受ける	29			過去平均	112
影響を免れない	30	**か行**		過去をふり返ると	61
英金融政策委員会	185			貸倒引当金	233
英国株	55	外貨準備高	46	過剰に積み上がった	141
益利回り	232	会計上の見積もり	193	過剰反応する	80
エクスポージャー	30, 161	会計情報	133	過剰流動性	185
エージェンシー MBS	156	会計方針	193	課す	194
閲覧する	161	買い越し	132	加速する	52, 168
延期される	207	買い指し値注文	144	過大評価する	80
円安	49	解釈される	125	勝ち組	52
追い風	15, 32, 96	外需	114	活況	52
追いつかない	210	解除	61, 113	活発な	43, 53
欧州周辺国	126, 192	解消する	153	活用する	54
欧州中央銀行	149	改善	26, 29	過熱と冷え込み	53
大商い	6	改定値	173	株	54
大いなる安定	72	介入	49, 111	株価売上高倍率	181
大底	215	回復	29, 183	株価収益率	57, 180
大幅下落	94, 192	外部成長	124	株価純資産倍率	180
大幅増益	37	買い戻し	38, 42, 65, 161	株式市場	1, 5
大幅に	12	解約する	113	株安	93
おかげで	233	乖離	50	貨幣供給量	206
後れを取る	152	カウンターパーティリスク	226	貨幣乗数	206
怠らない	50	価格メカニズム	101	貨幣性資産	44
押し上げる	33, 130	確信	122	貨幣的現象	18
押し下げる	90	拡大する	131	下方圧力	19, 95
押し目	34	拡張的な	58	下方硬直的なインフレ	21
押し寄せる	97	格付け	123	下方修正	56, 84, 175
落ち着く	34, 96	格付変更リスク	226	下方リスク	225
踊り場	88	格付け見通し	2	上期	163
オーバーウェイト	200	確定値	173	空売り	78, 222
オーバーハング	141	確認する	50, 51	借入比率	235
面合わせ	147			下流	119

川上 — 119	軌道に乗る — 66	金融引き締め — 148, 186
川下 — 119	機能通貨 — 42	金融負債 — 63
為替制度 — 45	起爆剤 — 75	金融抑圧 — 61
為替変動リスク — 31	機密 — 193	金利水準 — 226
為替リスク — 225	逆資産効果 — 179	金利リスク — 226
勘案する — 37, 120	逆張り — 34	偶発転換社債 — 100
換金性 — 234	逆風 — 30, 33	崩れる — 93
監査意見 — 182	キャッシュフロー — 67	苦戦する — 68
監査証拠 — 108, 182	キャリー取引 — 17	暗い影を落とす — 35
監査人 — 79	休止する — 14	クラウドトレード — 153
換算される — 44	吸収する — 132	繰延税金資産 — 63
完全雇用 — 82	急伸する — 4	グリーンスパン — 220
完全失業率 — 82	急成長企業 — 124	クレジットサイクル — 72
観測から — 64	急増 — 81	グロス — 76, 231
カントリーリスク — 36, 227	急騰 — 4, 131	グロスエクスポージャー — 32, 239
管理変動相場制 — 46	急落 — 92, 131, 134	グロース株 — 55
緩和する — 58	強化する — 67	黒田バズーカ — 18, 24
起因する — 63	供給不足 — 141	グローバルマクロ戦略 — 183
機会 — 62	強固な — 147	グローバルリバランシング — 69
期間構造 — 16	強制転換社債 — 100	警戒を怠らない — 120
機関投資家 — 102	業績予想 — 56, 118	景気 — 71
企業収益 — 175	恐怖指数 — 147	景気悪化 — 71
危機を脱する — 68	虚偽表示 — 212	景気一致指数 — 70
貴金属 — 19	寄与する — 78	景気拡大 — 26
期限前償還リスク — 226	切り上げ — 185	景気減速 — 72
兆し — 145	切り返す — 183	景気刺激的 — 58
基準 — 62	切り下げる — 189	景気指標 — 26
帰する — 62	切り抜ける — 68, 211	景気循環株 — 71, 145
規制緩和 — 60	均衡水準 — 101	景気循環調整後 PER — 181
規制強化 — 186	銀行当座貸越 — 67	景気先行指数 — 70
季節調整済み — 174	緊縮財政 — 210	景気遅行指数 — 70
基礎的財政収支 — 70	金本位制 — 46	景気敏感株 — 28, 34
既存店売上げ — 157	金融 — 200	景況感 — 9
期待インフレ率 — 19	金融緩和 — 59, 152, 189	経済指標 — 66
期待のもてる — 65	金融資産 — 43, 63	経済通貨同盟 — 47
期待外れの — 65	金融市場の分断化 — 67	経常赤字 — 106
基調 — 84, 159	金融政策決定会合 — 185	計上される — 44
喫緊の — 141	金融の安定性 — 169	

経常利益	158
ケースシラー住宅価格指数	176
決算発表シーズン	73, 86
懸念	56, 166, 192
下落	89, 90
牽引する	73
減益	77
減価償却	158
嫌気されて	25
現金および現金同等物	67
堅固な	148
原債権者	116
減収減益	77
原証券	84
健全な	105, 204
減速する	77
堅調	87, 148
原動力	75
減配	77
コアインフレ率	19
コア CPI	19
公益	73, 200, 209
好感して	24
公共投資	72
工業用金属	209
貢献する	79
鉱工業生産	175
好材料	86
講じる	108
公正価値	44
構成する	79
膠着状態	162
好調な	147, 205
公的債務比率	235
購買担当者景気指数	135
高配当利回り銘柄	34
購買力平価	48

広範にわたる	108
好不況	53
考慮すると	79
誤解を招きやすい	79
小型株	55
国際財務報告基準	41
国際収支	46
国有企業	79
個人消費支出デフレーター	20
個人消費支出物価指数	173
個人投資家	102
誇張する	80
固定相場制度	45
後手に回る	152
今年に入ってから	54
コモディティ	40
雇用市場	81
雇用統計	81
雇用の最大化	18, 82, 84
雇用の着実な増加	29
ゴルディロックス経済	22
コンタンゴ	118
根底	83
混乱	85

さ行

財およびサービス	23
再確認する	51
在庫	139, 212, 221
最終利回り	232
財政緊縮政策	77
財政健全化措置	207
財政再建	166
財政収支	70
財政状態計算書	110
財政の崖	193
財政ポジション	133

最低利回り	232
再投資	156
再度強調する	111
債務再編	170
債務削減	228, 236
財務実績	110
財務状況	110
財務諸表	199
財務体質	131
債務比率	235
債務不履行	169, 226
債務返済	235
財務レバレッジ	234
材料	86
下がる	91
先送りする	207
先細る	75
削減する	76
下げ止まる	214
支える	95, 104
サステナブル投資	104
殺到する	97
サービス収支	69
サブプライム	74
サポートライン	195
左右される	30, 213
さらされる	30
産出量ギャップ	115
支援材料	96
シカゴ連銀全米活動指数	70
事業展開	31
事業割合	31
資金拠出確約金額	52
資金を配分する	155
シクリカルな	72
自己勘定取引	76
自己資本比率	99
示唆する	111

257

資産効果	178	
資産購入プログラム	107, 182	
資産市場	209	
資産担保証券	116	
支持線	195	
市場	100	
市場価値	93	
市場為替レート	49	
市場関係者	103	
市場経済	101	
史上最高値	113, 139	
史上最安値	139, 215	
市場心理	129	
市場相場価格	43	
市場動向	154	
市場の厚み	101	
市場メカニズム	101	
市場予想	64	
市場リスク	225	
自信	122	
システミックリスク	225	
自然失業率	82	
事前の書面承認	213	
事前予想を上回る	59, 65	
事前予想を下回る	65	
持続可能な	103	
持続する	104	
持続不可能な	105	
次第に	106	
下押しする	93	
したがう	213	
従って	18	
下支え	95	
下値固め	162, 177, 195	
下値抵抗線	195	
下回る	107	
失業率	29, 82	
実現する	203	
実現損益	98	
実効金利	43	
執行ブローカー	98	
実施する	108	
実質化	20	
実質金利	101, 120, 239	
実質実効為替レート	48	
実需	114	
実勢価格	98	
実勢為替レート	44	
失速する	11, 78	
実体経済	133, 166	
質への逃避	157	
自動歳出削減措置	77	
支払い責任を負う	125	
四半期	163	
四半期連続	236	
指標	62	
指標銘柄の利回り	198	
しぶる	121	
資本財受注	70	
資本収支	69	
資本増強	171	
示す	109	
下期	163	
シャドーバンキング	49	
シャープレシオ	8	
就業意欲喪失者	174	
就業者数	29	
収縮する	76	
収束する	154	
重大な虚偽表示	199	
住宅建設	52, 175	
住宅着工件数	70, 175	
住宅投資	148	
住宅販売戸数	132	
住宅部門	131, 145	
集中投資	156	
従来の	111	
終了する	112	
受益者	42, 113	
受益証券	42, 113	
需給	113-115	
縮小する	76, 85	
授権	100	
受託者責任	125	
主導する	74	
取得原価主義	41	
需要	1, 96, 113	
準拠して	213	
純資産価額	42	
純損益を通じて	43	
順調に	148	
純利益	159	
ジョイントベンチャー	125	
消化する	38	
償還延長	170	
償還元本	156	
償還する	115	
償却する	171	
証券化	115	
証拠金勘定	98	
上昇気運	159	
上昇する	3	
上昇余地	5	
消費者信頼感指数	135, 218	
商標	213	
上方修正	96, 117	
情報発信	117	
上方リスク	225	
将来の	117	
上流	119	
食品	209	
助長する	119	
所得効果	220	
所得収支	69	

語句	ページ
ショートポジション	32, 231
処分する	196
シラー式 PER	181
自律的成長	124
事例	119
新株引受権	19
シンガポール金融管理局	50
新規失業保険申請件数	174
新規就業者数	132
神経質な	221
震源	187
新興国	127
深刻な懸念	12
新車販売台数	174
慎重	102, 121
進展する	188
浸透する	166
新発債プレミアム	229
信用圧縮	202
信用市場	12
信用逼迫	129
信用不安	192
信用リスク	226
信頼感	122
スイス国立銀行	189
据え置く	123
スタグフレーション	24
スティープ化	15
ステップアップ債	115
ストラクチャード商品	116
スラック	83
税額控除	63
政策委員会	185
政策介入	202
政策金利	198
政策当局者	68
政策理事会	185
脆弱	5
生前遺言	171
製造業受注	174
成長力	124
税引前利益	159
政府機関債	156
政府支出	221
責務	108
絶対パフォーマンス	231
絶対ベース	96
設備稼働率	175
説明しきれない	133
説明する	63
説明責任	126
セルサイド	126
ゼロ金利政策	134, 189
全額または相当部分	128
前期比	130
前月比	130
潜在的な	85
前週比	13
全体として	128
センチメント	129
前兆	146
前年同期比	129
前年同月比	174
先買権	19
選別する	231
全面的な	202
全面安	94
専有情報	224
増益	4, 175
相関	57
総合インフレ率	18
相互作用	209
相殺する	132
総じて	128
増収減益	77
増収増益	132
増大する	131
相対パフォーマンス	231
相対ベース	96
想定する	219
相当な規模で	97
相当の期間	143
総悲観	129
測定される	44
速報値	84, 130, 135, 173
続落する	95
底入れ	214
底堅い	148, 211
そこそこの	204
損なう	133
素材	200
ソフトデータ	135, 172
ソフトランディング	178
ソブリン債	133
ソブリンリスク	227
粗利益率	158
それなりに	204
損益計算書	63
損失吸収	171

た行

語句	ページ
対円で	13
対外債務比率	235
耐久財受注	176
貸借対照表	43, 110
代替財	198
代替通貨	198
代替投資	39
大陸欧州	128
ダウンサイドプロテクション	229
耐える	211
多角的に	197

高止まり	138
高値圏	139
タカ派	140
兌換する	46
建玉残高	57
棚上げされる	162
だぶついて	141
単一通貨	47
単位労働コスト	120
短期	16
短期金利	16
短期的	19, 56, 142
遅延効果	166
力強く	125, 149147
地政学リスク	227
中央銀行当局者	66
中型株	55
中期ゾーン	16
中期的	143
中国人民銀行	185
中古住宅販売件数	175
躊躇する	121
中南米	127
注目する	144
注文	144
注文執行サービス	193
注力する	144
長期	16, 145
長期停滞	24
徴候	145
調整局面	94
調整する	183
調達する	146
超低金利	190
賃金	82
賃金物価スパイラル	20
沈静化	216
追加金融緩和策	189

追求	197
通貨切り下げ競争	24, 49
通常債権	21
つける	146
続く	105
つまずく	11, 88
強気	150
強含み	2
出足	55
低下する	75, 91
提供する	151
停止	14
提示する	110
低水準に	87
ディスインフレーション	22
停滞した	82
定着している	162
低調な	151
ディフェンシブ	28, 73, 209
ディープバリュー	238
低迷する	89, 151
出遅れる	152, 167
適格投資家	102
テクニカル要因	114
テクニカルリセッション	71
手仕舞う	152
手数料等控除前の	231
テーパー癇癪	61
手控える	120
デフォルト	169, 226
デフレギャップ	23, 33, 115
手許現金	67
デューデリジェンス	108
テールイベント	107
テールリスク	227
デレバレッジ	228
転換社債	164
天井	138

転じる	182
伝播	166
等価	200
同格付国	154
投機筋	114
投機的な投資	156
同業他社	154
動向	154
投資	155
投資家センチメント	129
投資機会	62
投資先	84, 155
投資不適格級	192
当初契約期間	113
当面	142, 148
動揺する	85
通り相場	112
特筆すべきは	160
特別損益	158
独立企業間基準	45
途上にある	13
ドットプロット	185
トップダウン	157
トップライン	157
伴う	156
トラッキングストック	56
取り付け騒ぎ	167
取引日ベース	44
取り戻す	133
とりわけ	160
ドル建て債	238
ドローダウン	94
鈍化する	35, 78

な行

内需	30, 113
内的減価	190

長生きリスク	227
長続きしない	105
成り行き注文	144
軟化する	89
軟調	221
煮え切らない	121
日銀短観	136
二の足を踏む	120
2倍になる	5
二番底	215
日本株	55
日本銀行	80
日本国債	33
入手可能な	161
ニュートラル	200
によると	109, 212
認識される	44
抜ける	239
値上がりする	3
値洗い	98
値動き	161
値固めをする	162
ネガティブエクイティ	99
値下がり	91
ネット	231
ネットエクスポージャー	32, 219
根強い	149, 150
粘り腰がある	147
年初来	147
年初来高値	139, 147
年初来安値	215
年度	162
年内	11
～年ぶり	4, 48, 81
農産物	128, 218
軒並み	128
伸び悩む	87

乗り換える	163
乗り切る	212

は行

バイ・アンド・ホールド	31
売却する	42, 196
背景に	165
バイサイド	126
配当利回り	112, 215, 232
ハイパーインフレーション	21
売買目的で	42
ハイパワードマネー	206
ハイブリッド債	100
波及する	166
波及リスク	167, 227
拍車	167
バーゼルⅢ	217
破綻処理	169
バックワーデーション	118
発行	53, 161
パッシブ運用	7
発生する	63
ぱっとしない	88
ハードデータ	135, 172
ハト派	140
歯止めがかかる	177
ハードランディング	177
跳ね上がる	5
パフォーマンス	107, 161
バブル	178
バーベル戦略	156
ばらつき	50
パリティ	200
バリュエーション	179, 215, 237
バリュー株	55
バリュートラップ	76

反映する	36
反対に	181
判断する	182
反転	181
反発する	14, 53, 183
反比例の	57
反落	183
控えて	184
引き上げる	184
引き起こす	187
引き金	187
引き下げる	188
引き締まる	191
引き延ばす	207
ピーク	26, 139
非製造業景気指数	136
逼迫	190
非伝統的な	112
一口当たり	42
非農業部門雇用者数	81, 174
響く	74, 233
秘密情報	224
評価益	98
評価損	98, 161
表示する	110
表示通貨	43
標準偏差	201
日和見	218
比例	57
比例持分	43
広がる	63, 166
ファイナンシャルコンテイジョン	167
不安	192
ファンダメンタルズ	184
不安定な	191, 201
フェデラルファンド金利	109
フォワードガイダンス	118

語	ページ
フォワードカーブ	118
付加価値税	14
不確実な	191
賦課方式	105
不換通貨	47
含まれる	193
含み損	99
負債	44
負債比率	235
不思議ではない	194
節目	194
不正または誤謬	212
不胎化	3
物価の安定	18, 84, 133
払拭する	12, 56, 196
物色する	196
浮動株	56
不動産市場	10
不動産直接投資	40
不透明感	192
プライベートエクイティ	39
フラッシュクラッシュ	95
振り回される	74
ブルフラットニング	15
振るわない	87
ブレークイーブン	19, 20
プロシクリカルな	72
プロフォルマ	159
分散	201
分散させる	197
分散投資	31
分断化	26
分別する	155
分類される	44
ヘアカット	170
ベアフラットニング	15
米国株	55
米州	127
米不動産業者協会	175
ベイルアウト	170
ベイルイン	171
米連邦準備理事会	2
ベージュブック	136
ベース効果	139
ベースマネー	206
ベースメタル	205
ベータ	8
ヘッジファンド	39
ベンチマーク	197
変動が激しい	209
変動相場制度	46
変動要因	75
貿易加重ベース	149
貿易収支	69
棒下げ	93
法的責任	125
暴落	92
補完財	198
ポジションの積み上げ	141
ポジティブキャリー	17
募集	42
保証	198
ボックス圏	218
ホットスポット	54
ボトムアップ	157
ボトムライン	157
ホームエクイティ	99
ホームバイアス	110
保有比率	30
ボラティリティ	6, 200
本格的な	201

ま行

語	ページ
マイナス金利	189
マイナス成長	124
マイナスとなる	90
マイナス要因	10
巻き戻し	153
マクロプルーデンス	77
負け組	52
マーケットメイキング	193
まずまずの	204
まだら模様	206
間違いない	140
マネーサプライ	206
マネタリーベース	206
満期構造	17
慢心	209
満了となる	113
見合わせる	207
見えざる手	101
見送る	206
見極める	207
ミクロプルーデンス	78
水を差す	208
見通し	182, 220
ミニバブル	178
妙味がある	238
見られる	110
民間設備投資	131
無額面普通株式	100
蝕む	134
矛盾のない	12
無頓着な	208
無リスク資産	230
銘柄選択	74, 138
名目貿易加重平均	48
目先の	142
目覚ましい	12
目立たない	209
目立つ	209
目に見えて	12
目標株価	25

目標誘導レンジ	109	
モーゲージ債	226	
モーゲージ担保証券	116	
もたつく	210	
持ちこたえる	211	
持ち直す	29, 183	
基づいて	212	
模様眺め	217	
盛り返す	183	

や行

安値圏	214
和らぐ	15
有効活用する	54
有効求人倍率	81
優先株式	100
有望視する	124
有利な	215
歪み	216
輸出関連セクター	209
輸出主導型	30, 166
揺るぎない	205
緩やか	106, 216
ユーロ圏	121, 126
ユーロ／ドル	48
要因分析	217
要求払預金	67
様子見	217
予期せぬ	220
預金準備率	185
横ばい	218
余剰生産能力	96
予想	219, 220
予想株価収益率	181
予想残存期間	43
〜をよそに	67, 185, 186
予防措置	108
余裕	142
弱い	221
弱気	134, 222
弱含み	2, 89

ら・わ行

ライセンシー	63
乱高下した	201
利上げ	185
利益確定	223
利益送金	95
利益予想	117
利益率	134
利食い	223
履行する	224, 226
李克強指数	176
理財商品	49, 106
利下げ	188
リスクオフ	228
リスクオン	227
リスク回避	6, 225, 228
リスク資産	147, 229
リスクシナリオ	69
リスク選好度	214, 228
リスク調整後リターン	231
リスク特性	224
リスクの再構築	229
リスク評価	230
リスクフリー金利	230
リスクプレミアム	229
リスク要因分析	217
リスクを削減する	76
リスケジューリング	170
リストラクチャリング	170
リターン	231
立案	232
リビングウィル	171
リフレーション	22
リフレ政策	24
利回り	232
流通市場	53
流動性	9, 234
良好な	204
利用する	54
量的緩和	37, 61, 202
倫理的要件	199
累積需要	115
レジスタンスライン	195
劣後債	171
レバレッジ	233
レバレッジ解消	6, 157
レピュテーションリスク	102
レラティブバリュー戦略	6, 228
連動債	21
連邦公開市場委員会	106, 185
労働参加率	83, 175
労働市場	83, 182
労働生産性	176
ロックアップ期間	222
ロングポジション	31
割り込む	236
割高	48, 237
割り引く	43
割安な	34, 238
割る	236

著者紹介

鈴木 立哉（すずき たつや）
　1984年　一橋大学社会学部卒業
　1989年　米国コロンビア大学大学院経営学修士課程修了（MBA）
　2002年より実務翻訳者

NDC307　271p　21cm

金融英語の基礎と応用
すぐに役立つ表現・文例1300

2015年11月24日　第1刷発行
2016年　6月　2日　第3刷発行

著　者　鈴木 立哉（すずき たつや）
発行者　鈴木 哲
発行所　株式会社 講談社
　　　　〒112-8001　東京都文京区音羽2-12-21
　　　　　　販売　(03) 5395-4415
　　　　　　業務　(03) 5395-3615
編　集　株式会社 講談社サイエンティフィク
　　　　代表　矢吹俊吉
　　　　〒162-0825　東京都新宿区神楽坂2-14　ノービィビル
　　　　　　編集　(03) 3235-3701
本文データ制作　株式会社エヌ・オフィス
カバー・表紙印刷　豊国印刷株式会社
本文印刷・製本　株式会社講談社

落丁本・乱丁本は，購入書店名を明記のうえ，講談社業務宛にお送りください．送料小社負担にてお取替えいたします．なお，この本の内容についてのお問い合わせは，講談社サイエンティフィク宛にお願いいたします．定価はカバーに表示してあります．

© Tatsuya Suzuki, 2015

本書のコピー，スキャン，デジタル化等の無断複製は著作権法上での例外を除き禁じられています．本書を代行業者等の第三者に依頼してスキャンやデジタル化することはたとえ個人や家庭内の利用でも著作権法違反です．

|JCOPY|〈(社)出版者著作権管理機構 委託出版物〉

複写される場合は，その都度事前に(社)出版者著作権管理機構（電話 03-3513-6969，FAX 03-3513-6979，e-mail: info@jcopy.or.jp）の許諾を得てください．

Printed in Japan

ISBN 978-4-06-155626-3